职业教育二维码互动类会计丛书

工业企业 ERP 沙盘真账实操

丛书主编　林冬梅

主　　编　王晓霜　林冬梅

副 主 编　李冬云　宣胜瑾　盛立军

电子工业出版社
Publishing House of Electronics Industry
北京·BEIJING

内 容 简 介

本书通过 ERP 沙盘的操作来体现会计实践操作流程，通过企业经营的职业化环境，让学生亲自经营企业，体验会计数据的产生与流转，让学生在体验中学习与成长。

本书创新性地将 ERP 沙盘、会计实操和 WPS 软件有机融合，利用工业企业 ERP 沙盘运营流程所产生的企业经济业务展现会计业务流程，通过会计凭证的填制与审核、会计账簿的登记、会计报表的编制及利用 WPS 表格处理软件进行会计模型的制作，整合学生所学的财经类专业知识，提高学生的职业技能，培养学生的职业素养。

本书可作为职业院校企业管理、大数据与会计、大数据与财务管理等专业的教材，也可作为企业在职初、中级财务人员的培训用书。

未经许可，不得以任何方式复制或抄袭本书之部分或全部内容。
版权所有，侵权必究。

图书在版编目（CIP）数据

工业企业 ERP 沙盘真账实操 / 王晓霜，林冬梅主编. —北京：电子工业出版社，2023.4
ISBN 978-7-121-45319-9

Ⅰ．①工⋯　Ⅱ．①王⋯　②林⋯　Ⅲ．①企业管理－财务管理系统－高等学校－教材　Ⅳ．①F275-39

中国国家版本馆 CIP 数据核字（2023）第 052497 号

责任编辑：徐　玲　　文字编辑：张　彬
印　　刷：涿州市般润文化传播有限公司
装　　订：涿州市般润文化传播有限公司
出版发行：电子工业出版社
　　　　　北京市海淀区万寿路 173 信箱　　邮编 100036
开　　本：880×1 230　1/16　　印张：21.75　　字数：501 千字
版　　次：2023 年 4 月第 1 版
印　　次：2023 年 4 月第 1 次印刷
定　　价：58.00 元

凡所购买电子工业出版社图书有缺损问题，请向购买书店调换。若书店售缺，请与本社发行部联系，联系及邮购电话：(010) 88254888，88258888。
质量投诉请发邮件至 zlts@phei.com.cn，盗版侵权举报请发邮件至 dbqq@phei.com.cn。
本书咨询联系方式：xuling@phei.com.cn。

前 言

随着我国社会的进步和经济的高速发展，会计实践活动产生了日新月异的变化，对会计职业教育产生了重大影响。由于受学科体系的制约和传统教学方法的束缚，职业院校财经类专业的学生在校学习期间不能对其所学的专业知识进行有效的整合，从而无法强化其在专业方面的分析问题与解决问题的能力。党的二十大报告提出："教育是国之大计、党之大计。"在业财融合的大背景下，利用工业企业ERP沙盘，将工业企业的经营情境融入会计实践教学，有助于激发学生自主学习、自主探究的能力，使学生在项目实践中实现创新并养成创业素质，有效解决财经类专业理论与实践脱节的矛盾。同时，通过体验式学习，学生可快速整合与巩固专业知识与技能，对养成职业素养和形成专业技能具有现实意义。

本书的主要特色是利用ERP沙盘的操作来体现会计实践操作流程，与以往会计实训教程的最大区别是，通过企业经营的职业化环境，让学生亲自经营企业，体验会计数据的产生与流转，引导学生自主学习，增强学习的趣味性与主动性，让学生在体验中学习与成长：体验企业经营中资金流和信息流的形成与运作过程；感悟会计工作在企业管理中的重要地位；体验会计岗位职责；掌握会计工作流程，特别是强化会计信息的加工、处理和利用，体现会计在企业信息化管理中的核心作用。

本书遵循学生的身心成长规律，引导学生解决问题，养成良好的学习习惯，为会计实践教学打开新局面。利用工业企业ERP沙盘进行会计实训，学生对自己经营的企业相关经济业务进行处理，可系统掌握会计凭证的填制与审核、会计账簿的登记、会计报表的编制等会计岗位专业技能；可有效解决会计专业学生毕业前校内的职业化综合专业技能实训问题；真正实现在教中做、做中学的教、学、做的有效统一，突出学生实践能力的培养，更好地完成职业教育的培养目标。本书具有可操作性、实用性、趣味性和可延展性，教师可结合自身的教学经验与方法开展教学，实现情境千变万化，方法灵活多变，以促进学生的创新性和可持续性的培养。

在新道科技股份有限公司的支持和鼓励下，编者得以借助用友ERP沙盘实现会计实践操作。本书的编写参阅了新道科技股份有限公司提供的有关文献资料，在此表示诚挚的谢意。此外，感谢新道科技股份有限公司院校教育事业部提供的支持与帮助。

本套书由吉林省经济管理干部学院林冬梅担任丛书主编。本书由王晓霜、林冬梅担任主编，由李冬云、宣胜瑾、盛立军担任副主编，参编人员有刘骅、张开宇、辛悦、史春欣、王喜艳、王丹。项目一由林冬梅编写，项目二由盛立军、刘骅、王喜艳编写，项目三由宣胜瑾、辛悦编写，项目四和项目五由王晓霜编写，附录 A 由王丹、史春欣编写，附录 B 由李冬云编写，附录 C 由张开宇编写。附录单独成册，便于教学使用。由于本书是一次全新的尝试，加之编者的知识水平和专业能力有限，书中不当之处在所难免，恳请读者不吝赐教。

编　者

目　录

项目一　工业企业ERP沙盘与运营规则介绍 ················· 1

　　任务一　ERP沙盘盘面介绍 ································· 2
　　任务二　ERP沙盘运营规则介绍 ····························· 5
　　项目小结 ··· 13
　　项目训练 ··· 13

项目二　工业企业ERP沙盘运营操作案例 ······················ 16

　　任务一　设定企业初始状态 ································ 17
　　任务二　企业初始年引导运营 ······························ 20
　　任务三　企业独立运营 ···································· 31
　　项目小结 ··· 53
　　项目训练 ··· 53

项目三　工业企业ERP沙盘会计岗位分工与核算 ················ 56

　　任务一　工业企业会计岗位分工及职责 ······················ 57
　　任务二　工业企业ERP沙盘筹资业务核算 ···················· 60
　　任务三　工业企业ERP沙盘投资业务核算 ···················· 64
　　任务四　工业企业ERP沙盘生产经营过程核算 ················ 69
　　任务五　工业企业ERP沙盘财务成果核算 ···················· 75
　　项目小结 ··· 79
　　项目训练 ··· 79

项目四　工业企业ERP沙盘真账实操案例 ······················ 82

　　任务一　了解企业（修订ERP沙盘运营规则） ················ 83
　　任务二　丰和工业有限责任公司2021年度运营 ··············· 91
　　项目小结 ·· 165
　　项目训练 ·· 165

项目五　利用WPS表格制作会计模型 ························· 168

　　任务一　利用WPS表格建立会计凭证库 ····················· 169
　　任务二　利用WPS表格建立账簿 ··························· 173
　　任务三　利用WPS表格编制会计报表 ······················· 177
　　任务四　利用WPS表格进行财务指标计算 ··················· 188
　　项目小结 ·· 193

项目训练 ··· 193

参考文献 ·· 195

附录 A　市场预测分析 ·· 197

附录 B　工业企业 ERP 沙盘经营记录表 ·· 203

附录 C　空白单据 ··· 229

项目一

工业企业 ERP 沙盘与运营规则介绍

学习目标

知识目标：学习并掌握 ERP 沙盘盘面布局及 ERP 沙盘运营规则。

技能目标：学会并能够运用 ERP 沙盘运营规则，为进行 ERP 沙盘的实际操作做好前期准备。

能力目标：具备从事企业经营管理工作的思维和所需要的基本能力。

▶任务描述	▶任务解析	▶任务要求	▶职业素质
1. 让学生了解并掌握ERP沙盘盘面布局。 2. 让学生了解并掌握ERP沙盘运营规则。 3. 将学生分组，组建企业，让学生亲身感受企业模拟运营规则，通过学、做、悟，掌握企业经营思维，为业财融合奠定基础。 4. 改变教学模式，以学生为主体，优化教学过程，改进学习方式。	1. 各企业研究营销规则。 2. 各企业研究筹资规则。 3. 各企业研究投资规则。 4. 各企业研究生产规则。 5. 通过任务确定、任务分解，将规则分别交给采购总监、生产总监、营销总监、财务总监。学生进行任务学习与讨论，教师进行指导。	1. 各企业掌握营销规则，制定本企业的年度营销规划。 2. 各企业掌握筹资规则，制定本企业的年度筹资规划。 3. 各企业掌握投资规则，制定本企业的年度投资规划。 4. 各企业掌握生产规则，制定本企业的年度生产规划。	1. 学生通过角色扮演，参与企业的生产经营，亲身体验工作职责，养成职业思维与素养。 2. 通过团队合作模式，让学生对问题进行交流与讨论，从而提高分析问题和解决问题的能力，掌握合作工作模式。

ERP沙盘是一门将理论与实践集于一体的综合性课程。许多院校将其作为培养学生具备主动学习、综合运用所学知识解决实际问题能力的一门必修课。在ERP沙盘课程的实际教学中，可让学生清晰地看到企业的信息流、物流及资金流的流向及相互作用，体会企业管理信息的产生、加工、传递和运用。在训练过程中，无论胜负都会给参与者留下深刻的印象：胜利者会有成功的喜悦，失败者则会在教训中领悟出很多经营真谛，达到巩固所学的专业知识和积累企业经营管理经验之目的。

在该课程的学习过程中，教师为学生提供企业运营环境，把参加训练的学生分成4~12组，每组4~10人，代表不同的企业。不同的企业是同行业中的竞争对手，他们从先前的管理团队手中接管企业，在与其他企业（其他参训小组）的激烈竞争中，使自己的模拟企业不断发展壮大。在课程进行中，每个小组成员将分别担任企业中的重要职位，如CEO（首席执行官）、CPO（采购总监）、COO（生产总监）、CMO（营销总监）、CFO（财务总监）、CLO（物流总监）等。在竞争中，学生必须做出新产品、生产线、市场等的相关决策。每个决策都极大地考验着学生的胆识、才智及团队精神，只有具备了这些素质的团队才能在竞争中脱颖而出，取得胜利。所以这门课程留给学生的将是难能可贵的经验和不可磨灭的印象。

任务一　ERP沙盘盘面介绍

ERP沙盘课程的实践操作是在沙盘盘面上进行的，各组成员的企业经营决策执行情况和运行结果将通过盘面体现出来。根据一般制造企业的运营规律，ERP沙盘盘面按企业各机构的职能划分为营销与规划中心、物流中心、生产中心和财务中心4个部分。用友公司开发的工业企业ERP沙盘图如图表1-1所示。

❖ **图表1-1 用友公司开发的工业企业ERP沙盘图** ❖

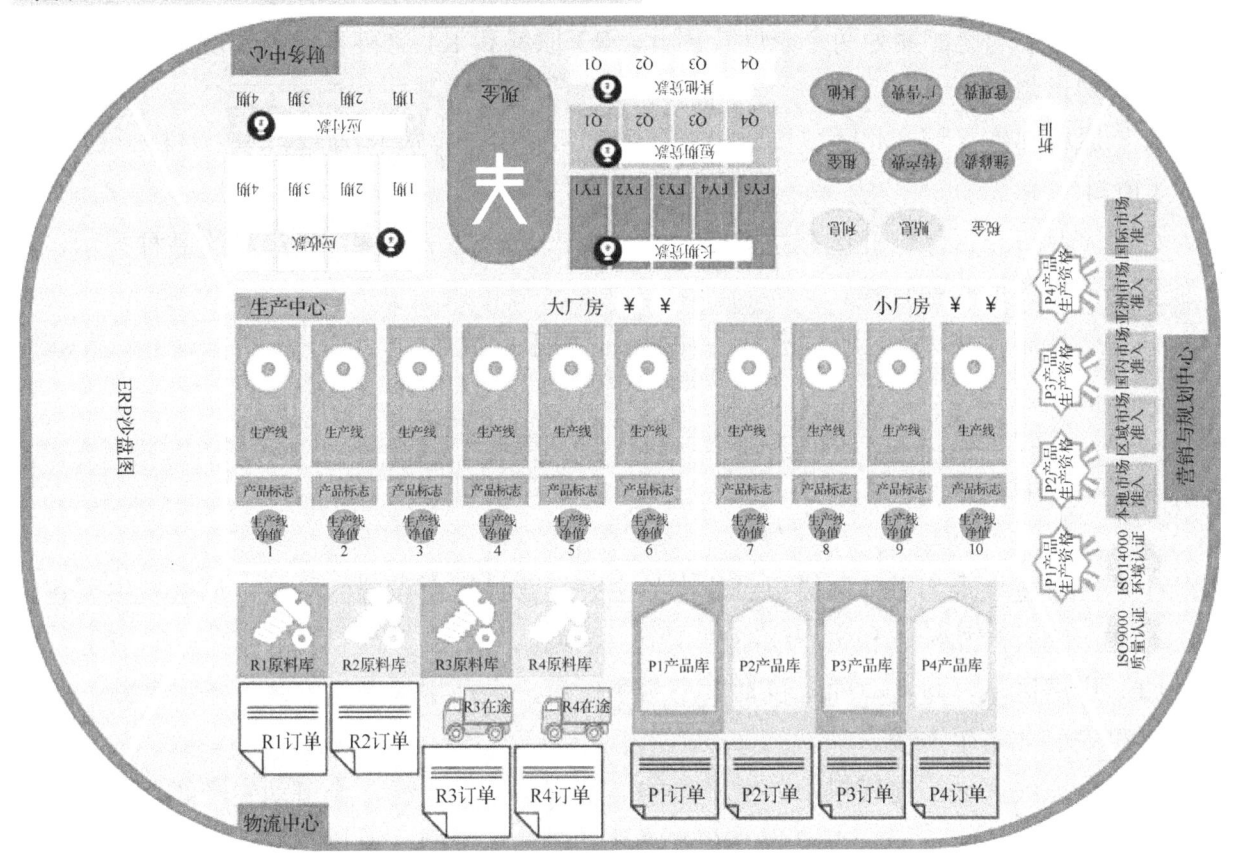

一、营销与规划中心

营销与规划中心主要是为模拟企业进行市场开拓、产品研发和进行ISO认证而设置的区域。

市场开拓规划区域分为区域市场、国内市场、亚洲市场和国际市场。由于在模拟企业环境中规定各个模拟企业已拥有了本地市场，所以本地市场无须再进行开拓。而其他市场则需要模拟企业投入一定时间与资金进行开拓。

产品研发规划区域分为P1产品、P2产品、P3产品和P4产品。根据ERP沙盘运营规则，各个模拟企业已经拥有P1产品生产权，可供其进行研发的产品有P2产品、P3产品和P4产品。

ISO认证规划区域分为ISO9000质量认证和ISO14000环境认证。

企业只有取得相应的资格认证，才能在相应的市场进行相应产品的销售。

二、物流中心

物流中心主要是为了体现模拟企业原材料订购、采购和产品完工验收入库、销售情况而设置的区域。该区域主要包括原材料订单、在途原材料、原材料库、产品订单和产品库5个小区域。

（1）原材料订单区域和在途原材料区域。原材料是指企业在生产过程中经过加工改变其形态或性质并构成产品主要实体的各种原料、主要材料和外购半成品，以及不构成产品实体但有助于产品形成的辅助材料。R1原料和R2原料的采购提前期为一个季度，R3原料和R4原料的采购提前期为两个季度。因此，R3原料和R4原料有一个季度为在途材料，在在途材料区域列示。

（2）原材料库区域。此区域按原材料品种列示，用于存放R1原料、R2原料、R3原料和R4原料。

（3）产品订单区域。此区域按P1产品、P2产品、P3产品和P4产品的品种列示，用于放置企业取得的产品订单。

（4）产品库区域。此区域按产品品种列示，用于存放P1产品、P2产品、P3产品和P4产品。

三、生产中心

生产中心主要是为了体现模拟企业产品生产经营过程而设置的区域。该区域主要包括厂房、生产线、产品标志和生产线净值4个小区域。

（1）厂房区域。沙盘盘面上包括大小两个厂房，大厂房最多可安装6条生产线，小厂房最多可安装4条生产线。

（2）生产线区域。在模拟中，生产线的类型有手工生产线、半自动生产线、全自动生产线和柔性生产线，不同生产线的生产效率及灵活性也不同，模拟企业拥有哪种生产线就将其放置在相应的区域。

（3）产品标志区域和生产线净值区域。模拟企业可供选择生产或研发的产品种类有4种，分别为P1产品、P2产品、P3产品和P4产品，模拟企业在生产线上生产哪种产品就将相应的产品标志放置在对应的产品标志下方的生产线净值区域。

四、财务中心

财务中心主要是为了体现模拟企业日常发生的各项费用支出和企业取得货币资金来源而设置的区域。该区域主要包括费用、贷款、现金和应收、应付款4个小区域。

（1）费用区域。此区域用于反映模拟企业费用的发生情况，主要包括折旧、税金、贴息、利息、维修费、转产费、租金、管理费、广告费和企业在经营期间发生的其他各项费用。

（2）贷款区域。此区域用于反映模拟企业的贷款情况，主要包括长期贷款、短期贷款和高利贷等其他贷款。企业发生贷款事件时，按照贷款的性质，将贷款的标志放置在相应的位置。长期贷款按年分期，短期贷款和高利贷等其他贷款按季度分期。

（3）现金区域。此区域用于反映模拟企业库存现金的结余情况，为现金库。

（4）应收、应付款区域。此区域用于列示企业的应收、应付款项，按照季度分为4个账期，离现金库最近的为即将收回或即将支付的款项。账款金额用放置在相应位置的装有现金的桶或装有应付款信息的空桶来表示。

任务二 ERP 沙盘运营规则介绍

企业是社会经济的基本单位，其发展受自身条件和外部环境的制约。企业的生存与企业间的竞争不仅要遵守国家的各项法规及行政管理规定，还要遵守行业内的各种约定。在开始模拟竞争之前，管理层必须了解并熟悉运营规则，只有做到合法经营，企业才能在竞争中生存和发展。

一、营销规则

企业的生存和发展离不开市场这个大环境，谁赢得了市场，谁就赢得了竞争。市场环境瞬息万变，这增加了竞争的对抗性和复杂性。

根据 ERP 沙盘运营规则，企业的订单是通过投入广告费来争取的。广告费按市场或产品投入，至少 100 万元，投入 100 万元有一次选取订单（选单）的机会，以后每多投 200 万元增加一次选单机会。例如，企业投入 900 万元准备拿 5 张订单，但是否能有 5 次拿订单的机会取决于市场需求、竞争态势等；企业投入 200 万元准备拿 1 张订单，比投入 100 万元的企业优先拿订单。

在每年一度的销售会议上，各企业将综合企业的市场地位、广告费投入、市场需求及企业间的竞争态势等因素，按规定程序选单；各企业在每年度的竞单会上展示本企业的广告方案；发单时按照本地市场、区域市场、国内市场、亚洲市场、国际市场的次序发放；在同一市场内还要按照 P1 产品、P2 产品、P3 产品和 P4 产品的顺序发放；发出某市场某产品的订单后，各企业就可以开始选单，同时规定选单的次数根据各企业投入广告费的多少来确定。

第一轮选单顺序可以参考以下规则。

第一，上一年本市场的市场领导者（又称老大）选单。

第二，按照该市场该产品投入广告费的多少依次选单。

第三，若该产品广告费投入相同，则比较该市场的广告费总投入。

第四，若该市场的广告费总投入相同，则按上一年本市场销售额的排名决定。

第五，若上一年本市场销售额的排名相同，则按上一年全部订单销售额的排名决定。

第六，若还是无法决出胜负，则可采用招标方式，由双方提出具有竞争力的条件，如按生产规模的大小等。

注意： ① 无论企业投入多少广告费，每次只能选择 1 张订单，然后等待下一次选单机会。

② 市场领导者由上一年在该市场的销售总额（包括 P1 产品、P2 产品、P3 产品和 P4 产品）最高的模拟企业担任。市场领导者按市场分，不按产品分。企业经营的第 1 年没有市场领导者，刚开拓的新市场也没有市场领导者。

以后各轮的选单标准可以参考以下规则。

第一轮选单结束后，如有剩余的订单，可以开始第二轮选单。只有在该市场该产品上投入了 300 万元及 300 万元以上的模拟企业，才有权利参加第二轮选单；只有在该市场该产品上投入了 500 万元及 500 万元以上的模拟企业，才有权利参加第三轮选单……选单顺序也按上述标准确定。

市场需求用客户订单卡片的形式表示，如图表 1-2 所示。卡片上标注了市场、产品、产品数量、产品单价、总金额、应收账期、特殊要求等要素。

❖图表 1-2　订单❖

订单		
第 6 年	本地市场	产品：P4
	产品数量：3	
	产品单价：12M/件	
	总金额：36M	
	应收账期：4Q	
ISO9000		加急！！！

说明：

① 若上一年市场领导者没有按期交货，市场地位下降，则本年该市场没有市场领导者。

② 订单上的应收账期（用 Q 表示）代表客户收货时货款的交付方式。若为 0Q，则表示客户以现金方式付款；若为 3Q，则表示客户付给企业的是 3 个季度到期的应收账款。

③ 产品单价和总金额中的 M 表示百万元。

④ 若订单上标注了 ISO9000 或 ISO14000，则要求生产企业取得相应认证并投放了认证的广告费，只有两个条件均具备，才能得到这张订单。

如果没有特别说明，订单可在当年内任一季度交货。如果产能不够或其他原因导致本年不能交货，企业要受到以下处罚。

第一，因不守信用，市场地位下降一级。

第二，下一年该订单必须最先交货。

第三，交货时扣除该企业该张订单总金额的 25%（取整）作为违约金。

卡片上标注"加急！！！"字样的订单，必须在第 1 季度交货，若延期，处罚规则同上。因此，各企业的营销总监在接单时要考虑企业的产能。当然，如果其他企业乐于合作，不排除委外加工的可能性。

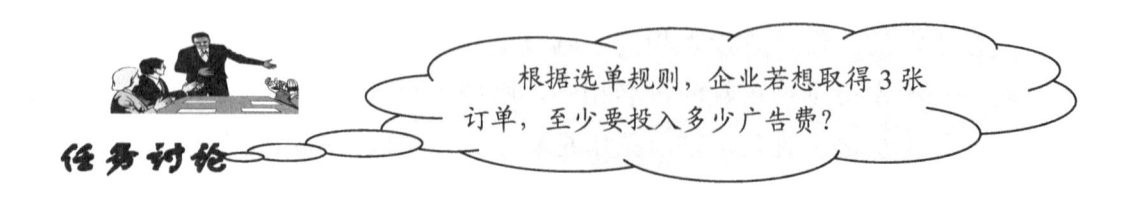

根据选单规则，企业若想取得 3 张订单，至少要投入多少广告费？

二、筹资规则

资金是企业的血液，是企业进行生产经营活动的起点与归属。在 ERP 沙盘课程中，企业尚未上市，因此其融资渠道只能是银行贷款、高利贷和应收账款

筹资规则

贴现。下面将几种融资方式列于图表 1-3 中。

❖图表 1-3　融资方式❖

融资方式

贷款类型	贷款时间	贷款限额	利率
长期贷款	每年年末	上一年所有者权益×2-已借长期贷款	10%（每年年末付息）
短期贷款	每季度初	上一年所有者权益×2-已借短期贷款	5%（利随本清）
高利贷	任何时间	不限	20%（利随本清）
应收账款贴现	任何时间	视应收款额	1/7（变现时贴息）

说明：为了增加经营的趣味性，贷款限额可增加要求，如在"上一年所有者权益的两倍"的基础上按 20M 的倍数下调等。

长期贷款的额度取决于模拟企业上一年年末所有者权益的多少。若企业新申请的长期贷款金额与现有长期贷款余额之和小于或等于该企业上一年年末所有者权益的两倍（长期贷款的限额为模拟企业上一年年末所有者权益的两倍），则银行将批准该项申请。各企业每年只在年末有一次申请长期贷款的机会。长期贷款的期限为 5 年，年利率为 10%，每年年末付息，到期还本并支付最后一年的利息。

短期贷款的额度也取决于企业上一年年末所有者权益的多少。如果企业新申请的短期贷款金额与现有短期贷款余额之和小于或等于该企业上一年年末所有者权益的两倍，则银行将批准该项申请。各企业每年有 4 次申请短期贷款的机会。短期贷款的期限为 1 年，年利率为 5%，到期还本付息。

高利贷的贷款额度不限，各企业申请高利贷的次数也不限，年利率为 20%，期限为 1 年，到期还本付息。

应收账款贴现是指将尚未到期的应收账款提前兑换成现金。贴现需要支付贴现利息，贴现率为 1/7。贴现的时间没有限制，企业可随时贴现。贴现的应收账款必须是 7 的倍数，不考虑应收账款的账期。每 700 万元的应收账款需交纳 100 万元的贴现费用，其余 600 万元作为贴现所得，存入现金库或银行。

三、投资规则

（一）市场开拓

市场是企业进行产品营销的场所，标志着企业的销售潜力。根据 ERP 沙盘运营规则，目前各企业仅拥有本地市场，但可根据自己的实际情况选择区域市场、国内市场、亚洲市场和国际市场的开拓。

企业在进入某个市场之前，一般需要进行市场调研、选址办公、招聘人员，做好公共关系、策划市场活动等一系列工作。而这些工作均需要消耗资源——资金及时间。由于各个市场的地理位置及地理区域划分不同，其所需的时间和资金投入也就有所不同，在市场开拓完成之前，企业没有进入该市场销售的权利。企业开拓不同市场所需的时间和费用具体规定如图表 1-4 所示。

❖图表 1-4 市场开拓时间和费用说明表❖

市场开拓时间和费用说明表

市场	开拓时间（年）	开拓费用（百万元/年）	说明
区域	1	1	① 各个市场开拓可同时进行； ② 资金短缺时可随时中断或终止投入； ③ 开拓费用按开拓时间平均支付，不允许加速投资； ④ 市场开拓完成后，领取相应的市场准入证
国内	2	2	
亚洲	3	3	
国际	4	4	

当某个市场开拓完成后，企业就取得了在该市场上进行经营的资格（取得相应的市场准入证），此后就可以在该市场上进行广告宣传，争取客户订单了。

对于企业已进入的所有市场来说，如果因为资金或其他方面的原因，企业某年不准备在该市场进行广告投放，那么也必须投入 100 万元的资金维持当地办事处的正常运转，否则就被视为放弃了该市场，若后期想再次进入该市场则需要重新开拓。

（二）产品研发与 ISO 认证

根据 ERP 沙盘运营规则，各企业目前仅有 P1 产品的生产和销售资格。根据各个市场的产品需求量预测信息（参考附录 A），另有技术含量依次递增的 P2 产品、P3 产品和 P4 产品有待研发。

1. 产品研发。

ERP 沙盘运营规则规定，对不同技术含量的产品，需要投入的研发时间和费用是有区别的，如图表 1-5 所示。

❖图表 1-5 产品研发时间和费用说明表❖

产品研发时间和费用说明表

产品	P2	P3	P4	说明
研发时间（季度）	6	6	6	各种产品可同步研发；按研发周期平均支付研发费用；资金不足时可随时中断或终止；全部投资完成的下一期方可开始生产某产品。研发费用投入完成后，可领取产品生产资格证
研发费用（百万元）	6	12	18	

2. ISO 认证。

随着中国加入 WTO，客户的质量意识及环保意识越来越强。经过一段时间的市场孕育，最终会反映在客户订单中。企业要进行 ISO 认证，需要经过一段时间，并投入一定的资金，如图表 1-6 所示。

❖ 图表 1-6　ISO 认证时间和费用说明表 ❖

ISO 认证时间和费用说明表

ISO 认证体系	ISO9000 质量认证	ISO14000 环境认证	说明
认证时间（年）	2	3	① 两项认证可以同时进行；
认证费用（百万元/年）	2	3	② 资金短缺情况下，投资可以随时中断； ③ 认证完成后可以领取相应的 ISO 资格证

（三）厂房购买、出售与租赁

根据 ERP 沙盘运营规则，各企业在自主经营前拥有自主厂房（大厂房）一幢，价值 4 000 万元，另有小厂房可供投资使用。有关各厂房购买、出售与租赁的相关说明如图表 1-7 所示。

❖ 图表 1-7　厂房购买、出售与租赁说明表 ❖

厂房购买、出售与租赁说明表

厂房	购买价（百万元）	售价（百万元）	租金（百万元/年）	容量
大厂房	40	40	5	6 条生产线
小厂房	30	30	3	4 条生产线

说明：
① 厂房不计提折旧（为了简化核算，此规则与实际会计制度规定不符，教师可根据需要进行调整）。
② 厂房可随时按购买价出售，得到 4 个账期的应收账款。

（四）生产线购买、转产与维修

根据 ERP 沙盘运营规则，企业在自主经营前拥有 3 条手工生产线和 1 条半自动生产线，可供企业选择的生产线类型还有全自动生产线和柔性生产线。不同类型的生产线的主要区别在于生产效率和灵活性。生产效率是指生产线单位时间内生产产品的数量；灵活性是指生产线转产其他产品时设备调整的难易程度。企业有关生产线购买、转产与维修的相关说明如图表 1-8 所示。

❖ 图表 1-8　生产线购买、转产与维修说明表 ❖

生产线购买、转产与维修说明表

生产线	手工	半自动	全自动	柔性
购买价（百万元）	5	8	16	24
安装时间（季度）	无	2	4	4
生产周期（季度）	3	2	1	1
残值（百万元）	1	2	4	6

续表

生产线	手工	半自动	全自动	柔性
转产周期（季度）	无	1	2	无
转产成本（百万元）	无	1	4	无

说明：
① 每种生产线都可以生产 P 类产品。
② 投资新生产线时按照安装周期平均支付费用，全部费用到位后的下一期（季度）可以领取产品标志，开始生产。资金短缺时，可以随时中断投资。
③ 生产线转产是指生产线转产其他产品，如半自动生产线原来生产 P1 产品，如果转产 P2 产品，则根据 ERP 沙盘运营规则，需要改装生产线，故停工 1 个周期（季度），并支付 100 万元的改装费用。
④ 当年完工的生产线，当年不计提折旧，从下一年按余额递减法——设备价值的 1/3（取整）计提折旧。设备价值≤300 万元时，每次计提折旧 100 万元，直至计提完（此规则与实际会计制度规定不符，教师可根据需要进行调整，如可将设备净值计提至其残值为止等）。
⑤ 当年售出的生产线当年不再计提折旧和支付设备维修费。

四、生产规则

（一）产品生产

产品研发完成后，企业可以接单生产。生产不同的产品需要的原料及人工费不同，如图表 1-9 所示。

❖图表 1-9 产品生产所需原料和人工费说明表❖

产品生产所需原料和人工费说明表

产品		P1 产品	P2 产品	P3 产品	P4 产品
原料	所需原料名称	1R1	1R1+1R2	2R2+1R3	1R2+1R3+2R4
	原料费（万元）	100	200	300	400
人工费（万元）		100	100	100	100

每条生产线在同一时期只能有一个产品在线。产品上线时需要支付加工费，不同生产线的生产效率不同，但需要支付的人工费是相同的，均为 100 万元。

> **知识迁移**
>
> **年产能和年可供出售产品数量的计算**
>
> 企业在接订单时要考虑本企业的年产能和可供出售产品数量，不盲目接单，避免发生无法交货的窘境。由于 ERP 沙盘运营规则中生产线的类型不同，每种生产线生产产品的周期也不相同，因此，在计算产能时要格外仔细，以免因计算错误导致决策失误。图表 1-10 为不同生产线的年产能计算表。

❖ **图表1-10 不同生产线的年产能计算表** ❖

不同生产线的年产能计算表

生产线类型	年初在制品状态	各期完成的生产 1	2	3	4	年产能
手工生产线	□ □ □				√	1
	■ □ □			√		1
	□ ■ □		√			1
	□ □ ■	√			√	2
半自动生产线	□ □			√		1
	■ □		√		√	2
	□ ■	√		√		2
柔性/全自动生产线	□		√	√	√	3
	■	√	√	√	√	4

说明：

□表示生产线上无在制品；

■表示生产线上有在制品；

√表示产品已完工下线。

年产能的计算视生产线年初有无在制品的情况而不同，可用公式表示为如下形式。

年初有在制品生产线的年产能：

某生产线的年产能=可生产期数÷该生产线的生产周期

年初无在制品生产线的年产能：

某生产线的年产能=（可生产期数-1）÷该生产线的生产周期

例如，华硕公司2019年有3条手工生产线和1条半自动生产线全部生产P1产品，各个生产线上年初均有在制品，P1产品年初库存量为3件。计算P1产品当年的产能和可供出售数量。

P1产品当年的产能=Σ[每种生产线条数×(可生产期数÷该生产线的生产周期)]

=3×（4÷3）+1×（4÷2）=6（件）

P1产品当年可供出售数量=年初库存量+当年的产能=3+6=9（件）

在计算可供出售产品数量时，需考虑年初库存量。因P1产品年初库存量为3件，故P1产品当年可供出售数量为9件。

如果企业能找到其他企业进行委外加工，则可供出售产品数量的公式可拓展为如下形式：

企业某产品当年可供出售数量=期初库存量+当年的产能+委外加工数量

计算出企业可供出售产品数量后，企业在接订单时就能做到心中有数了。如果接到订单的产品数量超过可供出售数量，企业可能因无法及时交货而导致违约，根据ERP沙盘运营规则，违约的企业应受到惩罚。因此，企业的经营者只有对本企业产能的计算准确，才能把握商机，避免因违约而给企业造成损失。

> **课堂思考：** 根据ERP沙盘运营规则，若全自动生产线上无在制品，可生产期数为4个季度，则一年能生产出几个P1产品？

（二）原材料采购

原材料采购涉及两个环节，签订采购合同和按合同收料。签订采购合同时要注意采购提前期。R1原料和R2原料需要一个季度的采购提前期；R3原料和R4原料需要两个季度的采购提前期。货物到达企业时，必须照单全收，并按合同规定以货币资金支付原料费或计入应付账款。

知识迁移

原料订单的计算

生产总监的工作任务主要是时刻关注原料的采购时间，保证原料的及时供应，避免发生无料生产的情况。由于各种产品所需的原料不同（参见图表1-9），各种原料的采购提前期也不同，所以原料订单的计算要从生产排程开始，同时还要考虑原料的库存情况。

例如，华硕公司2020年有3条手工生产线和1条半自动生产线全部生产P1产品，R1原料年初企业库存量为1件。生产排程假设从本年第2季度开始到下一年第1季度为止。原料订单计算过程如下。

1. 生产排程。

因为只生产P1产品，按题中假设，从本年第2季度到下一年第1季度进行生产排程，反映每季度更新生产后生产线上的在制品情况的生产排程表如图表1-11所示。

❖图表1-11 生产排程表❖

生产排程表

时间	本年第2季度	本年第3季度	本年第4季度	下一年第1季度
手工生产线1	P1	—	—	P1
手工生产线2	—	P1	—	—
手工生产线3	—	—	P1	—
半自动生产线	P1	—	P1	—

2. 计算所需原料。

根据P1产品的生产排程分解出所需的原料表，如图表1-12所示。

❖ 图表 1-12 P1 产品所需原料表 ❖

P1 产品所需原料表

项目		本年第 2 季度	本年第 3 季度	本年第 4 季度	下一年第 1 季度
手工生产线 1 上产品所需原料		1R1			1R1
手工生产线 2 上产品所需原料			1R1		
手工生产线 3 上产品所需原料				1R1	
半自动生产线上产品所需原料		1R1		1R1	
所需原料合计		2	1	2	1
期初库存数量		1			
R1 原料预订	预订期间	第 1 季度	第 2 季度	第 3 季度	第 4 季度
	预订数	1	1	2	1

说明：因为 R1 原料的采购提前期为 1 个季度，所以本年第 1 季度预订的 R1 原料数量为本年第 2 季度需要的原料数量，根据计算结果，第 2 季度需要 2 件 R1 原料，因本年年初库存有 1 件 R1 原料，所以本年第 1 季度的 R1 原料预订数为 1 件。以后各季度原料预订数均为下季度生产需要的数量。

项 目 小 结

本项目主要介绍了工业企业 ERP 沙盘的盘面布局与运营规则。通过本项目的学习，学生可掌握 ERP 沙盘运营规则，为以后合法经营企业奠定基础。ERP 沙盘课程是一门体验式、互动式的课程，通过该课程的学习可极大地提高学生的综合能力。在具体实施、体验这门课程前，学生应掌握 ERP 沙盘运营的营销规则、筹资规则、投资规则和生产规则。

项 目 训 练

一、单项选择题

1. 用友公司工业企业 ERP 沙盘生产中心的大厂房最多可安装（　　）条生产线。
A. 3　　　　　　　B. 4　　　　　　　C. 5　　　　　　　D. 6

2. 用友公司工业企业 ERP 沙盘生产中心的小厂房最多可安装（　　）条生产线。
A. 3　　　　　　　B. 4　　　　　　　C. 5　　　　　　　D. 6

3. 用友公司工业企业 ERP 沙盘中，M 表示金额的单位，其代表的是（　　）。
A. 千元　　　　　　B. 万元　　　　　　C. 百万元　　　　　D. 亿元

4. 用友公司工业企业 ERP 沙盘中，Q 表示应收账期，其代表的是（　　）。

A. 1个月　　　　　B. 1个季度　　　　C. 1年　　　　　D. 6个月

5. 用友公司工业企业 ERP 沙盘运营规则规定，企业长期贷款的年利率为（　　）。

A. 20%　　　　　B. 10%　　　　　C. 8%　　　　　D. 5%

6. 用友公司工业企业 ERP 沙盘运营规则规定，企业短期贷款的年利率为（　　）。

A. 20%　　　　　B. 15%　　　　　C. 10%　　　　　D. 5%

7. 用友公司工业企业 ERP 沙盘运营规则规定，企业将现有4Q 的14M 的应收账款贴现，需支付的贴息额为（　　）M。

A. 1　　　　　　B. 2　　　　　　C. 3　　　　　　D. 4

8. 用友公司工业企业 ERP 沙盘运营规则规定，企业开拓区域市场需要（　　）M 的费用。

A. 1　　　　　　B. 2　　　　　　C. 3　　　　　　D. 4

9. 用友公司工业企业 ERP 沙盘运营规则规定，企业研发 P2 产品需要投入的资金为（　　）M。

A. 2　　　　　　B. 4　　　　　　C. 6　　　　　　D. 8

10. 用友公司工业企业 ERP 沙盘运营规则规定，企业购买大厂房需要（　　）M 的资金。

A. 20　　　　　B. 30　　　　　C. 40　　　　　D. 50

二、多项选择题

1. 用友公司工业企业 ERP 沙盘运营规则规定，企业生产 P2 产品所需要的原料有（　　）。

A. 1R1　　　　　B. 1R2　　　　　C. 1R3　　　　　D. 1R4

2. 用友公司工业企业 ERP 沙盘运营规则规定，企业生产 P3 产品所需要的原料有（　　）。

A. 1R1　　　　　B. 2R2　　　　　C. 2R3　　　　　D. 1R3

3. 用友公司工业企业 ERP 沙盘运营规则规定，企业生产 P4 产品所需要的原料有（　　）。

A. 2R1　　　　　B. 1R2　　　　　C. 1R3　　　　　D. 2R4

4. 用友公司工业企业 ERP 沙盘运营规则规定，企业生产（　　）产品的原料中均有 R2。

A. P1　　　　　　B. P2　　　　　　C. P3　　　　　　D. P4

5. 用友公司工业企业 ERP 沙盘运营规则规定，企业生产（　　）产品的原料中均有 R1。

A. P1　　　　　　B. P2　　　　　　C. P3　　　　　　D. P4

6. 用友公司工业企业 ERP 沙盘运营规则规定，企业生产（　　）产品的原料中均有 R3。

A. P1　　　　　　B. P2　　　　　　C. P3　　　　　　D. P4

7. 用友公司工业企业 ERP 沙盘运营规则规定，企业开拓区域市场需要（　　）时间，总计（　　）费用。

A．1 年　　　　　　B．2 年　　　　　　C．1M　　　　　　D．2M

8. 用友公司工业企业 ERP 沙盘运营规则规定，企业开拓国内市场需要（　　）时间，总计（　　）费用。

A．1 年　　　　　　B．2 年　　　　　　C．1M　　　　　　D．2M

9. 用友公司工业企业 ERP 沙盘运营规则规定，企业开拓亚洲市场需要（　　）时间，总计（　　）费用。

A．3 年　　　　　　B．4 年　　　　　　C．3M　　　　　　D．4M

10. 用友公司工业企业 ERP 沙盘运营规则规定，企业开拓国际市场需要（　　）时间，总计（　　）费用。

A．3 年　　　　　　B．4 年　　　　　　C．3M　　　　　　D．4M

三、判断题（正确的打"√"，错误的打"×"）

1．用友公司工业企业 ERP 沙盘运营规则规定，企业的生产线转产时，半自动生产线需要的转产成本是 2M。（　　）

2．用友公司工业企业 ERP 沙盘运营规则规定，企业的生产线转产时，全自动生产线需要的转产成本是 4M。（　　）

3．用友公司工业企业 ERP 沙盘运营规则规定，企业生产 P 类产品时均需要 R1 原料。（　　）

4．用友公司工业企业 ERP 沙盘运营规则规定，企业购入任何生产线，都需要有安装周期。（　　）

5．用友公司工业企业 ERP 沙盘运营规则规定，采购提前期为两个季度的原料有 R2 和 R3。（　　）

四、思考与创新

1．谈一谈，在 ERP 沙盘运营中，总经理、采购总监、生产总监、营销总监和财务总监应做好哪些本职工作。

2．说一说，在 ERP 沙盘运营中，营销总监如何才能做到不盲目接单。

3．说一说，在 ERP 沙盘运营中，采购总监如何才能做好按时购货。

4．根据日常生活中的材料（如纸板、硬币、纽扣等），亲自动手制作 ERP 沙盘。

项目二

工业企业 ERP 沙盘运营操作案例

学习目标

知识目标：掌握 ERP 沙盘的实际操作流程。

技能目标：能够进行 ERP 沙盘的实际操作。

能力目标：培养学生整合其所学相关企业管理专业知识的能力。

▶ 任务描述	▶ 任务解析	▶ 任务要求	▶ 职业素质
1. 利用项目一中学生组建的企业和设定的运营规则，让学生了解并掌握ERP沙盘运营流程。 2. 通过学生对企业的经营，在开放式教学环境中实施教、学、做、悟一体化操作，让学生掌握全局性的企业管理思维，为业财融合奠定基础。 3. 通过改变教学模式，以学生为主体，优化教学过程，改进学习方式。	1. 各企业按教师要求进行初始状态设定。 2. 各企业在教师的指导下进行初始年运营。 3. 各企业独立进行实战操作。 4. 通过任务确定和任务分解，各企业首席执行官、采购总监、生产总监、营销总监、财务总监各司其职。	1. 各企业掌握各项运营规则，根据企业自身发展要求制订本企业的年度计划，具体包括销售订单计划、年度筹资计划、年度投资计划、年度生产计划等。 2. 各企业在教师的指导下进行企业初始状态设定，进行初始年运营。 3. 各企业能够独立进行工业企业ERP沙盘的操作，实施企业运营。	1. 学生通过角色扮演，实施企业的生产经营，亲身体验工作职责，养成职业思维与素养。 2. 通过团队合作模式，让学生对问题进行交流与讨论，从而提高分析问题和解决问题的能力，掌握合作工作模式。

任务一 设定企业初始状态

通过企业的资产负债表和利润表可以了解企业的财务状况及经营成果，但若想了解企业更为详细的信息，如长期贷款何时到期、应收账款何时回笼、企业生产计划如何安排等，则需要清楚企业的具体运营。在此，借助ERP沙盘的具体操作来获取企业更为详细的信息。在进行ERP沙盘经营时，为了让各企业有公平的经营环境，首先需要统一设定企业的初始状态。

一、企业初始资金状态设定

各竞争企业总资产均为1.05亿元，因此各企业目前均拥有105个彩币（1个彩币相当于100万元，下同），其中包括10个红币（原材料价值）和95个灰币（其他相关资产的价值）。企业的资金分布情况参考简易式资产负债表，如图表2-1所示。

❖图表2-1 期初简易式资产负债表❖

简易式资产负债表

编制单位：　　　　　　　　　　　　　　　　　　　　　　　　　　　　　　　　　　单位：百万元

资产	期初数	期末数	负债和所有者权益	期初数	期末数
流动资产：			负债：		
现金		20	长期负债		40
应收账款		15①	短期负债		
在制品		8②	应付账款		
产成品		6③	应交税费		1④
原材料		3	一年内到期的长期负债		
流动资产合计		52	负债合计		41
固定资产：			所有者权益：		
土地和建筑物		40	股东资本		50
机器与设备		13	利润留存		11
在建工程			年度净利		3
固定资产合计		53	所有者权益合计		64
资产总计		105	负债和所有者权益总计		105

说明：

① 应收账款为3个账期。

② 在期初资料中，为了使经营具有公平性，各企业的初始状态都是一致的。设定各企业均拥有3条手工生产线和1条半自动生产线，手工生产线各生产阶段有1件P1在制品，半自动生产线第1个生产阶段有1件P1在制品。P1在制品为4件，每件P1在制品的成本为200万元。

③ 库存有3件P1产品，每件P1产品的成本为200万元。

④ 应交税费为应交企业所得税。

根据上述简易式资产负债表中的各项目排列顺序，现将企业资金分布状况复原到沙盘上，复原过程中需要每个角色各司其职，熟悉本岗位工作。

二、企业初始资产状态设定

（一）固定资产53M

1. 大厂房40M（账面净值）。

企业拥有自主厂房（大厂房）一幢，净值40M。财务总监需将等值的灰币用桶装好放置于大厂房处。

2. 生产线设备13M（账面净值）。

企业目前已拥有3条手工生产线和1条半自动生产线。当前手工生产线账面原值为15M，已提折旧额为6M；半自动生产线账面原值为8M，已提折旧额为4M。财务总监需取4个空桶，分别置入3M、3M、3M、4M等值的灰币，并放置于生产线下方的生产线净值处。

（二）流动资产 52M

1. 现金 20M。

在工业企业 ERP 沙盘操作中，现金是指企业的货币资金。财务总监需拿出 20 个灰币，放置于现金库位置。

2. 应收账款 15M。

在工业企业 ERP 沙盘操作中，为了获得尽可能多的客户，企业一般采用赊销策略，即允许客户在一定期限内付清货款，而非货到即付，钱货两清。设定应收账款最长信用期为 4 个账期，目前各企业的应收账款为 3 个账期，财务总监需拿出标有 15M 的应收款卡片，放置于应收账款第 3 期位置。

说明：离现金库最近的为第 1 期，最远的为第 4 期。

3. 在制品 8M。

在工业企业 ERP 沙盘操作中，在制品是指处于加工过程中，尚未完工入库的产品。设定的在制品如下：大厂房里有 3 条手工生产线、1 条半自动生产线，每条生产线上各有 1 件 P1 在制品。手工生产线的生产周期为 3 期，靠近原材料库的为第 1 期，3 条手工生产线上的 3 件 P1 在制品分别位于第 1、2、3 期；半自动生产线的生产周期为 2 期，P1 在制品位于第 1 期。

根据 EPR 沙盘运营规则，产品上线即投入全部材料费和人工费，因此，P1 在制品的成本由 1 件 R1 原料费（红币）和 1M 人工费（灰币）构成。需由财务总监、生产总监、物流总监互相配合制作 4 件 P1 在制品，由生产总监放置于生产线各个生产周期的相应位置。

4. 产成品 6M。

产品成本包括直接材料、直接人工和制造费用。为了简化核算，在初始状态的设定中，制造费用暂时忽略不计。根据 EPR 沙盘运营规则，P1 产品的主要原料为 R1。因此，P1 产品成本项目具体如下：直接材料费用 1M、直接人工费用 1M、制造费用 0M。P1 成品库中有 3 件产成品，每件产成品都由 1 件 R1 原料费（红币）和 1M 人工费（灰币）构成。由物流总监与财务总监配合制作 3 件 P1 产成品，由物流总监放置于 P1 产品库中。

5. 原材料 3M。

在企业初始状态下，原材料库中有 3 件 R1 原料，每件价值 1M。需由采购总监取 3 个红币摆放到 R1 原料库中。

另外，除以上 3 件 R1 原料外，企业还有已向供应商发出的 2 件 R1 原料采购订单。采购总监需在 R1 原料订单处加注标记。

初始盘面设定（负债）

三、企业初始负债状态设定

（一）长期负债 40M

企业共有长期贷款 40M，其中，4 期的长期贷款 20M，5 期的长期贷款 20M。财务总监需将两个标有 20M 的长期贷款卡片分别放置于长期贷款第 4 期和第 5 期的位置。

说明：对长期贷款来说，ERP 沙盘上的纵列代表年度，离现金库最近的为第 1 年，然后为第 2 年，依次类推。对短期贷款来说，ERP 沙盘上的纵列代表季度，离现金库最近的为第 1 季度。

（二）应交税费 1M

企业上一年实现的税前利润为 4M（假设不考虑纳税调整项目），按所得税税率 25% 的规定，需缴纳 1M 的企业所得税。税金缴纳时间是取得利润下一年的第 1 季度，此时 ERP 沙盘盘面上不做对应操作。

四、企业初始所有者权益状态设定

（一）实收资本 50M

企业的实收资本为 50M。在沙盘盘面上不做对应操作。

（二）未分配利润 14M

企业的未分配利润为 14M。在沙盘盘面上不做对应操作。

至此，企业 ERP 沙盘盘面的初始状态设定完成。

任务二　企业初始年引导运营

在设定了企业初始状态后，教师需引导各企业进行初始年的运营，使参训者熟悉 ERP 沙盘的运营流程，为以后独立经营企业打下基础，并能真正驾驭 ERP 沙盘，掌握企业的经营和管理过程，成为真正懂得企业业务流程的行家里手。为了让初学者更好地掌握 ERP 沙盘的运营流程，在操作时可借助运营表了解企业的经营步骤，按运营表的操作流程进行。

一、初始年的每季度运营流程

（一）第 1 季度（期）经营

1．召开新年度规划会议。

由 CEO 组织召开新年度规划会议，决定在初始年运营时，企业规划如下：

（1）目前只生产 P1 产品；

（2）年初支付 1M 广告费；

(3) 不申请任何贷款；

(4) 每季度下 1 个 R1 原料订单；

(5) 不做任何投资（包括产品研发、市场开拓和生产线的投资等）。

会议结束后，CEO 需要在初始年运营表第 1 行的相应位置填写"√"，表示此项工作已完成。

2. 参加订货会，登记销售订单。

营销总监参加订货会，登记销售订单，需要完成以下工作。

(1) 了解企业本年可供出售产品的数量。

在竞单前，营销总监要咨询生产总监，了解企业当年的产能及可供出售产品数量。该企业计算的当年产能和可供出售产品数量情况如下：

P1 产品产能=3×（4÷3）+1×（4÷2）=6（件）

P1 产品可供出售的数量=3+6=9（件）

(2) 交纳广告费。

营销总监参加订货会时，财务总监需要从现金库中拿出 1M（1 个灰币）交给广告公司，表示广告费已交纳，CEO 需要在初始年运营表的相应位置填写"-1"，如图表 2-2 所示。

❖图表 2-2　填写广告费❖

广告费

单位：百万元

内容	第 1 季度	第 2 季度	第 3 季度	第 4 季度
召开新年度规划会议	√			
参加订货会，登记销售订单	-1			

(3) 取得并登记订单。

在初始年，各企业都投入了 1M 广告费，分别得到一张相同的订单，如图表 2-3 所示。由于企业本年可供出售的 P1 产品数量为 9 件，而本年取得的订单数量为 6 件，可见企业的年产能足以完成销售定额。

❖图表 2-3　初始年取得订单❖

订单		
初始年	本地市场	产品：P1
	产品数量：6	
	产品单价：5M/件	
	总　金　额：30M	
	应收账期：2Q	

营销总监参加完订货会后，需要将订单登记在订单登记表中，如图表 2-4 所示。

❖图表 2-4　初始年订单登记表❖

订单登记表

编制单位：　　　　　　　　　　　初始年

订单号	1									合计
市场	本地									
产品	P1									
数量（件）	6									
账期	2Q									
销售额										
成本										
毛利										
未售										

说明：销售额、成本和毛利在交货时填写。

3．制订新年度计划。

CEO 根据新年度规划会议和本年度的订单取得情况制订本年度的生产计划、销售计划、采购计划、财务计划等。

本年度的生产计划是根据企业现有的生产能力，生产 P1 产品 6 件。

本年度的销售计划是企业根据订单情况及时销售 P1 产品 6 件。

本年度的采购计划是企业采购 R1 原料 5 件，满足生产所需。

本年度的财务计划是满足企业正常的生产经营资金需要，资金不足时，要及时筹措资金。

CEO 需要在初始年运营表的相应位置填写"√"。

4．支付应付税。

财务总监需要从现金库中拿出 1M，放置在 ERP 沙盘盘面的税金位置，并在初始年运营表的相应位置填写"-1"，表示支出 1M 的企业所得税。

支付应付税

5．季初现金盘点。

期初库存现金为 20M，参加订货会后支付广告费 1M，支付应付税 1M，共支付 2M，CEO 需要在初始年运营表的相应位置填写"18"，表示目前的现金有 18M。

6．更新短期贷款/还本付息/申请短期贷款（或高利贷）。

本栏反映短期贷款在这一时期的借贷与更新情况。因初始年没有短期贷款，CEO 需要在初始年运营表的相应位置填写"×"。

7．更新应付款/归还应付款。

当企业购入其他企业产品时，会有此项业务发生。初始年没有此项业务，CEO 需要在初始年运营表的相应位置填写"×"。

原材料入库/更新原料订单

8．原材料入库/更新原料订单。

企业在上一季度预订了 2 件 R1 原料，因此本季度需要支付 2M 现金，需由采购总监取回 2 件 R1 原料，放入 R1 原料库中，CEO 需要在初始年运营表的相应位置填写"-2"，表示支付了 2M 现金。

9．下原料订单。

按初始年的规划，每季度要为下一季度预订 1 件 R1 原料，需由采购总监取一个空桶，里面放入一张小纸条，写上"预订 1 件 R1 原料"，放入订单区，CEO 需要在初始年运营表的相应位置填写"1R1"。

10．更新生产/完工入库。

生产总监将在制品依次推入下一个生产周期，完工下线的 1 件 P1 产品放入 P1 成品库，CEO 需要在初始年运营表的相应位置填写"1P1"。

11．投资新生产线/变卖生产线/生产线转产。

初始年没有此项业务，CEO 需要在初始年运营表的相应位置填写"×"。

12．向其他企业购买原材料/出售原材料。

初始年没有此项业务，CEO 需要在初始年运营表的相应位置填写"×"。

13．开始下一批生产。

采购总监从 R1 原料库里取 1 件 R1 原料，同时财务总监从现金库中取出 1M 现金（人工费），交由生产总监，做成 1 件 P1 在制品，放置在刚刚空出来的手工生产线的第 1 期上。本次操作，由于企业支付了 1M 的人工费，所以 CEO 需要在初始年运营表的相应位置填写"-1"，表示支付了 1M 的人工费。

14．更新应收款/应收款收现。

财务总监需要将现有的应收账款向现金库方向移动一格，若有移出的应收账款则放入现金库。本期操作是将 15M 应收账款从第 3 期移入第 2 期，CEO 需要在初始年运营表的相应位置填写"√"。

15．出售厂房。

初始年没有此项业务，CEO 需要在初始年运营表的相应位置填写"×"。

16．向其他企业购买成品/出售成品。

初始年没有此项业务，CEO 需要在初始年运营表的相应位置填写"×"。

17．按订单交货。

营销总监查点 P1 产品库的成品数量，不够交货数量的，无须操作，CEO 需要在初始年运营表的相应位置填写"×"。若产品库有足够的成品，则营销总监可以按订单数量交货，CEO 需要在初始年运营表的相应位置填写"订单×"。

18．产品研发投资。

初始年没有此项业务，CEO 需要在初始年运营表的相应位置填写"×"。

19．支付行政管理费。

根据 ERP 沙盘运营规则，企业在每个季度都必须支付 1M 行政管理费。财务总监取 1 个灰币放入财务区的管理费位置，CEO 需要在初始年运营表的相应位置填写"-1"。

20．其他现金收支情况登记。

初始年没有此项业务，CEO 需要在初始年运营表的相应位置填写"×"。

21．现金收入合计。

本季度没有现金收入，CEO 需要在初始年运营表的相应位置填写"0"。

22．现金支出合计。

本季度共支出现金 4M（从季初现金盘点之后算起），CEO 需要在初始年运营表的相应位置填写"4"。

23．期末现金对账。

季初现金盘点 18M，加本期现金收入 0M，减本期现金支出 4M，计算出期末现金余额为 14M，CEO 需要在初始年运营表的相应位置填写"14"。

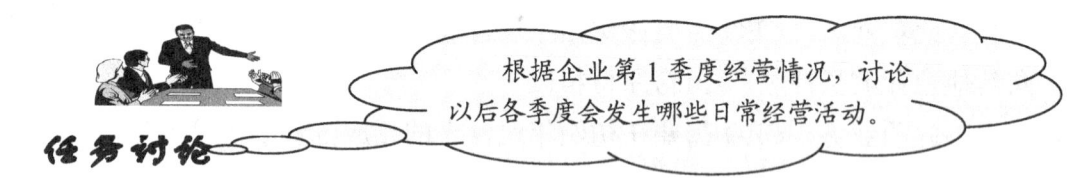

任务讨论：根据企业第 1 季度经营情况，讨论以后各季度会发生哪些日常经营活动。

（二）第 2 季度（期）经营

为了简化，在第 2 季度只对有操作的项目加以说明，空白项目则略过（以后经营季度同此）。本季度需填写的内容为初始年运营表的第 3 列。

1．季初现金盘点。

第 2 季度期初现金余额应为第 1 季度期末现金余额，第 1 季度期末现金余额为 14M，所以 CEO 需要在初始年运营表的相应位置填写"14"。

2．原材料入库/更新原料订单。

由于企业在第 1 季度预订了 1 件 R1 原料，因此第 2 季度需要由财务总监取出 1M 现金，用于支付原料货款。采购总监将 R1 原料取回后，放入 R1 原料库中，CEO 需要在初始年运营表的相应位置填写"–1"。

3．下原料订单。

企业在第 2 季度预订了第 3 季度的原料，需由采购总监取一个空桶，里面放入一张小纸条，写上"预订 1 件 R1 原料"，放入订单区，CEO 需要在初始年运营表的相应位置填写"1R1"。

4．更新生产/完工入库。

生产总监将在制品依次推入下一个生产周期，完工下线的 2 件 P1 产品放入 P1 成品库，CEO 需要在初始年运营表的相应位置填写"2P1"。

5．开始下一批生产。

采购总监从 R1 原料库里取 2 件 R1 原料，同时财务总监从现金库中取出 2M 现金（人工费），交由生产总监，做成 2 件 P1 在制品，放置在刚刚空出来的手工生产线的第 1 期上。本次操作，由于企业支付了 2M 的人工费，所以 CEO 需要在初始年运营表的相应位置填写"–2"。

6．更新应收款/应收款收现。

财务总监需要将现有的应收账款向现金库方向移动一格。本期操作是将15M应收账款从第2期移入第1期，CEO需要在初始年运营表的相应位置填写"√"。

7．按订单交货。

营销总监查点P1产品库的成品数量，P1产品库中已有6件P1产品，达到了订单上的交货数量。因此，营销总监需要拿上订单和6件P1产品，向客户交货。按订单交货后，营销总监从客户处取得30M的2个账期的应收账款，营销总监将30M的应收账款卡片交给财务总监，由财务总监放置在应收账款第2期的位置。然后，CEO需要在初始年运营表的相应位置填写"订单1"。

8．支付行政管理费。

财务总监取1个灰币放入财务区的管理费位置，CEO需要在初始年运营表的相应位置填写"-1"。

9．现金收入合计。

本季度没有现金收入，CEO需要在初始年运营表的相应位置填写"0"。

10．现金支出合计。

本季度共支出现金4M，CEO需要在初始年运营表的相应位置填写"4"。

11．期末现金对账。

季初现金盘点14M，加本期现金收入0M，减本期现金支出4M，计算出本季度的期末现金余额为10M，CEO需要在初始年运营表的相应位置填写"10"。

（三）第3季度（期）经营

1．季初现金盘点。

第3季度期初现金余额应为第2季度期末现金余额，第2季度期末现金余额为10M，所以CEO需要在初始年运营表的相应位置填写"10"。

2．原材料入库/更新原料订单。

由于企业在第2季度预订了1件R1原料，因此第3季度需要由财务总监取出1M现金，用于支付原料货款。采购总监将R1原料取回后，放入R1原料库中，CEO需要在初始年运营表的相应位置填写"-1"。

3．下原料订单。

企业在第3季度预订了第4季度的原料，需由采购总监取一个空桶，里面放入一张小纸条，写上"预订1件R1原料"，放入订单区，CEO需要在初始年运营表的相应位置填写"1R1"。

4．更新生产/完工入库。

生产总监将在制品依次推入下一个生产周期，完工下线的1件P1产品放入P1成品库，CEO需要在初始年运营表的相应位置填写"1P1"。

5．开始下一批生产。

采购总监从R1原料库里取1件R1原料，同时财务总监从现金库中取出1M现金（人工费），交由生产总监，做成 1 件 P1 在制品，放置在刚刚空出来的手工生产线的第 1 期上。本次操作，由于企业支付了 1M 的人工费，所以 CEO 需要在初始年运营表的相应位置填写"-1"。

6．更新应收款/应收款收现。

财务总监需要将现有的应收账款向现金库方向移动一格。本期操作是将 15M 应收账款从第 1 期移入现金库，并将 15M 应收账款卡片换成 15 个灰币，放入现金库位置，CEO 需要在初始年运营表的相应位置填写"15"。

7．支付行政管理费。

财务总监取 1 个灰币放入财务区的管理费位置，CEO 需要在初始年运营表的相应位置填写"-1"。

8．现金收入合计。

本季度应收账款收现 15M，CEO 需要在初始年运营表的相应位置填写"15"。

9．现金支出合计。

本季度共支出现金 3M，CEO 需要在初始年运营表的相应位置填写"3"。

10．期末现金对账。

季初现金盘点 10M，加本期现金收入 15M，减本期现金支出 3M，计算出本季度的期末现金余额为 22M，CEO 需要在初始年运营表的相应位置填写"22"。

（四）第 4 季度（期）经营

1．季初现金盘点。

第 4 季度期初现金余额应为第 3 季度期末现金余额，第 3 季度期末现金余额为 22M，所以 CEO 需要在初始年运营表的相应位置填写"22"。

2．原材料入库/更新原料订单。

由于企业在第 3 季度预订了 1 件 R1 原料，因此第 4 季度需要由财务总监取出 1M 现金，用于支付原料货款。采购总监将 R1 原料取回后，放入 R1 原料库中，CEO 需要在初始年运营表的相应位置填写"-1"。

3．下原料订单。

企业在第 4 季度预订了明年第 1 季度的原料，需由采购总监取一个空桶，里面放入一张小纸条，写上"预订 1 件 R1 原料"，放入订单区，CEO 需要在初始年运营表的相应位置填写"1R1"。

4．更新生产/完工入库。

生产总监将在制品依次推入下一个生产周期，完工下线的 2 件 P1 产品放入 P1 成品库，CEO 需要在初始年运营表的相应位置填写"2P1"。

5．开始下一批生产。

采购总监从 R1 原料库里取 2 件 R1 原料，同时财务总监从现金库中取出 2M 现金（人工费），交由生产总监，做成 2 件 P1 在制品，放置在刚刚空出来的手工生产线的第 1 期上。本次操作，由于企业支付了 2M 的人工费，所以 CEO 需要在初始年运营表的相应位置填写

"-2"。

6．更新应收款/应收款收现。

财务总监需要将现有的应收账款向现金库方向移动一格。本期操作是将30M应收账款从第1期移入现金库，并将30M应收账款卡片换成30个灰币，放入现金库位置，CEO需要在初始年运营表的相应位置填写"30"。

7．支付行政管理费。

财务总监取1个灰币放入财务区的管理费位置，CEO需要在初始年运营表的相应位置填写"-1"。

8．支付利息/更新长期贷款/申请长期贷款。

根据EPR沙盘运营规则，长期贷款的一格代表1年，短期贷款的一格代表1个季度，若有长期贷款或短期贷款移至现金库时，说明企业需用现金归还贷款本金。对于长期贷款利息，根据EPR沙盘运营规则，要求在每年年末支付。

企业需要将现有的两笔长期贷款分别向现金库方向移动一格。具体操作是将4年期的长期贷款20M移入第3年格内，5年期的长期贷款20M移入第4年格内，同时计算并支付利息4M（根据EPR沙盘运营规则，长期贷款的年利率为10%），财务总监需要从现金库中取4个灰币，放入财务区的利息位置，CEO需要在初始年运营表的相应位置填写"-4"。

9．支付设备维护费。

根据EPR沙盘运营规则，企业每年年末，按已经投产的生产线数支付此项费用，每条生产线1M。企业现有4条生产线，财务总监需要从现金库中取4个灰币，放入财务区的维修费位置，CEO需要在初始年运营表的相应位置填写"-4"。

10．支付租金/购买厂房。

初始年没有此项业务，CEO需要在初始年运营表的相应位置填写"×"。

11．计提折旧。

根据EPR沙盘运营规则，每台设备按净值的1/3（取整）来计算折旧。具体情况是在4台机器前的净值桶里各取出1个灰币，放入财务区的折旧位置，CEO需要在初始年运营表的相应位置填写"（4）"，由于此项业务不实际支付现金，故此数字在表格中用括号括起来标示。

12．新市场开拓/ISO认证投资。

初始年没有此项业务，CEO需要在初始年运营表的相应位置填写"×"。

13．结账。

将期末数字转入下一年期初，CEO需要在初始年运营表的相应位置填写"√"。

14．现金收入合计。

本季度应收账款收现30M，CEO需要在初始年运营表的相应位置填写"30"。

15．现金支出合计。

本季度共支出现金12M，CEO需要在初始年运营表的相应位置填写"12"。

16．期末现金对账。

季初现金盘点22M，加本期现金收入30M，减本期现金支出12M，计算出本季度的期末现金余额为40M，CEO需要在初始年运营表的相应位置填写"40"。

初始年简易式运营表如图表 2-5 所示。

❖图表 2-5 初始年简易式运营表❖

初始年简易式运营表

编制单位： 　　　　　　　　　　　　　　　　　　　　　　　　　　　　　　　　单位：百万元

内容	第1季度	第2季度	第3季度	第4季度
召开新年度规划会议	√			
参加订货会，登记销售订单	-1			
制订新年度计划	√			
支付应付税	-1			
季初现金盘点（请填余额）①	18	14	10	22
更新短期贷款/还本付息/申请短期贷款（或高利贷）	×	×	×	×
更新应付款/归还应付款	×	×	×	×
原材料入库/更新原料订单	-2	-1	-1	-1
下原料订单	1R1	1R1	1R1	1R1
更新生产/完工入库	1P1	2P1	1P1	2P1
投资新生产线/变卖生产线/生产线转产	×	×	×	×
向其他企业购买原材料/出售原材料	×	×	×	×
开始下一批生产	-1	-2	-1	-2
更新应收款/应收款收现	√	√	15	30
出售厂房	×	×	×	×
向其他企业购买成品/出售成品	×	×	×	×
按订单交货	×	订单1	×	×
产品研发投资	×	×	×	×
支付行政管理费	-1	-1	-1	-1
其他现金收支情况登记	×	×	×	×
支付利息/更新长期贷款/申请长期贷款				-4
支付设备维护费				-4
支付租金/购买厂房				×
计提折旧				(4)
新市场开拓/ISO认证投资				×
结账				√
现金收入合计	0	0	15	30
现金支出合计	4	4	3	12
期末现金对账（请填余额）②	14	10	22	40

说明：

① 第 1 季度季初现金余额为上一年度第 4 季度期末现金余额扣除已支付的广告费和上缴的税金后的数额，以后各季度的季初现金余额为上一季度末的现金余额。

② 期末现金余额=季初现金余额+本期现金收入合计-本期现金支出合计。

二、商品核算统计表

企业在交货时要填写商品核算表，到年末统计出全年的商品销售数据，并填写商品核算统计表，如图表2-6所示。

❖ **图表2-6 初始年商品核算统计表** ❖

商品核算统计表

初始年　　　　　　　　　　　　　　　　　　　　　　　　　　　　单位：百万元

产品	P1	P2	P3	P4	合计
数量（件）	6				6
销售额	30				30
成本	12				12
毛利	18				18

三、费用明细表

企业在年末要将全年的费用汇总，填写全年的费用明细表，如图表2-7所示。

❖ **图表2-7 初始年费用明细表** ❖

费用明细表

初始年　　　　　　　　　　　　　　　　　　　　　　　　　　　　单位：百万元

项目	金额	备注
管理费	4	
广告费	1	
维修保养费	4	
租金		
转产费		
市场准入开拓		□区域　□国内　□亚洲　□国际
ISO认证		□ISO9000　□ISO14000
产品研发		P2（　）　P3（　）　P4（　）
其他		
合计	9	

四、简易式利润表

企业根据本年发生的经济业务，在年末编制本年的简易式利润表，如图表2-8所示。

❖图表2-8 初始年简易式利润表❖

简易式利润表

编制单位： 初始年 单位：百万元

项目	本年数	上年数
一、销售收入	30	
减：直接成本	12	
二、毛利	18	
减：综合费用	9	
三、折旧前利润	9	
减：折旧	4	
四、支付利息前利润	5	
加：利息收入/支出（支出以负数表示）	-4	
加：其他收入/支出（支出以负数表示）		
五、税前利润	1	
减：所得税	0	
六、净利润	1	

说明：ERP沙盘运营规则规定，企业所得税税率为1/3，为了方便计算，只取整，不进行四舍五入的计算。因为企业当年的税前利润为1M，乘以1/3的税率，计算所得税税额为0.33M，取整后为0（在实际的企业业务核算中，企业所得税税率一般为25%，以后随着税制改革的不断深入，所得税税率可能还会不断进行调整，税额计算也无须取整，对于这一问题，在后续的ERP沙盘真账实操时，教师可根据实际需要进行调整）。

五、简易式资产负债表

企业根据本年发生的经济业务，在年末编制本年的简易式资产负债表，如图表2-9所示。

❖图表2-9 初始年简易式资产负债表❖

简易式资产负债表

编制单位： 初始年 单位：百万元

资产	期初数	期末数	负债和所有者权益	期初数	期末数
流动资产：			负债：		
现金	20	40	长期负债	40	40
应收账款	15	0	短期负债		
在制品	8	8[①]	应付账款		
产成品	6	6[②]	应交税费	1	0
原材料	3	2	一年内到期的长期负债		
流动资产合计	52	56	负债合计	41	40
固定资产：			所有者权益：		
土地和建筑物	40	40[③]	股东资本	50	50

30

续表

资产	期初数	期末数	负债和所有者权益	期初数	期末数
机器与设备	13	9④	利润留存	11	14⑤
在建工程			年度净利	3	1
固定资产合计	53	49	所有者权益合计	64	65
资产总计	105	105	负债和所有者权益总计	105	105

说明：

① 年末生产线上的在制品均为 P1 产品，数量为 4 件（手工生产线各生产阶段有 1 件 P1 在制品，半自动生产线第 1 个生产阶段有 1 件 P1 在制品）。

② 年末库存有 3 件 P1 产品。

③ ERP 沙盘运营规则规定，土地和建筑物无须计提折旧，因此大厂房的价值仍为 40M（厂房不计提折旧不符合实务操作，因此在后续的 ERP 沙盘真账实操时，教师可根据实际需要进行调整）。

④ 此处的机器与设备为净值，年初数为 13M，扣减本年所计提的折旧 4M，得净值 9M。ERP 沙盘运营规则规定：折旧的计提按净值的 1/3（取整），净值小于 3M 的，每年按 1M 计提，计提至零为止（这一点与实际情况不符，教师可根据实际需要进行调整）。

⑤ 期末利润留存数 14M 为上一年的利润留存数 11M 加上上一年度净利数 3M 得来。

至此，经过初始年的运营后，企业沙盘盘面上的状态如下。

（一）流动资产 56M

1．现金 40M。

2．在制品 8M（4 件 P1 在制品）。

3．产成品 6M（3 件 P1 产品）。

4．原材料 2M（2 件 R1 原料）。

5．预订 R1 原料 1 件。

（二）固定资产 49M

1．大厂房 40M。

2．设备价值 9M（3 条手工生产线和 1 条半自动生产线，净值分别为 2M、2M、2M、3M）。

（三）负债 40M

长期负债 40M（在第 3 期和第 4 期位置各有 20M 的长期贷款）。

沙盘盘面上共有 105 个彩币，其中 96 个灰币、9 个红币。

任务三　企业独立运营

本任务以任务二的初始年运营为基础，让企业独立进行 3 年运营，让参训者独立完成 ERP 沙盘的具体操作。通过本任务的执行，可以让参训者逐渐清晰地了解并掌握工业企业运营流程，具备企业管理思维。

企业由 6 人组成，该企业 CEO 的运营思维特点是稳重经营、步步为营、处处精打细算、以生存为第一要务，这决定了该企业采用的是保守经营战略。企业的其他员工都要各司其职，根据岗位职责做好本职工作，相互配合，共同完成企业独立运营，避免因决策失误或经营不善造成企业破产。

一、企业第 1 年独立运营

（一）召开新年度规划会议

在新年度规划会议上，大家讨论热烈，各持己见，最后 CEO 决定：走专营路线，一年后停止 P1 产品的生产，以生产 P3 产品为主，广告采用保守策略。

具体决策内容如下。

1. 广告费投入：对本地 P1 产品，投入资金 1M。
2. 年末开拓区域市场、国内市场和亚洲市场，各投入资金 1M，共投入资金 3M。

> **CEO 决策理由：**
> 1. CEO 认为，P3 产品利润较大，其他企业不一定马上生产，所以很可能是一个冷门产品，本企业会占优势，且专营生产，投入的资金少，不会在资金上有太大的压力。
> 2. P1 产品卖价走低，渐成鸡肋，可以逐渐淘汰。
> 3. 广告费会冲减利润，应尽量少投，如投入过多，与其他企业竞争时，若得不到市场领导者的地位，则可能会两败俱伤，造成资金的浪费。

（二）参加订货会

在投入广告费前，企业应根据自己的生产线来计算企业当年的产能，这样才能对广告的投入做到心中有数，在接订单时做到有的放矢。生产线的类型不同，产品的生产周期也不同，因此，在计算产能时要格外仔细，以免计算错误，导致决策失误。营销总监了解到企业当年的产能及可供出售产品数量信息如下：

P1 产品产能=3×（4÷3）+1×（4÷2）=6（件）

P1 产品可供出售数量=3+6=9（件）

营销总监参加订货会，投入 1M 广告费，本企业排名第六，经过仔细选单，取得 1 张订单，如图表 2-10 所示。

❖图表 2-10　第 1 年取得订单❖

订单		
第 1 年	本地市场	产品：P1
	产品数量：1	
	产品单价：6M/件	
	总　金　额：6M	
	应收账期：4Q	

企业根据取得订单的情况，登记订单登记表，如图表2-11所示。

❖图表2-11　第1年订单登记表❖

订单登记表

编制单位：　　　　　　　　　　　　　第1年

订单号	1									合计
市场	本地									
产品	P1									
数量（件）	1									
账期	4Q									
销售额										
成本										
毛利										
未售										

课堂思考： 订单少会对企业的生产经营产生哪些影响？

（三）制订新年度计划

除上述计划外，企业经营者又制订了补充计划。

1．得到订单后，现有4条生产线满负荷生产P1产品。

2．从第1季度开始研发P3产品，每季度投入资金2M。

说明： ERP沙盘运营规则规定，研发P3产品至少需要6个季度，共需资金12M。每期投入2M，但可以中断。累计资金达到12M、研发时间大于或等于6个季度时可以获得P3产品生产许可证。

3．企业拟建1条全自动生产线，从第3季度开始投入资金4M，用于生产P3产品。

说明： ERP沙盘运营规则规定，筹建全自动生产线至少需要4个季度，共需资金16M。每个季度投入4M，但可以中断。累计资金达到16M、建设时间大于或等于4个季度时，全自动生产线可以上线生产产品。

从本年的第3季度开始建设全自动生产线，下一年的第3季度就可投入使用，正好生产刚研发出来的P3产品。

4．年末借入长期贷款60M。

说明： ERP沙盘运营规则规定，长期贷款的期限为5年，年利率为10%，每年年末支付利息。长期贷款是有限额的，计算公式如下：上一年所有者权益×2-已借长期贷款，之后按20的倍数向下调整。本例中，企业上一年所有者权益为66M，已借长期贷款为40M，贷款限额计算如下：66×2-40=92（M），向下调整为 80M，故本企业本年的长期贷款限额为 80M。

5．开拓区域市场、国内市场、亚洲市场，各市场投入 1M，共计 3M。

说明：ERP 沙盘运营规则规定，企业可对区域市场、国内市场、亚洲市场和国际市场进行开拓，开拓时间分别为 1 年、2 年、3 年和 4 年，开拓费用各需要 1M、2M、3M 和 4M。投资亦可中断，时间和费用达到标准后可获得市场准入证。

6．ISO9000 质量认证和 ISO14000 环境认证各投入 1M，共计 2M。

说明：ERP 沙盘运营规则规定，获取 ISO9000 质量认证和 ISO14000 环境认证亦需时间和资金，时间分别为 2 年和 3 年，资金分别需要 2M 和 3M。投资亦可中断，时间和资金达到标准后可获得相应资格。

7．下一年准备卖掉手工生产线（ERP 沙盘运营规则规定，只有生产线上无在制品时才可出售），因此在第 4 季度安排下一批生产时，计划卖掉的手工生产线将不再安排生产。

8．每个季度预订下一季度的材料，每季度预订 1 件 R1 原料。

（四）填写运营表

根据企业的运营路线与决策，企业第 1 年的独立运营具体情况在第 1 年的简易式运营表中加以展示，如图表 2-12 所示。

❖图表 2-12　第 1 年简易式运营表❖

第 1 年简易式运营表

编制单位：　　　　　　　　　　　　　　　　　　　　　　　　　　　　　　　　　　　　单位：百万元

内容	第 1 季度	第 2 季度	第 3 季度	第 4 季度
召开新年度规划会议	√			
参加订货会，登记销售订单	-1			
制订新年度计划	√			
支付应付税	0			
季初现金盘点（请填余额）	39	34	28	19
更新短期贷款/还本付息/申请短期贷款（或高利贷）	×	×	×	×
更新应付款/归还应付款	×	×	×	×
原材料入库/更新原料订单	-1	-1	-1	-1
下原料订单	1R1	1R1	1R1	1R1
更新生产/完工入库	1P1	2P1	1P1	2P1
投资新生产线/变卖生产线/生产线转产	×	×	-4	-4
向其他企业购买原材料/出售原材料	×	×	×	×
开始下一批生产	-1	-2	-1	-1①
更新应收款/应收款收现	×	√	√	√
出售厂房	×	×	×	×
向其他企业购买成品/出售成品	×	×	×	×

续表

内容	第1季度	第2季度	第3季度	第4季度
按订单交货	订单1	×	×	×
产品研发投资	-2	-2	-2	-2
支付行政管理费	-1	-1	-1	-1
其他现金收支情况登记	×	×	×	×
支付利息/更新长期贷款/申请长期贷款				+60-4[②]
支付设备维护费				-4
支付租金/购买厂房				×
计提折旧				(4)[③]
新市场开拓/ISO认证投资				-5
结账				√
现金收入合计	0	0	0	60
现金支出合计	5	6	9	22
期末现金对账（请填余额）	34	28	19	57

说明：

① 有1条手工生产线准备出售，故不再安排其生产。其实在本季度执行"更新生产/完工入库"操作后，该手工生产线上已无在制品，可在本期出售，这样可节省年末的设备维护费，但企业的经营者没有考虑到这一点（这也是初学者容易忽略的地方）。

② 目前企业的长期贷款在ERP沙盘上的分布情况如下：2年期位置有20M，3年期位置有20M，5年期位置有60M。根据ERP沙盘运营规则，长期贷款利息要在年末计算，当年新借入的长期贷款不计算利息。前期长期贷款40M，需计算利息，利息=40M×10%=4M。

③ 企业现有4条生产线：3条手工生产线和1条半自动生产线，计提折旧前净值分别为2M、2M、2M、3M，根据ERP沙盘运营规则，每条生产线应计提折旧1M，故为4M。

（五）填写商品核算统计表

企业在交货时填写商品核算表，到年末统计出全年的商品销售数据，并填写商品核算统计表，如图表2-13所示。

❖图表2-13 第1年商品核算统计表❖

商品核算统计表

第1年　　　　　　　　　　　　　　　　　　　　单位：百万元

产品	P1	P2	P3	P4	合计
数量（件）	1				1
销售额	6				6
成本	2				2
毛利	4				4

（六）填写费用明细表

企业在年末将当年的费用汇总，填写全年的费用明细表，如图表2-14所示。

图表2-14 第1年费用明细表

费用明细表

第1年　　　　　　　　　　　　　　　　　　　　　单位：百万元

项目	金额	备注
管理费	4	
广告费	1	
维修保养费	4	
租金		
转产费		
市场准入开拓	3	□区域　□国内　□亚洲　□国际
ISO认证	2	□ISO9000　□ISO14000
产品研发	8	P2（　）　P3（√）　P4（　）
其他		
合计	22	

（七）编制简易式利润表

企业根据本年发生的经济业务，在年末编制本年的简易式利润表，如图表2-15所示。

图表2-15 第1年简易式利润表

简易式利润表

编制单位：　　　　　　　　　　第1年　　　　　　　　　　单位：百万元

项目	本年数	上年数
一、销售收入	6	30
减：直接成本	2	12
二、毛利	4	18
减：综合费用	22	9
三、折旧前利润	-18	9
减：折旧	4	4
四、支付利息前利润	-22	5
加：利息收入/支出（支出以负数表示）	-4	-4
加：其他收入/支出（支出以负数表示）		
五、税前利润	-26	1
减：所得税		0
六、净利润	-26	1

（八）编制简易式资产负债表

企业根据本年发生的经济业务，在年末编制本年的简易式资产负债表，如图表2-16所示。

❖ **图表 2-16　第 1 年简易式资产负债表** ❖

简易式资产负债表

编制单位：　　　　　　　　　　　　　　　　　第 1 年　　　　　　　　　　　　　　　　　单位：百万元

资产	期初数	期末数	负债和所有者权益	期初数	期末数
流动资产：			负债：		
现金	40	57	长期负债	40	100
应收账款	0	6	短期负债		
在制品	8	6①	应付账款		
产成品	6	16②	应交税费		
原材料	2	1	一年内到期的长期负债		
流动资产合计	56	86	负债合计	40	100
固定资产：			所有者权益：		
土地和建筑物	40	40	股东资本	50	50
机器与设备	9	5	利润留存	14	15③
在建工程		8	年度净利	1	-26
固定资产合计	49	53	所有者权益合计	65	39
资产总计	105	139	负债和所有者权益总计	105	139

说明：

① 年末生产线上有 3 件 P1 在制品（其中手工生产线第 2 生产阶段和第 3 生产阶段各有 1 件在制品，半自动生产线第 1 生产阶段有 1 件在制品）。

② 年末库存有 8 件 P1 成品。

③ 期末利润留存数 15M 为期初利润留存数 14M 加上初始年度净利数 1M 得来。

第 1 年运营总结：

CEO 根据当年的生产经营情况进行了年终总结，提到企业当年亏损 26M，主要原因有以下两点。

1. 由于企业广告费投入过少，致使企业的订单过少，导致企业生产的产品大量积压，无法取得销售收入。

2. 企业产品研发和市场开拓等费用支出过多，也是造成利润下降的主要原因。

下一年调整策略。

1. 加大广告费的投入，争取扩大销量，提升收入。

2. 降低不必要的费用支出。因疏于管理，当年停产的生产线本可以出售，但由于失误没有售出，致使企业多支出了 1M 的维修保养费。

二、企业第 2 年独立运营

（一）召开新年度规划会议

根据上一年的生产经营结果，在新年度规划会议上，CEO 调整了部分策略，加大了广告费的投入，以争取更多订单。本年广告费投入共 5M，如图表 2-17 所示。

❖图表2-17 第2年广告费投入说明表❖

广告费投入说明表

编制单位：　　　　　　　　　　　　　第2年

市场	本地			区域			国内			亚洲			合计
产品	P1	P2	P3	P1	P2	P3	P1	P2	P3	P1	P2	P3	
广告	1M			3M		1M							5M
9K①													
14K②													

说明：
① 用9K表示ISO9000质量认证。
② 用14K表示ISO14000环境认证。

（二）参加订货会

营销总监参加订货会前，应首先了解企业当年的产能和可供出售产品数量信息，具体情况如下。

企业本年要将手工生产线全部卖掉，所以当年P1产品的产能为剩余的在制品完工数量，即手工生产线上有2件P1产品，半自动生产线本年可加工2件P1产品，加上库存的8件P1产品，当年可供出售的P1产品数量为12件。

由于有1条全自动生产线在本年的第3季度可以生产，因此本年可生产的P3产品的数量为1件。

营销总监经过选单，得到3张订单，将订单登记到订单登记表中，内容如图表2-18所示。

❖图表2-18 第2年订单登记表❖

订单登记表

编制单位：　　　　　　　　　　　　　第2年

订单号	1	2	3				合计
市场	本地	区域	区域				
产品	P1	P1	P3				
数量（件）	1	2	1				
账期	0Q	2Q	3Q				
销售额	5M	10M	8M				23M
成本							
毛利							
未售							

（三）制订新年度计划

1. 继续进行ISO9000质量认证和ISO14000环境认证的投资，共投入2M。

2．开拓国内市场和亚洲市场，各投入 1M，共计 2M。

3．第 1 季度卖掉 2 条手工生产线，然后再投资 2 条全自动生产线。第 2 季度卖掉最后 1 条手工生产线。

4．第 1 季度和第 2 季度继续对已投资的全自动生产线进行投资，该生产线从第 3 季度开始上线生产 P3 产品。

5．采购 P3 产品原材料。ERP 沙盘运营规则规定，P3 产品的 BOM（物料清单）由 2 件 R2 原料和 1 件 R3 原料构成，R2 原料的采购提前期是 1 期，R3 原料的采购提前期是 2 期。若从第 3 季度开始投产 P3 产品，则第 1 季度就要下 1 件 R3 原料订单。

6．第 4 季度初借入短期贷款 40M。

说明：ERP 沙盘运营规则规定，短期贷款的期限是 1 年，到期时本利一并归还，年利率为 5%。每年可借的短期贷款限额随上一年所有者权益的变动而变动，计算公式如下：上一年的所有者权益×2−已借短期贷款，之后按 20M 的倍数向下调整。本例中，上一年的所有者权益为 39M，本年短期贷款限额=39M×2−0=78M，向下调整为 60M。

（四）填写运营表

根据企业的运营路线与运营决策，企业第 2 年的独立运营具体情况在第 2 年的简易式运营表中加以展示，如图表 2-19 所示。

❖图表 2-19 第 2 年简易式运营表❖

第 2 年简易式运营表

编制单位：　　　　　　　　　　　　　　　　　　　　　　　　　　　　　　　　　单位：百万元

内容	第 1 季度	第 2 季度	第 3 季度	第 4 季度
召开新年度规划会议	√			
参加订货会，登记销售订单	−5			
制订新年度计划	√			
支付应付税	×			
季初现金盘点（请填余额）	52	49	34	31
更新短期贷款/还本付息/申请短期贷款（或高利贷）	×	×	×	40
更新应付款/归还应付款	×	×	×	×
原材料入库/更新原料订单	−1	×	−3	×
下原料订单	1R3	2R2	3R3	6R2 3R3
更新生产/完工入库	1P1	2P1	×	1P1 1P3
投资新生产线/变卖生产线/生产线转产	−12+2①	−12+1①	−8	−8
向其他企业购买原材料/出售原材料	×	×	×	×
开始下一批生产	×	−1（1P1）	−1（1P3）	−1（1P1）②
更新应收款/应收款收现	6	√	10	√

续表

内容	第1季度	第2季度	第3季度	第4季度
出售厂房	×	×	×	×
向其他企业购买成品/出售成品	×	×	×	×
按订单交货	5[③]	×	×	√[④]
产品研发投资	-2	-2		
支付行政管理费	-1	-1	-1	-1
其他现金收支情况登记	×	×	×	×
支付利息/更新长期贷款/申请长期贷款				-10
支付设备维护费				-2[⑤]
支付租金/购买厂房				×
计提折旧				(1)[⑥]
新市场开拓/ISO认证投资				-4
结账				√
现金收入合计	13	1	10	40
现金支出合计	16	16	13	26
期末现金对账（请填余额）	49	34	31	45

说明：

① 第1季度卖了2条手工生产线，第2季度卖了1条手工生产线。出售的每条手工生产线净值均为1M，得残值收入1M，共计3M。一方面，残值收入在运营表中可增加现金；另一方面，为了简化，将出售的生产线的净值在资产负债表中直接冲减固定资产净值（按会计制度的规定处理固定资产时，首先记入"固定资产清理"科目，然后根据处理的净损益记入"营业外收入"或"营业外支出"科目）。

② P3产品的原料有采购提前期，但在安排第4期生产时，由于经营者计算失误而缺料，导致生产线停工待料（这是初学者容易犯的错误）。关于预订原料的计算可参见项目一的相关内容。

③ 订单1和订单2在此期交货。

④ 订单3在此期交货。

⑤ ERP沙盘运营规则规定，生产线只要生产就需投入维护费。因此，本年有2条生产线生产（1条半自动生产线和1条全自动生产线），需支付设备维护费2M。

⑥ ERP沙盘运营规则规定，固定资产当年建成，当年不计提折旧。故本年新建成的已投产的全自动生产线未计提折旧，从生产的第2年开始计提。目前企业的生产线需计提折旧的只有1条半自动生产线（净值2M），计提折旧1M。

（五）填写商品核算统计表

企业在交货时填写商品核算表，到年末统计出全年的商品销售数据，并填写商品核算统计表，如图表2-20所示。

❖图表2-20 第2年商品核算统计表❖

商品核算统计表

第2年   单位：百万元

产品	P1	P2	P3	P4	合计
数量（件）	3		1		4
销售额	15		8		23
成本	6		4		10
毛利	9		4		13

（六）填写费用明细表

企业在年末将全年的费用汇总，填写全年的费用明细表，如图表 2-21 所示。

❖图表 2-21 第 2 年费用明细表❖

费用明细表

第 2 年　　　　　　　　　　　　　　　　　　　　　　　　　　　单位：百万元

项目	金额	备注
管理费	4	
广告费	5	
维修保养费	2	
租金		
转产费		
市场准入开拓	2	□区域　□国内　□亚洲　□国际
ISO 认证	2	□ISO9000　□ISO14000
产品研发	4	P2（　）　P3（√）　P4（　）
其他		
合计	19	

（七）编制简易式利润表

企业根据本年发生的经济业务，在年末编制本年的简易式利润表，如图表 2-22 所示。

❖图表 2-22 第 2 年简易式利润表❖

简易式利润表

编制单位：　　　　　　　　　　　　　　第 2 年　　　　　　　　　　　　　　单位：百万元

项目	本年数	上年数
一、销售收入	23	6
减：直接成本	10	2
二、毛利	13	4
减：综合费用	19	22
三、折旧前利润	-6	-18
减：折旧	1	4
四、支付利息前利润	-7	-22
加：利息收入/支出（支出以负数表示）	-10	-4
加：其他收入/支出（支出以负数表示）		
五、税前利润	-17	-26
减：所得税		
六、净利润	-17	-26

（八）编制简易式资产负债表

企业根据本年发生的经济业务，在年末编制本年的简易式资产负债表，如图表 2-23 所示。

❖图表 2-23　第 2 年简易式资产负债表❖

简易式资产负债表

编制单位：　　　　　　　　　　　　　　第 2 年　　　　　　　　　　　　　　单位：百万元

资产	期初数	期末数	负债和所有者权益	期初数	期末数
流动资产：			负债：		
现金	57	45	长期负债	100	80⑤
应收账款	6	8	短期负债		40
在制品	6	2①	应付账款		
产成品	16	18②	应交税费		
原材料	1		一年内到期的长期负债		20
流动资产合计	86	73	负债合计	100	140
固定资产：			所有者权益：		
土地和建筑物	40	40	股东资本	50	50
机器与设备	5	17③	利润留存	15	-11
在建工程	8	32④	年度净利	-26	-17
固定资产合计	53	89	所有者权益合计	39	22
资产总计	139	162	负债和所有者权益总计	139	162

说明：
① 年末半自动生产线上有 1 件 P1 在制品。
② 年末库存有 9 件 P1 成品。
③ 年末固定资产净值 17M，包括 1 条半自动生产线（净值 1M）和 2 条全自动生产线（净值 16M）。
④ 在建工程为本年新投资的 2 条全自动生产线，共计 32M。
⑤ 长期贷款在 ERP 沙盘上的分布情况如下：1 年期长期贷款 20M，2 年期长期贷款 20M，4 年期长期贷款 60M。在报表上列示时，1 年期长期贷款 20M 在 "一年内到期的长期负债" 项目中列示，其余的 80M 在 "长期负债" 项目中列示。

第 2 年运营总结：

CEO 根据当年的生产经营情况进行了年终总结，企业仍然亏损，当年亏损 17M，比上一年亏损降低，但仍未能扭亏为盈，原因主要产生于销售问题：企业虽然加大了广告费的投入，但与其他企业相比，仍属于广告费投入较少的企业，致使订单拿得少，造成 P1 产品积压偏多。

企业比较高明的决策是手工生产线处理较早，空出机位用于投资全自动生产线。半自动生产线可继续生产 P1 产品或转产 P3 产品。经营者能够及时转换产品生产，说明在生产线上的决策非常果断。

三、企业第 3 年独立运营

（一）召开新年度规划会议

在新年度规划会议上，CEO 决定在多个市场投入广告费，争取多拿订单。本年广告费投入共 11M，如图表 2-24 所示。

❖图表 2-24　第 3 年广告费投入说明表❖

广告费投入说明表

编制单位：　　　　　　　　　　　　　第 3 年

市场	本地			区域			国内			亚洲			合计
产品	P1	P2	P3	P1	P2	P3	P1	P2	P3	P1	P2	P3	
广告	1M		3M			1M	3M			3M			11M
9K													
14K													

（二）参加订货会

营销总监参加订货会前，根据本企业生产线的情况，了解到本年的产能和可供出售产品数量情况如下。

由于企业的半自动生产线准备转产 P3 产品，所以半自动生产线生产 P1 产品的数量为在制品的完工数量，为 1 件，加上库存的 9 件 P1 产品，即当年可供出售的 P1 产品为 10 件。

目前，企业有 1 条半自动生产线，该生产线在第 2 季度产品完工后，不再安排生产，准备在第 3 季度转产 P3 产品。半自动生产线 P3 产品的产能=（4-2-1）÷2=0.5（件），即不能生产出 P3 产品。3 条全自动生产线可全年生产 P3 产品，由于 3 条全自动生产线在年初时均无在制品，因此本年的全自动生产线 P3 产品的产能=3×（4-1）÷1=9（件）。故本年 P3 产品可供出售数量为 9 件。

营销总监根据企业的产能和可供出售产品的情况选取了 6 张订单，将订单登记到订单登记表中，内容如图表 2-25 所示。

❖图表 2-25　第 3 年订单登记表❖

订单登记表

编制单位：　　　　　　　　　　　　　第 3 年

订单号	1	2	3	4	5	6	7	8	合计
市场	本地	区域	国内	国内	国内	国内	A 组	A 组	
产品	P1	P3	P1	P1	P3	P3	P1	P3	

续表

订单号	1	2	3	4	5	6	7	8	合计
数量（件）	2	3	3	3	3	2	2	1	
账期	2Q	3Q	3Q	2Q	3Q	2Q	0Q	0Q	
销售额	10M	23M	16M	13M	24M	16M	10M	15M	127M
成本									
毛利									
未售									

说明：在ERP沙盘运营过程中允许组间交易。企业的CEO可根据时机，适宜地将所剩余的P1产品和P3产品出售给其他企业。因此，订单7和订单8中出现的A组是本企业出售给其他企业（A组）的销售情况记录。

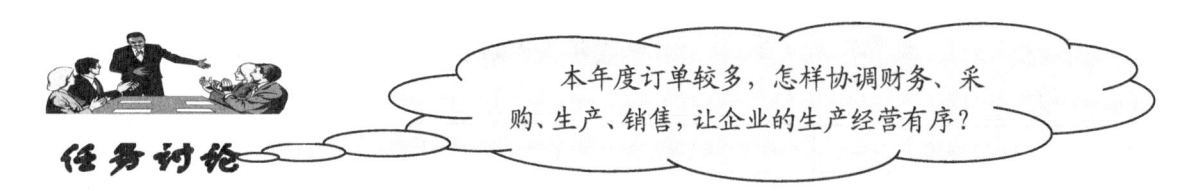

任务讨论：本年度订单较多，怎样协调财务、采购、生产、销售，让企业的生产经营有序？

（三）制订新年度计划

1．3条全自动生产线全部生产P3产品。

2．半自动生产线拟转产P3产品，转产周期为1期，转产资金为1M。第1季度有在制品，第2季度在制品下线，停产1期，从第3季度开始生产P3产品，注意事先需要在第1季度预订原材料。

3．继续开拓亚洲市场和进行ISO14000环境认证，各投入1M，共计2M。

4．第4季度归还短期贷款本（40M）息（2M）后，再借入40M短期贷款。

（四）填写运营表

企业第3年运营情况如图表2-26所示。

❖**图表2-26　第3年简易式运营表**❖

第3年简易式运营表

编制单位：　　　　　　　　　　　　　　　　　　　　　　　　　单位：百万元

内容	第1季度	第2季度	第3季度	第4季度
召开新年度规划会议	√			
参加订货会，登记销售订单	-11			
制订新年度计划	√			
支付应付税	×			
季初现金盘点（请填余额）	34	31	17	49
更新短期贷款/还本付息/申请短期贷款（或高利贷）	×	×	×	-42+40①
更新应付款/归还应付款	×	×	×	×
原材料入库/更新原料订单	-9	-9	-12	-11②

续表

内容	第1季度	第2季度	第3季度	第4季度
下原料订单	6R2 4R3	8R2 3R3	8R2 4R3	6R2 3R3
更新生产/完工入库	×	1P1 3P3	3P3	3P3
投资新生产线/变卖生产线/生产线转产	×	-1	×	×
向其他企业购买原材料/出售原材料	×	×	×	×
开始下一批生产	-3P3	-3P3	-4P3	-3P3
更新应收款/应收款收现	√	√	31 18③	√
出售厂房	×	×	×	×
向其他企业购买成品/出售成品	10④	×	×	15⑤
按订单交货	订单1 订单4	订单3 订单5	订单6	订单2
产品研发投资	×	×	×	×
支付行政管理费	-1	-1	-1	-1
其他现金收支情况登记	×	×	×	×
支付利息/更新长期贷款/申请长期贷款				-20-10⑥
支付设备维护费				-4
支付租金/购买厂房				×
计提折旧				(6)⑦
新市场开拓/ISO认证投资				-2
结账				√
现金收入合计	10	0	49	55
现金支出合计	13	14	17	93
期末现金对账（请填余额）	31	17	49	11

说明：

① 归还短期贷款本（40M）息（2M），又借入短期贷款40M。

② 根据生产计划，只需花费9M购买3件R3原料、6件R2原料即可。由于计算不周，以前多订了2件R2原料，因此共花费11M，期末有2件R2原料剩余。

③ 在第3季度，由于资金紧张，在应收账款中取出3个账期的21M贴现换得18M现金，贴息3M记入利润表中的"财务支出"项目中。ERP沙盘运营规则规定：贴现可随时进行，但贴现的应收账款必须是7的倍数，贴现率为1/7。

④ 出售给其他企业（A组）2件P1产品。

⑤ 出售给其他企业（A组）1件P3产品。

⑥ 归还长期贷款本（20M）息（10M）。

⑦ 当年新投产的全自动生产线不计提折旧。本年需计提折旧的生产线为1条半自动生产线和1条全自动生产线，半自动生产线计提折旧1M（至此该生产线折旧已计提足），全自动生产线的应计提折旧为5M（16M×1/3=5.3M，取整为5M），共计6M。

（五）填写商品核算统计表

企业在交货时填写商品核算表，到年末统计出全年的商品销售数据，并填写商品核算统计表，如图表2-27所示。

❖ **图表 2-27　第 3 年商品核算统计表** ❖

商品核算统计表

第 3 年　　　　　　　　　　　　　　　　　　　　　　　　单位：百万元

产品	P1	P2	P3	P4	合计
数量（件）	10		9		19
销售额	49		78		127
成本	20		36		56
毛利	29		42		71

（六）填写费用明细表

企业在年末将全年的费用汇总，填写全年的费用明细表，如图表 2-28 所示。

❖ **图表 2-28　第 3 年费用明细表** ❖

费用明细表

第 3 年　　　　　　　　　　　　　　　　　　　　　　　　单位：百万元

项目	金额	备注
管理费	4	
广告费	11	
维修保养费	4	
租金		
转产费	1	
市场准入开拓	1	□区域　□国内　□亚洲　□国际
ISO 认证	1	□ISO9000　□ISO14000
产品研发		P2（　）　P3（　）　P4（　）
其他		
合计	22	

（七）编制简易式利润表

企业根据本年发生的经济业务，在年末编制本年的简易式利润表，如图表 2-29 所示。

❖ **图表 2-29　第 3 年简易式利润表** ❖

简易式利润表

编制单位：　　　　　　　　　　第 3 年　　　　　　　　　　单位：百万元

项目	本年数	上年数
一、销售收入	127	23
减：直接成本	56	10

续表

项目	本年数	上年数
二、毛利	71	13
减：综合费用	22	19
三、折旧前利润	49	-6
减：折旧	6	1
四、支付利息前利润	43	-7
加：利息收入/支出（支出以负数表示）	-15①	-10
加：其他收入/支出（支出以负数表示）		
五、税前利润	28	-17
减：所得税		
六、净利润	28②	-17

说明：

① 本年长期贷款利息为10M，短期贷款利息为2M，应收账款贴现利息为3M，合计15M。

② 按税法的有关规定，企业可用以后5个年度的利润进行补亏，补亏后若有余额再进行计税、缴税。本年盈利28M全部用于弥补以前年度亏损。该企业第1年亏损26M，第2年亏损17M，所以补亏后无余额，故所得税为0M，净利润等于税前利润。

（八）编制简易式资产负债表

企业根据本年发生的经济业务，在年末编制本年的简易式资产负债表，如图表2-30所示。

❖图表2-30　第3年简易式资产负债表❖

简易式资产负债表

编制单位：　　　　　　　　　　　　　　　第3年　　　　　　　　　　　　　　单位：百万元

资产	期初数	期末数	负债和所有者权益	期初数	期末数
流动资产：			负债：		
现金	45	11	长期负债	80	60④
应收账款	8	58	短期负债	40	40
在制品	2	16①	应付账款		
产成品	18		应交税费		
原材料		2②	一年内到期的长期负债	20	20
流动资产合计	73	87	负债合计	140	120
固定资产：			所有者权益：		
土地和建筑物	40	40	股东资本	50	50
机器与设备	17	43③	利润留存	-11	-28
在建工程	32		年度净利	-17	28

续表

资产	期初数	期末数	负债和所有者权益	期初数	期末数
固定资产合计	89	83	所有者权益合计	22	50
资产总计	162	170	负债和所有者权益总计	162	170

说明：

① 年末，3 条全自动生产线上各有 1 件 P3 在制品，1 条半自动生产线第 2 生产阶段有 1 件 P3 在制品。

② 订原材料时多订了 2 件原料，造成 2M 资金的浪费，致使下期广告费最多只能投入 11M。因此要注意原材料订单的计算。初学者经常会出现计算不精确的问题，使资金达不到最佳利用效果。为了解决此类问题，请参见项目一中的有关介绍。

③ 年末固定资产净值 43M 是 3 条全自动生产线的净值，分别为 11M、16M 和 16M。

④ 长期贷款在 ERP 沙盘上的分布情况如下：1 年期长期贷款 20M，3 年期长期贷款 60M。在报表上列示时，1 年期长期贷款 20M 在"一年内到期的长期负债"项目中列示，其余的 60M 在"长期负债"项目中列示。

> **第 3 年运营总结：**
>
> 由于只有 11M 现金，只能全部投入，从结果来看，同其他企业相比，投入还是少了一点，因为其他企业已开始争夺各市场 P3 产品订单。企业现在的年产能已达到 14 件 P3 产品，但只拿到 11 件产品的订单。广告的投入结构也应调整，如果本地市场投入太少，有可能一无所获。

四、企业第 4 年独立运营

（一）召开新年度规划会议

在新年度规划会议上，CEO 决定仍走专营路线，本年度广告费投入共 11M，如图表 2-31 所示。

❖**图表 2-31　第 4 年广告费投入说明表**❖

广告费投入说明表

编制单位：　　　　　　　　　　第 4 年

市场	本地			区域			国内			亚洲			合计
产品	P1	P2	P3	P1	P2	P3	P1	P2	P3	P1	P2	P3	
广告			1M			1M			2M			3M	11M
9K	1M			1M			1M			1M			
14K													

说明：企业决策者在 9K 上加大广告费的投入，共投了 4M，但在放单时没有相关的订单，致使企业浪费了 4M 资金，同时又减少了企业的所有者权益。可见，企业领导层的决策是至关重要的，关系着企业的发展方向。

（二）参加订货会

营销总监参加订货会前，根据本企业生产线的情况，了解到本年的产能和可供出售的产品数量情况如下。

本年该企业的 3 条全自动生产线和 1 条半自动生产线只生产一种产品（P3 产品），当年的产能=3×（4÷1）+1×（4÷2）=14（件）。

营销总监根据企业的产能和可供出售产品的情况选择订单，将订单登记到订单登记表中，内容如图表 2-32 所示。

❖ **图表 2-32 第 4 年订单登记表** ❖

订单登记表

编制单位： 第 4 年

订单号	1	2	3	4					合计
市场	区域	国内	亚洲	亚洲					
产品	P3	P3	P3	P3					
数量（件）	2	3	2	4					
账期	2Q	3Q	2Q	3Q					
销售额	18M	24M	18M	35M					95M
成本									
毛利									
未售									

（三）制订新年度计划

1．第 1 季度、第 2 季度满负荷生产（安排 3 条全自动生产线和 1 条半自动生产线生产 P3 产品）。由于本次 ERP 沙盘运营的时间为 4 年，产量已能满足订单的需要，故第 3 季度和第 4 季度不再安排生产。第 2 季度停购原材料，第 3 季度停产。

2．为了弥补资金不足的情况，第 1 季度借入短期贷款 40M。

3．第 4 季度归还短期贷款本（40M）息（2M），偿还长期贷款本（20M）息（8M）。

（四）填写运营表

企业第 4 年运营情况如图表 2-33 所示。

❖ **图表 2-33 第 4 年简易式运营表** ❖

第 4 年简易式运营表

编制单位： 单位：百万元

内容	第 1 季度	第 2 季度	第 3 季度	第 4 季度
召开新年度规划会议	√			
参加订货会，登记销售订单	−11			
制订新年度计划	√			
支付应付税	×			
季初现金盘点（请填余额）	0	60	47	69

续表

内容	第1季度	第2季度	第3季度	第4季度
更新短期贷款/还本付息/申请短期贷款（或高利贷）	40	×	×	-42
更新应付款/归还应付款	×	×	×	×
原材料入库/更新原料订单	-10	-9		
下原料订单	6R2	×	×	×
更新生产/完工入库	4P3	3P3	4P3	3P3
投资新生产线/变卖生产线/生产线转产	×	×	×	×
向其他企业购买原材料/出售原材料	×	×	×	×
开始下一批生产	-4	-3	×	×
更新应收款/应收款收现	35	√	23	35
出售厂房	×	×	×	×
向其他企业购买成品/出售成品	×	×	×	×
按订单交货	订单4	订单2	订单1 订单3	×
产品研发投资	×	×	×	×
支付行政管理费	-1	-1	-1	-1
其他现金收支情况登记	×	×	×	×
支付利息/更新长期贷款/申请长期贷款				-20-8
支付设备维护费				-4①
支付租金/购买厂房				×
计提折旧				(13)② 0
新市场开拓/ISO认证投资				×
结账				√
现金收入合计	75	0	23	35
现金支出合计	15	13	1	75
期末现金对账（请填余额）	60	47	69	29

说明：

① 本年进行生产的生产线为4条：1条半自动生产线，3条全自动生产线，故支付4M设备维护费。

② 本年应计提折旧的生产线为3条全自动生产线（半自动生产线已提足折旧，无须再提），其净值分别为11M、16M、16M。净值为11M的生产线应计提折旧3M（11M×1/3=3.6M，取整为3M），净值为16M的生产线应计提折旧5M（16M×1/3=5.3M，取整为5M），2台为10M，故所计提折旧共计为13M。

（五）填写商品核算统计表

企业在交货时填写商品核算表，到年末统计出全年的商品销售数据，并填写商品核算统计表，如图表2-34所示。

❖ **图表 2-34 第 4 年商品核算统计表** ❖

商品核算统计表

第 4 年　　　　　　　　　　　　　　　　　　　　　　　　单位：百万元

产品	P1	P2	P3	P4	合计
数量（件）			11		11
销售额			95		95
成本			44		44
毛利			51		51

（六）填写费用明细表

企业在年末将全年的费用汇总，填写全年的费用明细表，如图表 2-35 所示。

❖ **图表 2-35 第 4 年费用明细表** ❖

费用明细表

第 4 年　　　　　　　　　　　　　　　　　　　　　　　　单位：百万元

项目	金额	备注
管理费	4	
广告费	11	
维修保养费	4	
租金		
转产费		
市场准入开拓		□区域　□国内　□亚洲　□国际
ISO 认证		□ISO9000　□ISO14000
产品研发		P2（　）　P3（　）　P4（　）
其他		
合计	19	

（七）编制简易式利润表

企业根据本年发生的经济业务，在年末编制本年的简易式利润表，如图表 2-36 所示。

❖ **图表 2-36 第 4 年简易式利润表** ❖

简易式利润表

编制单位：　　　　　　　　　　第 4 年　　　　　　　　　　　　单位：百万元

项目	本年数	上年数
一、销售收入	95	127
减：直接成本	44	56

续表

项目	本年数	上年数
二、毛利	51	71
减：综合费用	19	22
三、折旧前利润	32	49
减：折旧	13	6
四、支付利息前利润	19	43
加：利息收入/支出（支出以负数表示）	-10	-15
加：其他收入/支出（支出以负数表示）		
五、税前利润	9	28
减：所得税	3	
六、净利润	6	28

说明：按税法的有关规定，企业本年的税前利润仍可用于弥补亏损，无须缴税。由于企业经营者计算错误，使企业损失了3M的资金，同时减少了企业的所有者权益。因此，只有掌握好政策，才能更好地进行企业的生产经营，否则会给企业经营造成许多资金上的困扰，不利于企业的正常经营。

（八）编制简易式资产负债表

企业根据本年发生的经济业务，在年末编制本年的简易式资产负债表，如图表2-37所示。

❖**图表2-37 第4年简易式资产负债表**❖

简易式资产负债表

编制单位：　　　　　　　　　　　第4年　　　　　　　　　　　单位：百万元

资产	期初数	期末数	负债和所有者权益	期初数	期末数
流动资产：			负债		
现金	11	29	长期负债	60	60
应收账款	58	60	短期负债	40	40
在制品	16		应付账款		
产成品			应交税费		3
原材料	2		一年内到期的长期负债	20	
流动资产合计	87	89	负债合计	120	103
固定资产：			所有者权益：		
土地和建筑物	40	40	股东资本	50	50
机器与设备	43	30	利润留存	-28	
在建工程			年度净利	28	6
固定资产合计	83	70	所有者权益合计	50	56
资产总计	170	159	负债和所有者权益总计	170	159

第4年运营总结：

（1）由于企业经营的品种单一，虽然资金压力较小，但企业的竞争力相对较弱，若想有突出表现也很难。

（2）企业向其他企业出售产品的时机掌握得较好，第3年已走上坡路，渐入佳境。

（3）生产线上的决策较好，使产能有较好的表现。

（4）广告费上的决策过于谨慎，致使订单过少，影响了业绩。

项 目 小 结

本项目主要介绍了 ERP 沙盘的具体操作流程。在企业运营中主要经历了召开新年度规划会议、参加订货会、制订新年度计划、填写运营表、填写商品核算统计表、填写费用明细表、编制简易式利润表、编制简易式资产负债表等步骤。其中在企业的运营表中体现了企业当年的计划执行和决策执行情况，也体现了参训者的知识运用能力和分析问题、解决问题的能力。

项 目 训 练

一、单项选择题

1. 用友公司工业企业 ERP 沙盘运营规则规定，企业参加订货会，一年可以进行（　　）次。
A．1　　　　　B．2　　　　　C．3　　　　　D．4

2. 用友公司工业企业 ERP 沙盘运营规则规定，企业参加订货会，一般在（　　）初进行。
A．年　　　　　B．季度　　　　　C．月　　　　　D．日

3. 用友公司工业企业 ERP 沙盘运营规则规定，长期贷款的贷款限额是（　　）。
A．当年所有者权益×2
B．上一年所有者权益×2-已借长期贷款
C．上一年所有者权益×2-已借长期贷款，之后按 20 的倍数向下调整
D．上一年所有者权益×2

4. 用友公司工业企业 ERP 沙盘运营规则规定，企业已有贷款 60M，上一年的所有者权益为 87M，则今年长期贷款的贷款限额为（　　）M。
A．80　　　　　B．100　　　　　C．120　　　　　D．174

5. 用友公司工业企业 ERP 沙盘运营规则规定，企业支付设备维护费，一般在（　　）进行。
A．年初　　　　　B．年末　　　　　C．季度初　　　　　D．季度末

6. 用友公司工业企业 ERP 沙盘运营规则规定，企业计提折旧费，一般在（　　）

进行。

A．年初 B．年末 C．季度初 D．季度末

二、多项选择题

1．在 ERP 沙盘经营的运营表中，"开始下一批生产"项目包括（　　）。

A．仓库发出材料，投入生产　　B．分配、发放工资
C．将完工产品验收入库　　　　D．购入材料

2．在 ERP 沙盘经营的运营表中，"按订单交货"项目包括（　　）。

A．确认产品销售

B．取得货款或应收账款

C．产品出库

D．查点产品库，确认是否有足够数量的货物用于销售

3．在 ERP 沙盘经营的运营表中，"原材料入库"项目包括（　　）。

A．支付购入原料的货款　　B．原料验收入库
C．下原料订单　　　　　　D．更新原料订单

4．在 ERP 沙盘经营的运营表中，"原材料入库/更新原料订单"项目包括（　　）。

A．支付购入原料的货款　　B．原料验收入库
C．下原料订单　　　　　　D．更新原料订单

5．用友公司工业企业 ERP 沙盘运营规则规定，一般在年末进行的业务有（　　）。

A．计提折旧　　　　　　　B．支付设备维护费
C．支付行政管理费　　　　D．支付短期贷款利息

6．用友公司工业企业 ERP 沙盘运营规则规定，一般在年初进行的业务有（　　）。

A．计提折旧　　　　　　　B．参加订货会
C．制订新年度计划　　　　D．借入短期贷款

7．用友公司工业企业 ERP 沙盘运营规则规定，一般在季度中进行的业务有（　　）。

A．支付设备维护费　　　　B．更新生产
C．更新应收账款　　　　　D．借入长期贷款

三、判断题（正确的打"√"，错误的打"×"）

1．在 ERP 沙盘经营的运营表中，现金对账金额的计算公式如下：期末现金对账金额=季初现金盘点金额+现金收入合计金额-现金支出合计金额。（　　）

2．用友公司工业企业 ERP 沙盘运营规则规定，企业的厂房绝对不可以出售。（　　）

3．用友公司工业企业 ERP 沙盘运营规则规定，企业每个季度都要支付行政管理费。
（　　）

4．用友公司工业企业 ERP 沙盘运营规则规定，企业每个季度都要支付设备维护费。
（　　）

5．用友公司工业企业 ERP 沙盘运营规则规定，企业每个季度都要支付长期贷款利息。
（　　）

6．用友公司工业企业 ERP 沙盘运营规则规定，企业每个季度都可以借入短期贷款，但需要在季度初进行。
（　　）

7．用友公司工业企业 ERP 沙盘运营规则规定，企业每个季度都可以借入长期贷款。
（　　）

四、思考与创新

1．说一说，假如你是企业的 CEO，你应如何管理企业。
2．说一说，假如你是企业的生产总监，你应做好哪些工作。
3．谈一谈，假如你是企业的营销总监，你应做好哪些工作。
4．谈一谈，假如你是企业的财务总监，你应做好哪些工作。
5．与同学一起，使用自制的 ERP 沙盘，尝试经营企业。

项目三

工业企业 ERP 沙盘会计岗位分工与核算

学习目标

知识目标：掌握工业企业 ERP 沙盘操作中涉及的相关会计专业知识。

技能目标：能够利用工业企业 ERP 沙盘经营所形成的业务进行会计业务处理。

能力目标：培养学生综合运用其所学会计专业知识的能力。

▶任务描述	▶任务解析	▶任务要求	▶职业素质
1．让学生了解并掌握工业企业运营中的主要岗位职责。 2．让学生了解并掌握工业企业运营中的主要经济业务核算。 3．通过学生分组，组建企业，让学生明确各主要岗位的职责。 4．改变教学模式，以学生为主体，优化教学过程，改进学习方式。	1．按企业会计部门的相关岗位设定会计主管、核算会计、稽核、出纳等相关会计岗位。 2．了解并掌握企业会计部门的会计主管、核算会计、稽核、出纳等相关会计岗位的工作内容与职责。	1．了解工业企业会计相关岗位的工作内容与职责。 2．掌握有关工业企业ERP沙盘所涉及的会计业务核算。 3．通过对工业企业ERP沙盘的会计业务核算进行说明，从而确保参训者了解并掌握ERP沙盘经营中涉及的相关会计业务。	1．学生通过角色扮演，掌握工业企业的生产经营流程，亲身体验会计工作职责，养成职业思维与素养。 2．通过团队合作模式，让学生针对问题进行交流与讨论，从而提高分析问题和解决问题的能力，掌握合作工作模式。

任务一　工业企业会计岗位分工及职责

在工业企业中，会计工作可以一人一岗、一人多岗、一岗多人。会计岗位设置应符合内部牵制制度，要求凡是涉及款项和财务收付、结算及登记的任何一项工作，都必须由两人或两人以上分工办理，以起到相互制约的作用。同时，对会计人员的工作岗位有计划地进行轮岗，有利于会计人员全面熟悉业务，提高业务能力和素质。

一、会计主管岗位职责

企业会计主管岗位职责主要有以下几个方面。

（一）核算体系建设

1．协助财务总监管理好企业财务工作，并按会计准则规定设置会计科目、会计凭证和会计账簿。
2．制定本企业有关会计核算的各项规章制度，设置与掌管总分类账簿。
3．设计本企业的会计核算形式，建立会计凭证的传递程序。

（二）会计核算管理

1．严格、认真地复核本部门会计人员所做的会计凭证的真实性、合法性和完整性，审核会计凭证与所附原始单据是否齐全、一致，审批手续是否齐全。

2．进行有关业务的综合汇总工作，汇总会计凭证，发现问题及时解决，定期编制会计科目汇总表并进行试算平衡。

3．组织下属人员登记明细账和总账，核对各级明细账、日记账及总账，确保账账相符，记账、结账等工作符合会计制度相关要求。

（三）编制财务报表

负责编制资产负债表、利润表、现金流量表等财务会计报表。

（四）进行财务分析

1．根据财务报表数据，定期或不定期地协助财务总监做好企业的财务分析，为企业制定经营政策提供依据。

2．进行各种财务预测，为企业的筹资、投资、生产经营决策提供可靠的依据。

二、核算会计岗位职责

企业可以根据会计业务的多少和人员情况，设置固定资产核算会计、存货核算会计、工资核算会计、往来核算会计、成本核算会计、财务成果核算会计等会计核算岗，可以一人一岗，也可以一人多岗或一岗多人。下面就主要核算会计岗位的相关职责进行介绍。

（一）固定资产核算会计岗位职责

1．会同有关部门拟定固定资产的核算与管理办法。

2．参与编制固定资产更新和大修理计划。

3．按照企业会计准则确认计量企业发生的各种固定资产业务，明辨各种固定资产业务原始单据的正确性、完整性、合理性和合法性，正确判断各种固定资产业务原始单据所反映的经济业务内容、性质和类型，负责固定资产的明细核算。

4．计算提取固定资产折旧和大修理资金。

5．参与固定资产的清查盘点。

（二）存货核算会计岗位职责

1．会同有关部门拟定存货的核算与管理办法。

2．审查存货物资的采购资金计划。

3．按照企业会计准则对企业发生的存货业务进行会计核算，明辨各种存货业务原始单据的正确性、完整性、合理性和合法性，正确判断存货业务原始单据所反映的经济业务内容、性质和类型，按照相关规定对各种存货的收、发、结、存情况正确计量，负责原材料、库存商品等存货的明细核算。

4．参与存货的清查盘点。

（三）工资核算会计岗位职责

1．按照企业会计准则确认计量企业发生的工资业务，能准确理解工资发放标准等相关规范，具备政策解读能力，明辨各种工资业务原始单据的正确性、完整性、合理性和合法性，负责工资结算和发放业务的核算。

2．负责职工的五险一金、职工福利费、工会经费、职工教育经费等工资附加费用的核算。

（四）往来核算会计岗位职责

1．明辨各种应收、应付款项原始单据的正确性、完整性、合理性和合法性。

2．正确判断各种应收、应付款项原始单据所反映的经济业务内容、性质和类型。

3．按照企业会计准则确认计量企业发生的各种应收、应付款项业务。

（五）成本核算会计岗位职责

1．结合各种产品、劳务和企业经营管理的特点与要求，采用灵活合理的方法正确计算产品成本。

2．制订成本费用计划，负责成本管理基础工作。

3．正确编制成本报表，根据成本报表分析成本升降的原因。

（六）财务成果核算岗位职责

1．明辨各种收入、费用原始单据的正确性、完整性、合理性和合法性。

2．正确判断各种收入、费用原始单据所反映的经济业务内容、性质和类型。

3．按照企业会计准则确认计量企业发生的各类收入与费用，计算企业利润，并正确处理利润分配业务。

三、稽核岗位职责

1．明辨各种业务原始单据的正确性、完整性、合理性和合法性。

2．正确审核各种记账凭证记录是否正确。

3．按照会计规范审核各种会计账簿记录是否正确。

4．按照企业会计准则审核会计报表是否正确。

四、出纳岗位职责

出纳是按照有关规定和制度，办理本单位的现金收付、银行结算及有关账务，保管库存现金、有价证券、财务印章及有关单据等工作的总称。按照内部牵制制度的要求，出纳不得兼管稽核、会计档案保管和收入、费用、债权债务账的登记等工作。出纳的具体工作内容如下。

（一）现金有关业务

1. 审核原始凭证。出纳要对每笔现金业务认真审核收据、发票等原始凭证，做到准确收付。

2. 签字、加盖相关印章。出纳要在审核无误的原始凭证上签字、加盖单位财务专用章和有关"收讫""付讫"图章等。

3. 登记现金日记账。出纳要根据相关原始凭证编制的记账凭证登记现金日记账，并将相关凭证传递给其他有关的会计人员。现金日记账必须用订本式账簿，一般是三栏式账页格式，出纳根据现金收、付款凭证，按照业务发生顺序逐笔登记，必须每日结出余额。

4. 保管现金。保管现金也是出纳的主要工作内容，出纳要严格按照要求保管现金，准确收付，每日15:30，根据企业库存现金限额查看库存现金余额，并将多余的现金送存银行。

（二）银行有关业务

1. 掌握银行各种结算票据。出纳需要了解支票、银行汇票、银行本票、商业汇票、汇兑、委托收款、托收承付等各类凭证在实务中如何结算；每天根据银行存款的收付情况统计各银行的资金余额，随时掌握各银行存款余额。

2. 办理银行结算业务。出纳要及时整理从银行取回的单据，传交给相应的会计岗位人员。银行收款时，在收到各种银行结算凭证后，整理银行相关回单，根据具体情况核查和补填进账单，需要背书取回单的应及时办理。在银行付款时，根据付款审批单审核调节表中该部门前期未报账款项，工资要有付款审批单，缴税时要注意填写划款行银行账号及账单。

3. 编制凭证，登记银行存款日记账。出纳要根据涉及的有关银行存款业务编制收、付款凭证，或根据通用记账凭证编制。银行存款日记账必须用订本式账簿，一般采用三栏式账页格式，出纳根据有关的收、付款凭证，按照业务发生的顺序逐笔登记，且必须每日结出余额。

库存现金每日都要进行盘点，与库存现金日记账核对，银行存款日记账每月都要与银行对账单至少核对一次。银行存款日记账与银行对账单不一致时，要编制银行存款余额调节表，以查明银行存款余额。期末，出纳还要将库存现金、银行存款日记账与库存现金、银行存款总账会计核对期末余额。

任务二　工业企业 ERP 沙盘筹资业务核算

企业筹资是指企业为了满足其生产经营、对外投资、资本结构调整等需要，运用一定的筹资方式，筹措和获取所需资金的一种行为。筹资方式主要有吸收直接投资、利用留存收益、发行股票、发行企业债券、向银行借款和利用商业信用等。资金筹集的渠道主要有国家资金、银行信贷资金、非银行金融机构资金、其他企业资金、居民个人资金、企业自留资金等。在 ERP 沙盘运营过程中，为了便于操作，本书规定企业可采用的资金筹集方式主要有吸收直接投资、向银行借款和利用商业信用，其中借款包括长期借款、短期借款和其他借款；资金筹集的主要来源为借款、企业自留资金和其他企业资金。下面介绍工业企业 ERP 沙盘经营中主要涉及的借款业务和应收账款贴现业务。

一、长期借款的核算

在实际业务核算中，长期借款是指企业从银行或其他金融机构借入的期限在 1 年以上（不含 1 年）的借款。企业在设置"长期借款"科目时，可按借款单位和借款种类，分别设置"本金""利息调整"等明细科目进行核算。

（一）取得长期借款

当企业借入长期借款时，应根据具体运营时的条件（取得的是现金，还是将取得的款项存入银行），借记"库存现金"或"银行存款"科目，贷记"长期借款"科目。

（二）长期借款利息的处理

在实际业务中，长期借款所发生的利息支出，应当按权责发生制的原则按期预提并记入有关科目。在资产负债表日，按摊余成本和实际利率计算确定的长期借款利息费用，根据借款所用于的不同项目，分别借记"在建工程""制造费用""研发支出"和"财务费用"等科目，按合同利率计算确定的应付未付利息，贷记"应付利息"科目，按其差额贷记"长期借款——利息调整"科目。在 ERP 沙盘运营过程中，为了简化业务核算，将长期借款的利息予以费用化，并在每年年末计息、付息，年利息率为 10%。企业在每个经营年的年末计算并支付利息时，借记"财务费用"科目，贷记"库存现金"或"银行存款"科目。

（三）归还长期借款本息

在实际业务中，归还长期借款本金时，借记"长期借款——本金"科目，贷记"银行存款"科目；同时存在利息调整余额的，借记或贷记"在建工程""制造费用""研发支出"和"财务费用"等科目，贷记或借记"长期借款——利息调整"科目。在 ERP 沙盘运营过程中，由于长期借款到期前的各年利息已经支付，所以长期借款到期归还本息时，借记"长期借款""财务费用"科目，贷记"库存现金"或"银行存款"科目。

【边学边练 3-1】2020 年年初某企业领导层从上任管理层手中接管该企业，在新领导层经营的第一年年末，根据下一年的生产经营计划，通过财务总监的预算，预测 2021 年会出现资金紧张的状况，于是企业领导层决定再申请 5 年期长期借款 8 000 万元。该企业 2019 年年末的所有者权益为 6 400 万元，已有 4 年期长期借款 4 000 万元（该借款于 2018 年年末借入）。请回答下列问题。

1．该企业在2020年年末能否取得8 000万元的长期借款？

2．若该企业取得了该项长期借款，请做出相应的会计处理。

3．请计算该企业2020年的长期借款利息，并做出相关会计处理。

4．请做出该企业2022年年末偿还长期借款本息的会计处理。

【参考答案】

1．2020年年末该企业长期借款的限额=6 400×2-4 000=8 800（万元）

该企业拟借入8 000万元长期借款，未超出其当年的长期借款限额8 800万元。因此，能够取得8 000万元的长期借款。

2．企业取得长期借款时，可做如下会计处理：

借：库存现金（或银行存款）　　　　80 000 000
　　贷：长期借款　　　　　　　　　　　　80 000 000

3．2020年长期借款利息=4 000×10%=400（万元）

根据计算结果，企业应做如下会计处理：

借：财务费用　　　　　　　　　　　4 000 000
　　贷：库存现金（或银行存款）　　　　　4 000 000

4．2022年年末，企业需偿还借款本金4 000万元和该批借款最后一年的利息400万元，共计4 400万元。企业应做如下会计处理：

借：长期借款　　　　　　　　　　　40 000 000
　　财务费用　　　　　　　　　　　　4 000 000
　　贷：库存现金（或银行存款）　　　　　44 000 000

二、短期借款和其他借款的核算

在ERP沙盘运营过程中，还可以利用短期借款和其他借款来取得经营所需的资金。

各企业每年有4次申请短期借款的机会。短期借款的期限为1年，年利率为5%，到期还本付息。

其他借款主要是指高利贷，在ERP沙盘经营中，高利贷的额度不限，各企业申请高利贷的次数也不限，年利率为20%，期限为1年，到期还本付息。

在ERP沙盘运营过程中，短期借款与高利贷均属于短期借款的性质，不同之处是高利贷的利率比短期借款的利率高，同时借款条件比短期借款宽松。二者在会计核算上是一致的。

（一）取得短期借款或高利贷

当企业取得短期借款或高利贷时，根据ERP沙盘运营规则的具体要求，取得现金或将款项存入银行时，借记"库存现金"或"银行存款"科目，贷记"短期借款"科目。为了区分是短期借款还是高利贷，企业可根据需要按借款种类设置明细科目进行核算。

（二）支付借款利息

企业对于短期借款利息，根据借款本金和借款利率计算的利息数额，借记"财务费用"科目，贷记"库存现金"或"银行存款"科目。

（三）归还短期借款或高利贷本金

企业归还短期借款或高利贷本金时，借记"短期借款"科目，贷记"库存现金"或"银行存款"科目。

【边学边练3-2】 2021年第3季度初某企业由于生产投资过多，导致资金紧张，于是企业领导层决定申请短期借款4 000万元，期限为1年，该企业以前无短期借款记录，2020年年末的所有者权益为3 400万元。请回答下列问题。

1．该企业在2021年第3季度初能否取得4 000万元的短期借款？
2．若该企业取得了该项短期借款，请做出相应的会计处理。
3．该企业2022年第3季度初共需偿还多少短期借款本息？请做出相关会计处理。

【参考答案】

1．2021年该企业短期借款的限额计算如下：

3 400×2=6 800（万元），按20M的倍数向下调整，为6 000万元。

该企业拟借入4 000万元短期借款，未超出其当年的短期借款限额6 000万元。因此，能够取得4 000万元的短期借款。

2．企业2021年第3季度初取得短期借款时，可做如下会计处理：

借：库存现金（或银行存款）　　　40 000 000
　　贷：短期借款　　　　　　　　　　40 000 000

3．2021年年末短期借款应计提的利息=4 000×5%÷4×2=100（万元）

2021年年末计提利息的会计处理如下：

借：财务费用　　　　　　　　　　1 000 000
　　贷：应付利息　　　　　　　　　　1 000 000

2022年第3季度初，企业偿还本息时，应做如下会计处理：

借：短期借款　　　　　　　　　　40 000 000
　　应付利息　　　　　　　　　　　1 000 000
　　财务费用　　　　　　　　　　　1 000 000
　　贷：库存现金（或银行存款）　　　42 000 000

三、应收账款贴现的核算

在实际会计工作中，企业可将应收票据进行贴现，以弥补企业资金的不足。在ERP沙盘运营过程中，为了让参训者练习这方面的有关业务，规定可以将企业的应收账款进行贴现。当企业出现资金短缺时，可及时将企业现有的应收账款进行贴现，以弥补资金缺口。ERP沙盘运营规则规定，贴现需要支付贴现利息，应收账款贴现金额必须是7的倍数（不考虑应收账款的账期），贴现率为1/7。贴现的时间无限制，企业可随时贴现。具体来说，每700万元的应收账款需缴纳100万元的贴现利息，其余600万元作为企业贴现取得的货币资金。企业按照规定计算出应收账款的贴现利息及取得贴现款时，借记"财务费用""库存现金"或"银行存款"科目，贷记"应收账款"科目。

【边学边练3-3】2021年某企业于第3季度购买原料时，发现资金已严重不足，于是企业领导层决定将上季度销售所取得的4个账期的应收账款2 100万元用于贴现，以弥补资金缺口。请回答下列问题。

1．该企业应支付银行多少贴息？
2．该企业从银行能取得多少贴现净额？
3．请做出该企业相应的贴现会计处理。

【参考答案】

1．该企业应支付银行贴息计算：

贴息=2 100×1/7=300（万元）

2．该企业从银行能取得贴现净额计算：

贴现净额=2 100-300=1 800（万元）

3．企业贴现的会计处理如下：

借：财务费用　　　　　　　　　　　　　3 000 000
　　库存现金（或银行存款）　　　　　　18 000 000
　　贷：应收账款　　　　　　　　　　　　　　21 000 000

任务三　工业企业ERP沙盘投资业务核算

在实际经济活动中，由于不同的生产经营活动需要不同的资产，进而决定了日常经营活动的特点和方式。投资决策决定企业前景，因此投资方案和评价方案的制订与选择已经不能靠财务人员单独完成，需要所有经营人员共同决策。在ERP沙盘运营过程中，涉及的投资业务主要是企业进行的固定资产投资和无形资产投资。

一、固定资产的有关核算

在ERP沙盘运营过程中，固定资产的投资主要包括生产线的投资和厂房投资业务。为了参训者能够全面了解和掌握与固定资产有关的业务核算内容，在此将有关固定资产的出售与报废、固定资产折旧的计提等相关业务一并加以说明。

为了让各企业均处于平等竞争的环境状态，在初始状态设定中，各企业均拥有1座大厂房、3条手工生产线和1条半自动生产线。企业若想提高其生产能力，则需增加生产线，这就会涉及自建生产线的业务核算。在企业的生产线建设中，为了简化核算，只考虑出资，不涉及材料费、人工费、税金等相关业务的具体核算，因此比实际业务的核算简单得多。

（一）生产线的有关核算

1．企业出资建设生产线。

借：在建工程

　　应交税费——应交增值税（进项税额）

　　贷：库存现金（或银行存款）

2．投资完毕，生产线完工。

借：固定资产

　　贷：在建工程

3．生产线计提折旧。

根据 ERP 沙盘运营规则，计提折旧的范围只限生产线，即不对厂房计提折旧（这与实际工作中的计提折旧范围有区别，目的是简化核算）。因此，企业在每个经营年末对所拥有的生产线计提折旧，会计人员根据折旧计算结果做如下会计处理：

借：制造费用

　　贷：累计折旧

4．生产线出售（或报废）。

企业在经营中，若想更换生产线，则会涉及固定资产出售（或报废）的业务。

（1）结转净值与折旧。

借：固定资产清理

　　累计折旧

　　贷：固定资产

（2）取得出售（残值）收入。

借：库存现金（或银行存款）

　　贷：固定资产清理

　　　　应交税费——应交增值税（销项税额）

（3）结转处置净损益。

若出售（或报废）的收入小于其净值和费用，则将净损失进行结转，做如下会计处理：

借：资产处置损益（出售时）

　　营业外支出（报废时）

　　贷：固定资产清理

若出售（或报废）的收入大于其净值和费用，则将净收益进行结转，做如下会计处理：

借：固定资产清理

　　贷：资产处置损益（出售时）

　　　　营业外收入（报废时）

（二）厂房的有关核算

1．购买厂房。

当企业拥有的生产线过多（超过6条），大厂房中已容纳不下时，就需购置小厂房；或企业以前曾在资金紧张时将原有的厂房出售，想再回购时，均会发生购买厂房的业务。具体会计处理如下：

借：固定资产
　　应交税费——应交增值税（进项税额）
　　贷：库存现金（或银行存款等）

2．租赁生产线。

当企业拥有的生产线过多（超过6条），大厂房中已容纳不下；或企业因资金紧张，已将所拥有的大厂房卖掉时，需要租用大厂房或小厂房。根据ERP沙盘运营规则，大厂房的租金为每年500万元，小厂房的租金为每年300万元（均为不含税价）。支付厂房租金时，借记"预付账款""应交税费"等科目，贷记"银行存款"科目；分摊租金时，借记"制造费用"科目，贷记"预付账款"科目。

【边学边练3-4】某企业已将大厂房出售，现共有4条生产线，需租用小厂房，租金为300万元，增值税税率为9%，以银行存款支付。请回答下列问题。

1．请做出企业支付租金时的会计处理。
2．请做出企业每期摊销租金时的会计处理。

【参考答案】

1．企业支付租金时的会计处理如下：

借：预付账款　　　　　　　　　　　　　　　　　　　　3 000 000
　　应交税费——应交增值税（进项税额）　　　　　　　　270 000
　　贷：银行存款　　　　　　　　　　　　　　　　　　　3 270 000

2．企业每期摊销租金时的会计处理如下：

借：制造费用　　　750 000
　　贷：预付账款　　　750 000

3．出售厂房。

当资金紧张时，企业可将所拥有的大厂房出售。根据ERP沙盘运营规则，企业出售大厂房，可取得销售收入4 000万元的4个账期的应收账款。根据具体经营要求来看大厂房是否已经提取折旧，进行相应的会计核算。

【边学边练3-5】某企业由于资金紧张，将拥有的大厂房出售，获得4个账期的销售收入4 000万元，增值税税率为9%，该大厂房已计提折旧500万元。请回答下列问题。

1．请做出大厂房转入清理时的会计处理。
2．请做出大厂房出售时的会计处理。
3．请做出处置大厂房净损益时的会计处理。

【参考答案】

1．大厂房转入清理时的会计处理如下：

借：固定资产清理　　　　　　35 000 000
　　　累计折旧　　　　　　　　5 000 000
　　贷：固定资产　　　　　　　　　　　40 000 000

2．大厂房出售时的会计处理如下：

借：应收账款　　　　　　　　　　　　43 600 000
　　贷：固定资产清理　　　　　　　　　　　　　40 000 000
　　　　应交税费——应交增值税（销项税额）　　3 600 000

3．处置大厂房净损益时的会计处理如下：

借：固定资产清理　　　　　　5 000 000
　　贷：资产处置损益　　　　　　　　5 000 000

二、产品研发、市场开拓和 ISO 认证投资的核算

（一）产品研发的核算

产品研发发生的费用要根据企业的实际要求进行会计处理，如果费用化，将其研发费用记入"管理费用"科目；如果资本化，将其记入"无形资产"科目。

【边学边练 3-6】某企业 2021 年第 1 季度至 2022 年第 2 季度研发 P2 产品，共投资 600 万元，用银行存款支付，研发费用全部资本化。请回答下列问题。

1．请做出每个季度支付研发费用的会计处理。

2．请做出研发完成时的会计处理。

【参考答案】

1．每个季度支付研发费用的会计处理如下：

借：研发支出　　　　　　　1 000 000
　　贷：银行存款　　　　　　　　1 000 000

2．研发完成时的会计处理如下：

借：无形资产　　　　　　　6 000 000
　　贷：研发支出　　　　　　　　6 000 000

（二）市场开拓的核算

市场是企业进行产品营销的场所，标志着企业的销售潜力。

市场开拓发生的费用要记入"销售费用"科目。

【边学边练 3-7】2021 年年末某企业用银行存款 100 万元投资开拓区域市场。请做出企业相应的会计处理。

【参考答案】

企业相应的会计处理如下：

借：销售费用　　　　　　　　1 000 000

　　贷：银行存款　　　　　　　　　　1 000 000

（三）ISO 认证投资的核算

ISO 认证费用要记入"管理费用"科目。

【边学边练 3-8】 某企业 2021 年年末用库存现金 100 万元投资 ISO9000 质量认证，企业应如何做会计处理？

【参考答案】

企业相应的会计处理如下：

借：管理费用　　　　　　　　1 000 000

　　贷：库存现金　　　　　　　　　　1 000 000

> **知识加油站**
>
> **ISO9000 和 ISO14000 的相关知识**
>
> ISO 是 "International Organization for Standardization" 的英文缩写，意为 "国际标准化组织"。
>
> ISO9000 是 ISO/TC176 制定的第 9000 号标准文件，是一组世界范围内通用的质量管理体系标准。它不是一个标准，而是一族标准的统称。"ISO9000 族标准"指由 ISO/TC176 制定的所有国际标准，TC176 即 ISO 中第 176 个技术委员会，全称是"质量保证技术委员会"，成立于 1979 年。1987 年 TC176 更名为"质量管理和质量保证技术委员会"。TC176 专门负责制定质量管理和质量保证技术的标准。因此，综合来讲，ISO9000 是国际标准化组织制定的质量管理和质量保证的国际标准。
>
> ISO14000 是国际标准化组织制定的环境管理体系国际标准。ISO14000 环境认证已经成为企业打破国际绿色壁垒、进入欧美市场的准入证。通过 ISO14000 环境认证的企业可以节能降耗、优化成本、满足政府法律要求、改善企业形象、提高企业竞争力。ISO14000 已经成为一套既全面又系统的环境管理国际化标准，并引起了世界各国政府、企业界的普遍重视和积极响应。在近代工业的发展过程中，由于人类过度追求经济增长速度而忽略环境的重要性，导致水土流失、土地沙漠化、水体污染、空气质量下降、全球气候反常、臭氧层耗竭、生态环境严重破坏等。环境问题已成为制约经济发展和人类生存的重要因素。各国政府纷纷制定环境标准，并且各项标准日趋严格，出口商品若不符合标准要求将会蒙受巨大经济损失。环境问题已成为绿色贸易壁垒，成为企业生存和发展必须关注的问题。考虑到零散的、被动适应法规要求的环境管理机制不足以确保一个组织的环境行为在现在及将来一直能满足法律和方针所提出的要求，企业也没有持续改进的动力，国际标准化组织在汲取了世界发达国家多年环境管理经验的基础上制定并颁布了

ISO14000 环境管理系列标准。

ISO14000 与 ISO9000 都是国际标准化组织制定的针对管理方面的标准，都是国际贸易中消除贸易壁垒的有效手段。ISO14000 与 ISO9000 标准的要素有相同或相似之处，如图表 3-1 所示。

❖图表 3-1　ISO14000 与 ISO9000 标准要素表❖

ISO14000 与 ISO9000 标准要素表

ISO14000	ISO9000
环境方针	质量方针
组织结构和职责	职责与权限
人员环境培训	人员质量培训
环境信息交流	质量信息交流
环境文件控制	质量文件控制
应急准备和响应	（部分与消防安全的要求相同）
不符合、纠正和预防措施	不符合、纠正和预防措施
环境记录	质量记录
内部审核	内部审核
管理评审	管理评审

两套标准最大的区别在于面向的对象不同，ISO9000 标准是对客户的承诺，ISO14000 标准是对政府、社会和众多相关方（包括股东、贷款方、保险企业等）的承诺；ISO9000 标准缺乏行之有效的外部监督机制，而实施 ISO14000 标准的同时，就要接受政府、执法当局、社会公众和各相关方的监督。两套标准部分内容和体系在思路上有着质的不同，包括环境因素识别、重要环境因素评价与控制，适用环境法律法规的识别、获取、遵循状况评价和跟踪最新法规，环境目标指标方案的制订和实施完成，以期达到预防污染、节能降耗、提高资源能源利用率，最终达到持续改进环境行为的目的。

任务四　工业企业 ERP 沙盘生产经营过程核算

企业的生产经营过程包括采购过程、生产过程和销售过程。

一、采购过程核算

在实际生产经营活动中，采购过程是制造企业生产经营活动的第 1 阶段。采购过程的主要任务是采购生产经营所需的各种原料及物料，形成企业的生产储备。在材料物资采购过程中，企业应按经济合同和结算制度的规定支付货款及采购费用（如运输费、装卸费等），材料的买价加上采购费

购买原材料核算

用就构成了材料的采购成本，会计人员应把企业在物资采购过程中发生的各项采购支出，按照材料的品种或类别加以归集，计算材料物资采购总成本和单位成本。物资采购总成本是由买价和采购费用构成的，其中，买价是销售单位开出的发票价格；采购费用包括运杂费、运输途中的合理损耗、支付的各种税金、入库前整理挑选费用、大宗材料的市内运输费和其他项目。对于买价，可直接计入各种物资的采购成本。对于各种费用，凡是能分清归属的，可直接计入各种物资的采购成本，不能分清归属的，可根据实际受益情况采用一定的方法分配计入各种物资的采购成本；通常按各种物资的标准（如重量、体积或买价等）比例进行分配。企业要有计划地采购材料，力求既要满足生产需要，又要避免过多储备而造成资金的浪费。

在ERP沙盘运营规则中，企业生产产品所需要的材料主要有R1原料、R2原料、R3原料和R4原料；在材料采购过程中，因无相关费用发生，故材料的采购成本只包括材料的买价，无其他采购费用；对每种材料设定了采购提前期。采购提前期与各种产品所需材料资料如图表3-2所示。

❖图表3-2 原料采购说明表❖

原料采购说明表

原料名称		R1原料	R2原料	R3原料	R4原料
原料费用		1M	1M	1M	1M
采购提前期		1Q	1Q	2Q	2Q
产品所需材料	P1产品	1件			
	P2产品	1件	1件		
	P3产品		2件	1件	
	P4产品		1件	1件	2件

在ERP沙盘运营规则中，为了简化核算，并未将增值税的相关核算纳入其中。但为了使参训者更全面准确地掌握会计业务流程，本书对ERP沙盘运营规则进行了相应的调整。

企业在采购原料时，应做如下会计处理：

借：原材料——R1原料
　　应交税费——应交增值税（进项税额）
　贷：库存现金（或银行存款）

二、生产过程核算及成本计算

生产过程是制造企业经营活动的主要过程，它的主要任务是将原材料等要素投入生产，经过工人的劳动加工，制造出符合社会需要的产品。在产品生产过程中，一方面，劳动者借助劳动资料对劳动对象进行加工、制造产品，以满足社会需要；另一方面，为了制造产品，企业必然要发生诸如固定资产磨损、材料消耗及劳动力耗费（包括生产工人和管理人员）等各项生产耗费。企业在一定时期内发生的、能够用货币金额表现的生产耗费，称为生产费用。生产费用按是否计入产品成本可分为产品生产费用和期间费用。企业为生产一定种类和数量的产品所发生的各项生产费用的总和，称为产品的生产成本。因此，在产品生产过程中，制造费用的发生、归集和分配，以及产品生产成本的计算，构成了产品生产过程核算的主要内容。

对生产过程中产品成本的计算，就是把在生产过程中发生的应当计入产品成本的费用，以产品为成本归集和分配的对象，运用一定的计算方法，计算出产品的总成本和单位成本。通过产品生产成本的计算，可以确定生产耗费的补偿尺度，用于考核企业的生产经营管理水平。

（一）产品成本的内容

企业在生产经营过程中发生的各项费用按照经济用途可分为产品制造成本和期间费用。

1. 产品制造成本是指直接与产品生产有关的费用，可以通过直接或间接的方式归集、分配到各种具体的产品成本中，形成产品价值。归入产品制造成本项目的费用可以进一步细分为直接材料、直接人工和制造费用3个成本项目。

（1）直接材料。直接材料是指直接计入产品成本，构成产品实体或有助于产品形成或便于进行生产而消耗的各种材料，如原料及主要材料、辅助材料、半成品、燃料和动力等。这些材料可以是自制的，也可以是外购的。

（2）直接人工。直接人工是指直接从事产品生产的生产工人工资和附加费，其中工资包括工人的基本工资、工资性奖金、各种津贴和补贴等。不直接从事产品生产的职工工资不构成直接人工支出，应根据具体情况归入制造费用和管理费用等项目。根据企业会计准则的规定，企业应当按照规定的计提标准，计量企业承担的职工薪酬义务和计入成本费用的职工薪酬。其中包括：五险一金（医疗保险费、养老保险费、失业保险费、工伤保险费、生育保险费和住房公积金）、工会经费和职工教育经费等。

（3）制造费用。制造费用是指企业内部各个生产单位为了组织和管理产品的生产活动而发生的各项费用。在生产多种产品的情况下，当制造费用无法明确归属于某一产品时，就不能直接计入产品成本，而需要按照一定方法，分配计入产品成本。制造费用主要包括：固定资产折旧费、修理费，组织和管理生产职工的薪酬，机物料损耗费等各种间接费用。

2. 期间费用是指不能计入产品成本，而应当计入期间损益的费用。这些费用是企业在生产经营活动过程中发生的，与产品生产没有直接联系，不能明确确定成本归集对象，但是可以确定其发生期间和归属期间的费用，所以不能计入产品成本，只能作为期间费用，计入当期损益。对于工业企业来说，这些费用主要包括管理费用、财务费用和销售费用。

（1）管理费用。管理费用是指企业为组织和管理生产经营活动而发生的各种费用，包括企业在筹建期间内发生的开办费、董事会和行政管理部门在企业的经营管理中发生的或者应由企业统一负担的企业经费（包括行政管理部门职工工资及福利费、物料消耗、低值易耗品摊销、办公费和差旅费等）、董事会费（包括董事会成员津贴、会议费和差旅费）、工会经费、职工教育经费、聘请中介机构费、咨询费、诉讼费、业务招待费、房产税、车船使用税、印花税、技术转让费、排污费、绿化费、研究费用、提取的坏账准备、存货盘亏、毁损和报废损失及其他管理费用等。

(2) 财务费用。财务费用是指企业为筹集生产经营所需资金而发生的费用，包括企业生产经营期间发生的利息支出（减利息收入）、汇兑损益及相关的手续费、企业发生的现金折扣或收到的现金折扣等。

(3) 销售费用。销售费用是指企业为了销售产品和提供劳务而发生的各项费用及专设销售机构的各项经费，包括运输费、装卸费、保险费、广告费、展览费、商品维修费、预计产品质量保证损失等，以及为销售本企业商品而专设销售机构（销售网点、售后服务网点等）的销售人员的职工薪酬、业务费、折旧费等经营费用。

(二) 产品成本的计算过程

在产品生产过程中，产品成本的计算过程就是按不同的成本计算对象归集分配费用的过程。企业发生的生产费用，若只为生产某种产品而直接发生的，应在费用发生时直接计入该种产品成本；若为生产多种产品共同发生的材料及人工费，应在费用发生时通过一定的方法对费用进行分配，进而计算出各种产品应当分摊的成本。需要注意的是，对于企业为生产产品而发生的制造费用，由于它属于间接费用，因此，月末应采用适当的分配标准（如生产工人工资、生产工时、机器工时、耗用的原材料数量或者成本等）对其进行分配。制造费用的分配方法主要有按照实际分配率分配法和按照年度计划分配率分配法两种，企业可根据实际情况进行选择。

制造费用分配率=制造费用总额÷各种产品分配标准总数

某种产品应承担的制造费用=该种产品的分配标准×制造费用分配率

制造费用经过分配后结转到产品生产成本账户中，然后就可以将生产费用在完工产品和月末在制品之间进行分配。采用的分配方法有约当产量法、定额比例法和定额成本法等。

完工产品成本=月初在制品成本+本月发生的生产费用-月末在制品成本

在 ERP 沙盘运营过程中，为了更好地展现企业的会计业务处理流程，在本书中将企业的产品成本计算过程分为如下几个步骤。

1. 归集生产费用。

在生产经营过程中，企业可根据所生产的不同品种的产品进行生产费用的归集，包括直接材料费用和直接人工费用。对于发生的制造费用可先在"制造费用"科目中进行归集，然后再在不同产品之间按照生产工人工资比例进行分配。

2. 生产费用在完工产品和在制品之间的分配。

生产费用在完工产品和在制品之间进行分配的方法有很多种，企业可采用将在制品视同完工产品的方法进行分配，即按完工产品数量和在制品数量进行分配。

3. 计算完工产品单位成本。

企业的会计人员根据计算出的完工产品总成本除以完工产品数量，即可求出完工产品的单位成本。

产品单位成本=完工产品总成本÷完工产品数量

下面以 ERP 沙盘中某企业生产的 P1 产品为例，展现产品成本计算过程。在生产过程中，企业会涉及如下会计处理：

（1）生产产品发生的材料费用。

借：生产成本——P1 产品
　　贷：原材料——R1 原料

生产领料核算

（2）生产产品发生的直接人工费用。

借：生产成本——P1 产品
　　贷：应付职工薪酬——工资

（3）按生产工人薪酬计算企业应负担的社会保险费和住房公积金、福利费等附加费用。

借：生产成本——P1 产品
　　贷：应付职工薪酬——社会保险费
　　　　　　　　　　——住房公积金
　　　　　　　　　　——福利费

（4）发生、归集和分配制造费用。

① 发生转产费用。

借：制造费用——转产费
　　贷：库存现金（或银行存款）

② 计提折旧费用。

借：制造费用——折旧费
　　贷：累计折旧

③ 支付设备维护费。

借：制造费用——维护费
　　贷：库存现金（或银行存款）

④ 制造费用分配、结转。

制造费用分配率=制造费用总额÷Σ各种产品的分配标准额

每种产品应负担的制造费用=该种产品的分配标准额×制造费用分配率

借：生产成本——P1 产品
　　　　　　——P2 产品
　　　　　　——P3 产品
　　　　　　——P4 产品
　　贷：制造费用

（5）将生产费用在完工产品和在制品之间进行分配。

按产品品种归集完生产费用后，要将每种产品的生产费用在完工产品和在制品之间进行分配，分配的方法有很多种，如不计算在制品成本法、在制品成本按其年初数固定计算法、在制品成本按其所发生的原材料费用计算法、约当产量比例法、在制品成本按定额成本计价法、在制品成本按完工产品计算法和定额比例法。

在 ERP 沙盘运营规则中，原料费用是一次性投入，生产工人工资在投产时一次性发生，因此生产费用在完工产品和在制品之间进行分配时，可将在制品成本按完工产品成本的计算方法进行分配。

在制品成本按完工产品计算法计算时将在制品视同完工产品，为了简化成本计算工作，在进行生产费用分配时，按二者的数量比例分配原材料费用和其他加工费用。

生产费用分配率=生产费用总额÷（完工产品数量+在制品数量）

在制品成本=在制品数量×生产费用分配率

完工产品成本=完工产品数量×生产费用分配率

当生产费用分配率不能进行整除时，可用生产费用总额减去在制品成本，将尾数计入完工产品成本中进行计算。

根据计算出的每种产品的完工产品成本，可做如下会计处理：

借：库存商品——P1产品
　　　　　　——P2产品
　　　　　　——P3产品
　　　　　　——P4产品
　　贷：生产成本——P1产品
　　　　　　——P2产品
　　　　　　——P3产品
　　　　　　——P4产品

三、销售过程核算

销售过程是工业企业经营过程中的最后阶段，企业通过这一过程，将产品资金转化为货币资金，从而完成一次资金循环。

（一）销售过程核算内容

销售有广义和狭义之分，广义的销售应包括企业与外部各单位所发生的所有买卖的经济活动，包括对外的劳务提供和对外发生的所有有形和无形资产的出售等，如对外出售产成品、对外转让无形资产和对外出售剩余的或不需用的材料等；狭义的销售则仅指企业产品的销售。会计上作为销售业务核算的内容包括产品销售、材料销售、无形资产转让等。产品销售收入为主营业务收入，在企业的整体收入中占有极大的比例，是企业利润的主要来源；材料销售、无形资产转让等销售收入为其他业务收入。企业通过销售，一方面可实现产品的价值；另一方面可对投资于生产领域中的资金进行补偿或回收。所以在企业销售业务的会计核算过程中，应先确认产品销售收入和其他销售收入的实现，进行与购买单位的货款结算、计算，然后结转产品销售成本和其他销售成本，支付产品销售费用，计算和缴纳销售税金，最后确定产品销售损益和其他销售损益，这些核算项目构成了工业企业销售业务核算的主要内容。

在销售过程中，涉及的成本计算主要是主营业务成本的计算，即已销产品成本的确定。

采用的计价方法主要包括先进先出法、月末一次加权平均法和移动加权平均法等。

（二）销售过程会计处理

企业在销售过程中发生的主要经济业务会计处理如下：

1．支付销售费用。

借：销售费用等科目
　　贷：库存现金（或银行存款）

2．计算并缴纳销售税金。

（1）计算销售税金。

借：税金及附加
　　贷：应交税费

（2）缴纳销售税金。

借：应交税费
　　贷：库存现金（或银行存款）

3．销售库存商品及年末结转已销商品成本。

（1）销售库存商品。

借：应收账款（或银行存款）
　　贷：主营业务收入
　　　　应交税费——应交增值税（销项税额）

（2）年末结转已销商品成本。

借：主营业务成本
　　贷：库存商品

4．销售剩余材料及结转销售材料成本。

（1）销售剩余材料。

借：库存现金（或银行存款）
　　贷：其他业务收入
　　　　应交税费——应交增值税（销项税额）

（2）结转销售材料成本。

借：其他业务支出
　　贷：原材料

任务五　工业企业 ERP 沙盘财务成果核算

财务成果又称盈亏，是企业收入与费用的差额，是衡量企业经营管理水平的重要综合指标。进行财务成果核算的重要工作是正确计算企业在一定会计期间的盈亏，而正确计算盈亏的前提是正确确认各期的收入和费用。按照我国有关法规规定，企业实现的净利润要进行分配，如提取盈余公积和向投资者分配利润等。因此，计算确定企业实现的利润并对其进行分配，就构成了企业财务成果核算的主要内容。

根据企业会计准则的规定，企业利润表的格式如图表3-3所示。

❖图表3-3 利润表的格式❖

利润表

编制单位：　　　　　　　　　　　　　　年度　　　　　　　　　　　　　　单位：元

项目	本期金额	上期金额
一、营业收入		
减：营业成本		
税金及附加		
销售费用		
管理费用		
研发费用		
财务费用		
其中：利息费用		
利息收入		
加：其他收益		
投资收益（损失以"-"填列）		
其中：对联营企业和合营企业的投资收益		
净敞口套期收益（损失以"-"填列）		
公允价值变动收益（损失以"-"填列）		
信用减值损失（损失以"-"填列）		
资产减值损失（损失以"-"填列）		
资产处置收益（损失以"-"填列）		
二、营业利润（亏损以"-"填列）		
加：营业外收入		
减：营业外支出		
三、利润总额（亏损总额以"-"填列）		
减：所得税费用		
四、净利润（净亏损以"-"填列）		
（一）持续经营净利润（净亏损以"-"填列）		
（二）终止经营净利润（净亏损以"-"填列）		
五、其他综合收益税后净额		
（一）不能重分类进损益的其他综合收益		
1. 重新计量设定受益计划变动额		
2. 权益法下不能转损益的其他综合收益		
3. 其他权益工具公允价值变动		
4. 企业自身信用风险公允价值变动		

续表

项目	本期金额	上期金额
……		
（二）将重分类进损益的其他综合收益		
1．权益法下可转损益的其他综合收益		
2．其他债权投资公允价值变动		
3．金融资产重分类计入其他综合收益的金额		
4．其他债权投资信用差值准备		
5．现金流量套期储备		
6．外币财务报表折算差额		
……		
六、综合收益总额		
七、每股收益		
（一）基本每股收益		
（二）稀释每股收益		

在财务成果核算的业务中，工业企业涉及的主要业务如下。

1．结转各项收入。

借：主营业务收入
　　其他业务收入
　　投资收益
　　公允价值变动损益
　　资产处置损益
　　营业外收入等
　　贷：本年利润

2．结转各项费用支出。

借：本年利润
　　贷：主营业务成本
　　　　其他业务支出
　　　　营业外支出
　　　　税金及附加
　　　　销售费用
　　　　管理费用
　　　　财务费用
　　　　资产减值损失等

3．计算会计利润。

企业会计人员根据结转收入和结转费用的会计凭证将各项收入和支出登记到"本年利润"账簿中，根据此时的"本年利润"科目的借、贷方发生额的差额来确定企业当年经营的盈亏。

4. 进行纳税调整，并计算结转所得税费用。

企业会计人员到年末应进行所得税的汇算清缴，计算全年的所得税费用，并编制相应的会计凭证。同时，将计算出的所得税费用结转至"本年利润"科目中。进行所得税计算时，在会计利润的基础上根据税法的相关规定加以纳税项目调整，计算出应纳税所得额，再计算应纳所得税额。计算公式如下：

应纳税所得额=会计利润±纳税调整额

应纳所得税额=应纳税所得额×所得税税率

根据所得税税法的规定，企业采用相应的所得税税率进行计算。

相关的会计分录如下：

（1）确认所得税费用。

借：所得税费用
　　贷：应交税费——应交企业所得税

（2）结转所得税费用。

借：本年利润
　　贷：所得税费用

5. 计算净利润。

净利润=会计利润-所得税费用

6. 进行利润分配。

借：利润分配——提取盈余公积
　　　　　　——应付股利
　　贷：盈余公积
　　　　应付股利

7. 年末结转实现的利润（或发生的亏损）和已分配利润。

（1）结转本年实现的净利润（或发生的亏损）。

借：本年利润
　　贷：利润分配——未分配利润

企业若亏损，则做上述会计分录的相反会计分录：

借：利润分配——未分配利润
　　贷：本年利润

（2）结转本年已分配的利润。

借：利润分配——未分配利润
　　贷：利润分配——提取盈余公积
　　　　　　　　——应付股利

年末结转后，"利润分配"科目除"未分配利润"明细科目外，其他明细科目应无余额。"利润分配——未分配利润"科目的余额反映的是企业未分配利润（或未弥补的亏损）。

8. 盈余公积弥补以前年度亏损。

如果企业的亏损用税前利润和税后利润仍无法弥补，企业还可以用盈余公积进行弥补。

其相关会计分录如下：

（1）盈余公积补亏。

借：盈余公积
　　贷：利润分配——盈余公积补亏

（2）结转利润分配中的盈余公积补亏。

借：利润分配——盈余公积补亏
　　贷：利润分配——未分配利润

项 目 小 结

本项目主要介绍了工业企业会计相关的岗位及职责和 ERP 沙盘操作流程中工业企业可能发生的经济业务的会计处理。经济业务的有关核算主要包括筹资业务核算、投资业务核算、生产经营过程核算和财务成果形成过程业务核算。通过对企业会计业务处理的介绍，为 ERP 沙盘工业企业业务真账实操奠定基础。

项 目 训 练

一、单项选择题

1．企业将未到期的应收账款贴现，其贴息应记入（　　）科目的借方。

A．"财务费用"　　B．"管理费用"　　C．"制造费用"　　D．"销售费用"

2．用友公司工业企业 ERP 沙盘运营规则规定，企业购买半自动生产线应记入（　　）科目的借方。

A．"固定资产"　　　　　　　　　　B．"固定资产清理"
C．"在建工程"　　　　　　　　　　D．"原材料"

3．用友公司工业企业 ERP 沙盘运营规则规定，企业购买手工生产线应记入（　　）科目的借方。

A．"固定资产"　　　　　　　　　　B．"固定资产清理"
C．"在建工程"　　　　　　　　　　D．"原材料"

4．用友公司工业企业 ERP 沙盘运营规则规定，企业购买全自动生产线应记入（　　）科目的借方。

A．"固定资产"　　　　　　　　　　B．"固定资产清理"
C．"在建工程"　　　　　　　　　　D．"原材料"

5. 用友公司工业企业 ERP 沙盘运营规则规定，企业购买柔性生产线应记入（　　）科目的借方。

A．"固定资产"　　　　　　　　　　B．"固定资产清理"

C．"在建工程"　　　　　　　　　　D．"原材料"

6. 用友公司工业企业 ERP 沙盘运营规则规定，企业支付租入大厂房的全年租金500万元应借记（　　）科目。

A．"预付账款"　　B．"其他应付款"　C．"其他应收款"　D．"预收账款"

7. 用友公司工业企业 ERP 沙盘运营规则规定，企业支付广告费300万元应借记（　　）科目。

A．"预收账款"　　　B．"销售费用"　　C．"管理费用"　　D．"银行存款"

8. 用友公司工业企业 ERP 沙盘运营规则规定，若企业出售生产线，则应将生产线的净值记入（　　）科目的借方。

A．"固定资产"　　　　　　　　　　B．"固定资产清理"

C．"累计折旧"　　　　　　　　　　D．"固定资产减值准备"

9. 用友公司工业企业 ERP 沙盘运营规则规定，企业 P4 产品每期投入的研发费用是（　　）万元。

A．100　　　　　　B．200　　　　　　C．300　　　　　　D．400

10. 用友公司工业企业 ERP 沙盘运营规则规定，企业出售生产线时应缴纳的增值税应记入（　　）科目的借方。

A．"固定资产"　　　　　　　　　　B．"固定资产清理"

C．"累计折旧"　　　　　　　　　　D．"固定资产减值准备"

二、多项选择题

1. 用友公司工业企业 ERP 沙盘运营规则规定，企业购入 R1 原料，取得增值税专用发票，金额500万元，税额65万元，材料已验收入库，价税已用银行存款支付，应记入（　　）科目的借方。

A．"原材料"　　　　B．"在途物资"　　C．"应交税费"　　D．"银行存款"

2. 企业经营期内借入的长期借款，根据借款用途的不同，其计提长期借款利息的会计分录借方科目可以是（　　）。

A．"财务费用"　　B．"管理费用"　　C．"制造费用"　　D．"在建工程"

3. 企业在经营期内借入短期借款，其计提短期借款利息的会计分录是（　　）。

A．借：财务费用　　　　　　　　　B．借：管理费用

C．贷：应付利息　　　　　　　　　D．贷：应收利息

4. 企业发生的（　　）税费在会计的"税金及附加"科目进行核算。

A．印花税　　　　　　　　　　　　B．教育费附加

C．城市维护建设税　　　　　　　　D．职工教育经费

5．企业结转已完工入库产品时应记入（　　）。
A．"生产成本"科目的借方　　　　B．"库存商品"科目的借方
C．"库存商品"科目的贷方　　　　D．"生产成本"科目的贷方

三、判断题（正确的打"√"，错误的打"×"）

1．企业计算城市维护建设税时，应借记"管理费用"科目，贷记"本年利润"科目。
（　　）

2．企业结转"制造费用"时，应借记"本年利润"科目，贷记"制造费用"科目。
（　　）

3．企业年终计算出全年应纳所得税时，应借记"所得税费用"科目，贷记"应交税费"科目。（　　）

4．企业将本年所实现的销售收入结转至"本年利润"科目时，应借记"本年利润"科目。（　　）

四、思考与创新

1．说一说，企业财务成果的形成过程。
2．说一说，你所了解的会计岗位的职责与业务内容。
3．谈一谈，产品成本的计算方法及其具体操作程序。

项目四

工业企业 ERP 沙盘真账实操案例

学习目标

知识目标：利用工业企业 ERP 沙盘熟悉企业经营流程和会计业务流程。

技能目标：通过工业企业 ERP 沙盘的实际操作，掌握会计实践操作技能。

能力目标：培养学生立足于企业经营管理全局对会计岗位的认知与实践能力，形成其业财融合的企业管理能力。

▶任务描述	▶任务解析	▶任务要求	▶职业素质
1. 利用学生组建的企业和设定的运营规则，让学生掌握 ERP 沙盘运营操作流程和会计业务流程操作。 2. 通过学生对企业的经营，在开放式教学环境中实施教、学、做、悟一体化，让学生掌握全局性的企业管理思维，为业财融合奠定基础。 3. 改变教学模式，以学生为主体，优化教学过程，改进学习方式。	1. 各企业按运营规则要求进行企业的初始状态设定。 2. 各企业在教师的指导下进行初始年运营。 3. 各企业独立进行实战操作并进行具体会计业务实账操作。 4. 通过任务确定、任务分解，各企业管理岗位和会计岗位人员各司其职。学生通过任务进行学习与讨论，教师进行指导。	1. 各企业掌握各项运营规则和会计政策。根据企业自身发展要求制订本企业的各项计划等。 2. 各企业在教师的指导下进行初始状态设定，进行初始年运营和会计业务操作。掌握工业企业 ERP 沙盘的操作流程和工业会计业务流程。 3. 各企业能够独立实施运营，进行工业企业 ERP 沙盘的操作和会计实践操作。	1. 学生通过角色扮演，实施企业的生产经营，亲身体验工作职责，养成职业思维与素养，成为会核算、懂业务、能决策的财务人。 2. 通过团队合作模式，让学生对问题进行交流与讨论，从而提高分析问题和解决问题的能力，掌握合作工作模式。

任务一　了解企业（修订 ERP 沙盘运营规则）

本项目将通过丰和工业有限责任公司（相关信息为虚构）的 ERP 沙盘运营情况，进行工业企业会计实务操作，通过该企业所发生的经济业务来展现工业企业会计业务的操作流程，使参训者熟悉并掌握工业企业经营过程和会计业务操作流程，实现业财融合，为其日后经营管理企业奠定专业基础，为其成为懂财务的管理者或懂管理的财务人而服务。

为了运用 ERP 沙盘更好地展现工业企业经营与会计业务流程，本项目对 ERP 沙盘中的相关规则进行了相应调整，以便学生能够在更为真实的情境中进行体验。

为了展现工业企业 ERP 沙盘会计业务的真实性，本项目对企业涉及的有关业务增加了相关的原始凭证，如增值税发票、支票、领料单等，以帮助学生掌握对原始凭证的审核，并能依据原始凭证编制记账凭证。本项目采用品种法对企业的产品成本进行核算。进行经济业务实际操作时，制造费用按不同产品的生产工人工资比例进行分配，完工产品和在制品的生产费用按完工产品和在制品的数量进行分配。

党的二十大报告提出："加大税收、社会保障、转移支付等的调节力度。"企业进行工资核算时，考虑了社会保险费、住房公积金等相关费用。按国家的有关规定，社会保险费和住房公积金由企业和职工个人共同负担。在税金的计算上，引入了增值税、企业所得税、城市维护建设税、教育费附加、印花税、房产税等的相关计算。本项目均以新会计报表形式来展现企业经营期的财务成果情况、资产负债状况与现金流量情况。为了更真实地展现工业企业会计业务，本项目采用支票等银行票据进行货款结算，替代 ERP 沙盘中用灰币表示货币资金结算的情况，这样既能更好地让学生在 ERP 沙盘情境中仿真操作，也有利于企业数据的记录与分析。

在本项目中，为了说明会计业务的具体操作，以丰和工业有限责任公司的经济业务为例，通过制造企业的会计业务流程来体现会计实务操作的真谛。在 ERP 沙盘实战中，丰和工业有限责任公司历经 6 年的经营，取得了一定的经营业绩。本项目借助该企业第 1 年的经营业务实例来介绍有关会计业务的具体操作，从而让学生通过 ERP 沙盘的参训，完成企业管理岗位和会计岗位的职业技能训练，形成业财融合的理念，深刻理解会计人员的职责并能独立完成会计业务的具体操作。

丰和工业有限责任公司领导班子接管企业的经营日期为 2021 年 1 月 1 日。企业相关资料如下。

一、企业基础概况

1．企业名称：丰和工业有限责任公司。
2．地址：吉林省长春市台北大街 3566 号。
3．开户银行：中国工商银行（简称"工行"）长春市基隆支行。
4．账号：1535005896897453267。
5．纳税人识别号：9122040020782260 79。
6．经济性质：有限责任公司。
7．经营范围：生产和销售 P 类产品（P1 产品、P2 产品、P3 产品、P4 产品）。
8．法人代表：崔晓华。
9．资本构成：吉林省人民政府国有资产监督管理委员会（简称"吉林省国资委"）持有 80%股份，崔晓华持有 20%股份。
10．主要供应商：力图商贸有限责任公司（一般纳税人）。
11．主要客户：欣拓集团有限责任公司（一般纳税人）。

二、企业人员构成

本企业由 51 人组成，主要有管理岗位人员和会计岗位人员。
相关管理岗位人员如下。
CEO：崔晓华，拥有企业的各项经营决策权，负责企业的全面经营。
CPO：王力华，协助 CEO 进行企业的采购工作，负责企业的采购管理。
COO：陈格，协助 CEO 进行企业的生产运作，负责企业的生产管理。
CMO：张小力，协助 CEO 进行企业的营销工作，负责企业的营销管理。
CFO：李胜勇，协助 CEO 进行企业的会计工作，负责企业的财务管理。

CLO：张发强，协助 CEO 进行企业的物流工作，负责企业的物流管理。

相关会计岗位人员如下。

出纳：张一，负责企业有关货币资金的收付工作，登记库存现金、银行存款日记账。

会计：王丽，负责对企业发生经济业务的原始凭证进行审核，并编制记账凭证。

李胜勇，负责企业的成本计算、总账的登记和报表的编制。

程佳，负责企业明细账的登记。

周亮，负责对制单人员编制的记账凭证进行审核，确保企业记录经济业务的完整性、真实性和正确性。

三、企业有关会计和其他相关政策

1．存货采用实际成本法核算，发出存货采用全月一次加权平均法，周转材料一次摊销，按季汇总发出。

2．固定资产采用年限平均法（厂房和生产线均计提折旧），在年末时计提折旧，当年新增的固定资产不计提折旧，当年报废的固定资产不减提折旧。

3．短期借款利息按季计提，到期一次性还本付息。长期借款利息按年计提，年末付息，到期还本。

4．成本计算采用品种法，生产费用在完工产品和在制品之间分配，按完工产品和在制品数量进行分配，如有尾差，计入完工产品成本。材料一次性投入。

5．车间的工资费用于产品投产时发生，每件产品人工费 100 万元，其中生产工人工资占比 90%，车间技术管理人员工资占比 10%。当季分配的工资费用于下季度支付。

6．企业每个季度需要负担行政管理费 100 万元，其中行政管理人员工资占比 40%，业务招待费占比 20%，办公费占比 10%，差旅费占比 30%。当季分配的工资费用于下季度支付，除工资外其他费用均在当季支付。

7．根据相关规定，企业还需按员工工资总额的一定比例计算三险一金，具体计提比例如下。

（1）企业缴纳的养老保险比例为 16%、医疗保险比例为 6%、失业保险比例为 0.8%、住房公积金比例为 12%。

（2）个人缴纳的养老保险比例为 8%、医疗保险比例为 2%、失业保险比例为 0.2%、住房公积金比例为 12%。

8．企业购入或销售的材料、产品、机器设备等资产的增值税税率为 13%。

企业销售、出租厂房等不动产的增值税税率为 9%，销售无形资产的增值税税率为 6%。

企业所得税税率为 25%，企业所得税的有关规定如下。

（1）工资薪金及按规定计提的工资附加费可据实扣除。

（2）广告费支出不得超过当年销售收入的 15%，超出部分要进行纳税调整。

（3）业务招待费按实际发生额的 60% 和销售收入的 0.5% 孰低原则进行扣除，超出部分要进行纳税调整。

（4）企业为开发新技术、新产品、新工艺发生的研究开发费用，可以按当年发生的费用金额的75%加计扣除。

城市维护建设税税率为7%，教育费附加为3%，地方教育费附加为2%。

资金类账户按0.025%缴纳印花税。

自有厂房按1.2%缴纳房产税，租赁厂房按12%缴纳房产税。

为了简化核算，假定企业除上述有关税费外，其他税费不加以考虑。

9．P类产品研发完成后，均形成产品专利权，专利权摊销期为10年。

10．企业按10%计提法定盈余公积，按5%计提任意盈余公积。

四、企业账户余额

（一）总账账户余额

丰和工业有限责任公司2020年12月31日相关总账账户余额如图表4-1所示。

❖图表4-1　总账账户余额表❖

总账账户余额表

编制单位：丰和工业有限责任公司　　　　2020年12月31日　　　　　　　　单位：元

账户名称	借方余额	贷方余额
库存现金	1 000 000.00	
银行存款	41 000 000.00	
原材料	2 000 000.00	
库存商品	6 000 000.00	
生产成本	8 000 000.00	
固定资产	63 000 000.00	
应交税费		1 000 000.00
长期借款		40 000 000.00
实收资本		50 000 000.00
利润分配（未分配利润）		16 000 000.00
累计折旧		14 000 000.00
合计	121 000 000.00	121 000 000.00

（二）明细账账户余额

1．数量金额式明细账账户余额。

丰和工业有限责任公司2020年12月31日相关数量金额式明细账账户余额如图表4-2所示。

❖ **图表 4-2　数量金额式明细账账户余额表** ❖

数量金额式明细账账户余额表

编制单位：丰和工业有限责任公司　　　　2020 年 12 月 31 日　　　　　　　　　单位：元

总分类账	明细分类账	数量	单位	单价	金额
原材料	R1 原料	2	件	1 000 000.00	2 000 000.00
库存商品	P1 产品	3	件	2 000 000.00	6 000 000.00
合计					8 000 000.00

说明：企业在上一年第 4 季度预订了 R1 原料 2 件。

2．三栏式明细账账户余额。

丰和工业有限责任公司 2020 年 12 月 31 日相关三栏式明细账账户余额如图表 4-3 所示。

❖ **图表 4-3　三栏式明细账账户余额表** ❖

三栏式明细账账户余额表

编制单位：丰和工业有限责任公司　　　　2020 年 12 月 31 日　　　　　　　　　单位：元

总分类账	明细分类账	借方余额	贷方余额
应交税费	应交企业所得税		1 000 000.00
长期借款	工商银行		40 000 000.00
实收资本	吉林省国资委		40 000 000.00
实收资本	崔晓华		10 000 000.00
利润分配	未分配利润		16 000 000.00

3．多栏式明细账账户余额。

丰和工业有限责任公司 2020 年 12 月 31 日相关多栏式明细账账户余额如图表 4-4 所示。

❖ **图表 4-4　多栏式明细账账户余额表** ❖

多栏式明细账账户余额表

编制单位：丰和工业有限责任公司　　　　2020 年 12 月 31 日　　　　　　　　　单位：元

总分类账	明细分类账	借方余额
生产成本	P1 产品（直接材料）	4 000 000.00
生产成本	P1 产品（直接人工）	4 000 000.00
生产成本	P1 产品（制造费用）	
合计		8 000 000.00

4．固定资产账。

丰和工业有限责任公司 2020 年 12 月 31 日固定资产账的相关信息如图表 4-5 所示。

图表4-5 固定资产账

固定资产账

单位：丰和工业有限责任公司　　　　　2020年12月31日　　　　　单位：元

总分类账	明细分类账	数量	使用年限	原值	残值	已提折旧
固定资产	大厂房	1	50年	40 000 000.00		
固定资产	手工生产线	3	5年	15 000 000.00	3 000 000.00	9 000 000.00
固定资产	半自动生产线	1	8年	8 000 000.00	2 000 000.00	5 000 000.00
合计				63 000 000.00		14 000 000.00

丰和工业有限责任公司的管理层从前任手中接管企业，在接管时企业的资产负债表和利润表的数据如图表4-6和图表4-7所示。

图表4-6 资产负债表

资产负债表

编制单位：丰和工业有限责任公司　　　　　2020年12月31日　　　　　单位：元

资产	期末余额	负债和所有者权益	期末余额
流动资产：		流动负债：	
货币资金	42 000 000	短期借款	
交易性金融资产		交易性金融负债	
衍生金融资产		衍生金融负债	
应收票据		应付票据	
应收账款		应付账款	
应收款项融资		预收款项	
预付款项		合同负债	
其他应收款		应付职工薪酬	
存货	16 000 000①	应交税费	1 000 000
合同资产		其他应付款	
持有待售资产		持有待售负债	
一年内到期的非流动资产		一年内到期的非流动负债	
其他流动资产		其他流动负债	
流动资产合计	58 000 000	流动负债合计	1 000 000
非流动资产：		非流动负债：	
债权投资		长期借款	40 000 000
其他债权投资		应付债券	
长期应收款		租赁负债	
长期股权投资		长期应付款	
其他权益工具投资		预计负债	
其他非流动金融资产		递延收益	

续表

资产	期末余额	负债和所有者权益	期末余额
投资性房地产		递延所得税负债	
固定资产	49 000 000②	其他非流动负债	
在建工程		非流动负债合计	40 000 000
生产性生物资产		负债合计	41 000 000
油气资产		所有者权益（或股东权益）：	
使用权资产		实收资本（股本）	50 000 000
无形资产		资本公积	
开发支出		其他权益工具	
商誉		减：库存股	
长期待摊费用		其他综合收益	
递延所得税资产		专项储备	
其他非流动资产		盈余公积	
		未分配利润	16 000 000
非流动资产合计	49 000 000	所有者权益（或股东权益）合计	66 000 000
资产总计	107 000 000	负债和所有者权益（或股东权益）总计	107 000 000

说明：

① 存货包括2件R1原料（价值200万元）、4件P1在制品（价值800万元，产品编号分别为P1200503、P1200504、P1200505、P1200506）和3件P1产成品（价值600万元，产品编号分别为P1200406、P1200501、P1200502）。

② 固定资产包括大厂房（价值4 000万元）、3条手工生产线（每条净值200万元）和1条半自动生产线（净值300万元）。

❖图表4-7　利润表❖

利润表

编制单位：丰和工业有限责任公司　　　　　　2020年度　　　　　　　　　　　　　　单位：元

项目	本期金额	上期金额
一、营业收入	33 000 000.00	
减：营业成本	16 000 000.00	
税金及附加		
销售费用	1 000 000.00	
管理费用	8 000 000.00	
研发费用		
财务费用	4 000 000.00	
其中：利息费用	4 000 000.00	
利息收入		
加：其他收益		
投资收益（损失以"-"填列）		
其中：对联营企业和合营企业的投资收益		

续表

项目	本期金额	上期金额
净敞口套期收益（损失以"-"填列）		
公允价值变动收益（损失以"-"填列）		
信用减值损失（损失以"-"填列）		
资产减值损失（损失以"-"填列）		
资产处置收益（损失以"-"填列）		
二、营业利润（亏损以"-"填列）	4 000 000.00	
加：营业外收入		
减：营业外支出		
三、利润总额（亏损总额以"-"填列）	4 000 000.00	
减：所得税费用	1 000 000.00	
四、净利润（净亏损以"-"填列）	3 000 000.00	
（一）持续经营净利润（净亏损以"-"填列）		
（二）终止经营净利润（净亏损以"-"填列）		
五、其他综合收益税后净额		
（一）不能重分类进损益的其他综合收益		
1．重新计量设定受益计划变动额		
2．权益法下不能转损益的其他综合收益		
3．其他权益工具公允价值变动		
4．企业自身信用风险公允价值变动		
……		
（二）将重分类进损益的其他综合收益		
1．权益法下可转损益的其他综合收益		
2．其他债权投资公允价值变动		
3．金融资产重分类计入其他综合收益的金额		
4．其他债权投资信用差值准备		
5．现金流量套期储备		
6．外币财务报表折算差额		
……		
六、综合收益总额	3 000 000.00	
七、每股收益		
（一）基本每股收益		
（二）稀释每股收益		

建账

任务二 丰和工业有限责任公司 2021 年度运营

一、丰和工业有限责任公司 2021 年运营情况

（一）召开新年度规划会议

在新年度规划会议上，大家讨论热烈，各抒己见，最终达成共识，由领导层做出决策：广告采用保守策略，广告费投入 400 万元；对 P2 产品进行研发和进行生产线的投资等。

（二）参加订货会

营销总监在参加订货会前，需咨询生产总监，对本企业当年的生产能力做到心中有数，避免接单过多导致无法交货，造成违约。企业当年有 3 条手工生产线和 1 条半自动生产线，生产线上均有在制品，因此当年的生产产能和可供出售产品的数量计算如下：

手工生产线生产产能=3×（4÷3）=4（件）

半自动生产线生产产能=4÷2=2（件）

年初库存 P1 产品数量=3（件）

可供出售 P1 产品的数量=4+2+3=9（件）

营销总监参加订货会，投入 400 万元广告费，如图表 4-8 所示。

❖图表 4-8 广告费投入说明表❖

广告费投入说明表

编制单位：丰和工业有限责任公司　　　　2021 年 01 月 01 日　　　　　　　　单位：百万元

市场	本地			区域			国内			亚洲			合计
产品	P1	P2	P3	P1	P2	P3	P1	P2	P3	P1	P2	P3	
广告	4												4
9K													
14K													

企业广告费投入排名第四，营销总监经过选单，得到 1 张订单，并将其登记在订单登记表中，如图表 4-9 所示。

❖图表 4-9 订单登记表❖

订单登记表

编制单位：丰和工业有限责任公司　　　　2021 年 01 月 01 日

订单号	1										合计
市场	本地										

续表

订单号	1							合计
产品	P1							
数量（件）	4							
账期（季度）	3							
销售额（百万元）	22							22
成本（百万元）								
毛利（百万元）								
未售（百万元）								

（三）制订新年度计划

企业领导层经过商议，最后制订的新年度经营计划如下。

（1）现有4条生产线满负荷生产P1产品。

（2）自第1季度开始研发P2产品，每季度投入资金100万元，共投入400万元。

（3）自第3季度开始投入2条全自动生产线资金，每条全自动生产线不含税价格为1 600万元，增值税税率为13%，价税款共计3 616万元，款项分4期支付，每季度支付904万元。

（4）年末进行ISO9000质量认证，投资100万元。

（5）年末开拓区域市场，投资100万元。

（6）根据现金预算表的结果，年末企业现金流量虽有剩余，但为保证下一年年初资金的需求，决定借入长期借款4 000万元，期限为5年。

（四）编制现金预算表

财务总监根据企业当年生产计划和投资计划编制了现金预算表，如图表4-10所示。

❖ **图表4-10 现金预算表** ❖

现金预算表

编制单位：丰和工业有限责任公司　　　　2020年12月31日　　　　　　　　　单位：百万元

项目	第1季度	第2季度	第3季度	第4季度
期初货币资金	42	34.27	29.652 8	13.517 6
减：支付上一年应交税	1			
市场广告费投入	4			
贴现费用				
利息（短期贷款）				
支付到期短期贷款				
原料采购支付现金	1.13	1.13	2.26	1.13

续表

项目	第1季度	第2季度	第3季度	第4季度
转产费用				
生产线投资			9.04	9.04
支付工人工资		1.089 2	1.867 2	1.089 2
缴纳社会保险和住房公积金		0.798	1.368	0.798
产品研发投资	1	1	1	1
收到现金前的所有支出	7.13	4.017 2	15.535 2	13.057 2
加：应收款到期				24.86
减：支付管理费用	0.6	0.6	0.6	0.6
利息（长期贷款）				4
支付到期长期贷款				
设备维护费用				4
租金				
购买新建筑				
市场开拓投资				1
ISO认证投资				1
其他				
货币资金余额	34.27	29.652 8	13.517 6	14.720 4

（五）编制运营表

丰和工业有限责任公司2021年的运营情况如图表4-11所示。

❖图表4-11　2021年运营表❖

2021年运营表

编制单位：丰和工业有限责任公司　　　　　　　　　　　　　　　　　　　　　　单位：百万元

内容		第1季度	第2季度	第3季度	第4季度
召开新年度规划会议		√			
参加订货会，登记销售订单		-4			
制订新年度计划		√			
支付应付税		-1			
季初现金盘点（请填余额）		37	34.27	29.652 8	13.517 6
短期贷款	更新短期贷款/还本付息	×	×	×	×
	申请短期贷款（或高利贷）	×	×	×	×
更新应付款/归还应付款		×	×	×	×
原材料入库/更新原料订单		-1.13	-1.13	-2.26	-1.13
下原料订单（此处登记订购材料的数量和名称）		1R1	2R1	1R1	1R1
更新生产/完工入库（此处登记完工产品的数量和名称）		1P1	2P1	1P1	2P1
投资新生产线/变卖生产线/生产线转产		×	×	-9.04	-9.04

续表

内容			第1季度	第2季度	第3季度	第4季度
向其他企业购买原材料			×	×	×	×
出售原材料			×	×	×	×
开始下一批生产①	发出材料		1R1	2R1	1R1	2R1
	分配工资	生产工人工资	(0.9)	(1.8)	(0.9)	(1.8)
		车间技术管理人员工资	(0.1)	(0.2)	(0.1)	(0.2)
		管理部门人员工资	(0.4)	(0.4)	(0.4)	(0.4)
		小计	(1.4)	(2.4)	(1.4)	(2.4)
	企业负担的社会保险和住房公积金		(0.487 2)	(0.835 2)	(0.487 2)	(0.835 2)
	个人负担的社会保险和住房公积金		(0.310 8)	(0.532 8)	(0.310 8)	(0.532 8)
	发放工资（发放上一季度的工资）			-1.089 2	-1.867 2	-1.089 2
	缴纳三险一金（缴纳上一季度的三险一金）			-0.798	-1.368	-0.798
更新应收款/应收款收现				√	√	24.86
出售厂房			×	×	×	×
向其他企业购买成品			×	×	×	×
向其他企业出售成品			×	×	×	×
按订单交货			订单1	×	×	×
产品研发投资			-1	-1	-1	-1
支付行政管理费	业务招待费（占比20%）		-0.2	-0.2	-0.2	-0.2
	办公费（占比10%）		-0.1	-0.1	-0.1	-0.1
	差旅费（占比30%）		-0.3	-0.3	-0.3	-0.3
	工资（占比40%，已在"开始下一批生产"项目中列示）					
	合计（不包括工资）		-0.6	-0.6	-0.6	-0.6
其他现金收支情况登记			×	×	×	×
长期贷款	支付长期贷款利息					-4②
	更新长期贷款/偿还贷款本金					√
	申请长期贷款					40
支付设备维护费						-4③
支付租金/购买厂房						×
计提折旧						(4.15)④
新市场开拓/ISO认证投资						-2
结账						√
现金收入合计						64.86
现金支出合计			2.73	4.617 2	16.135 2	23.657 2
期末现金对账（请填余额）			34.27	29.652 8	13.517 6	54.720 4

说明：

① 开始下一批生产中的分配工资、企业负担的社会保险和住房公积金、个人负担的社会保险和住房公积金，这3项内容由于不涉及企业现金的流出，故用括号括起来，在本表中计算现金余额时不考虑该项（以后经营年度同此）。

② 年初有4 000万元的长期贷款，按10%计算利息，年末付息为400万元。

③ 本年有4条生产线生产产品，故支付设备维护费400万元。

④ 按企业会计政策，企业按直线法计提折旧，厂房和设备均需计提折旧，折旧费共计415万元。此项内容没用实际现金支付，故用括号括起来。

二、企业 2021 年有关会计业务核算

根据丰和工业有限责任公司 2021 年的运营情况，企业会计人员对发生的有关经济业务，依据有关单据，需做如下有关会计处理。

（一）第 1 季度会计业务处理

1. 支付广告费，取得订单。

丰和工业有限责任公司的营销总监参加订货会，投入广告费 4 000 000 元（含税价），取得 1 张订单（订单列明：P1 产品 4 件，不含税单价 5 500 000 元，3 个账期）。根据要求，丰和工业有限责任公司开出转账支票 1 张，支付了广告费，并从新发现广告有限责任公司取得增值税专用发票（适用的增值税税率为 6%），编制了相关会计凭证，如图表 4-12 所示。

❖图表 4-12（A） 相关原始凭证❖

货物或应税劳务、服务名称	规格型号	单位	数量	单价	金额	税率	税额
*服务*广告			1	3773584.91	3773584.91	6%	226415.09
合 计					¥3773584.91		¥226415.09
价税合计（大写）	⊗肆佰万元整			（小写）	¥4000000.00

购买方：丰和工业有限责任公司
纳税人识别号：912204002078226079
地址、电话：吉林省长春市台北大街3566号 0431-88567888
开户行及账号：中国工商银行长春市基隆支行1535005896897453267

销售方：新发现广告有限责任公司
纳税人识别号：912203032103698867
地址、电话：吉林省长春市春城大街128号 0431-8654321
开户行及账号：中国农业银行长春市春城支行07150901040006654

收款人：王立　复核：叶明　开票人：金力　销售方：（章）

吉林增值税专用发票　No 41542995
开票日期：2021年01月01日

❖图表 4-12（B） 相关原始凭证❖

中国工商银行（吉）
转账支票存根
ZⅣ00021539

附加信息

出票日期 2021年01月01日
收款人：新发现广告有限责任公司
金　额：¥4 000 000.00
用　途：广告费
单位主管　　会计

❖图表4-12（C） 相关记账凭证❖

记账凭证

2021年01月01日　　　　　　　　　　　　　　　　　　　　　　顺序第0001号

业务内容	借方科目		页数	贷方科目		页数	金额									
	一级科目	明细科目		一级科目	明细科目		千	百	十	万	千	百	十	元	角	分
支付广告费	销售费用	广告费		银行存款	工行			3	7	7	3	5	8	4	9	1
支付广告费	应交税费	增值税（进项）		银行存款	工行				2	2	6	4	1	5	0	9
合计							¥	4	0	0	0	0	0	0	0	0

附原始单据 2 张

会计主管：李胜勇　　记账：程佳　　稽核：周亮　　出纳：张一　　制单：王丽

2. 支付税金。

根据2020年的运营情况，企业需缴纳企业所得税1 000 000元，经办人员办理了纳税业务，并取得了相关原始凭证，编制了相关记账凭证，如图表4-13所示。

支付税金

❖图表4-13（A） 相关原始凭证❖

中国工商银行长春市基隆支行　电子缴税付款凭证

转账日期：2021年01月05日　　　　　　　　　　　凭证字号：223112

纳税人全称及纳税人识别号：丰和工业有限责任公司 912204002078226079
付款人全称：丰和工业有限责任公司
付款人账号：1535005896897453267　　征收机关名称：国家税务总局长春市绿园区税务局
付款人开户银行：中国工商银行长春市基隆支行　收缴国库（银行）名称：国家金库长春市绿园区支库（代理）
小写（合计）金额：¥1 000 000.00　　缴款书交易流水号：012352083495216
大写（合计）金额：壹佰万元整　　税票号码：322016210100096356

税（费）种名称　　　　　　　所属日期　　　　　　　　　实缴金额
企业所得税　　　　　　　　20200101—20201231　　　　¥1 000 000.00

第1次打印　　　　　　　　　打印时间：2021年01月05日

第二联：作付款回单（无银行收讫章无效）　　复核　　　记账

❖图表 4-13（B） 相关记账凭证❖

记账凭证

2021年 01 月 08 日　　　　　　　　　　　　　　　　　　顺序第 0002 号

业务内容	借方科目 一级科目	借方科目 明细科目	页数	贷方科目 一级科目	贷方科目 明细科目	页数	金额 千	百	十	万	千	百	十	元	角	分
支付税金	应交税费	企业所得税		银行存款	工行			1	0	0	0	0	0	0	0	0
合计							¥	1	0	0	0	0	0	0	0	0

附原始单据 1 张

会计主管：李胜勇　　记账：程佳　　稽核：周亮　　出纳：张一　　制单：王丽

3. 购入材料。

购入第 1 季度的原材料 R1，支付价税款共计 1 130 000 元，相关会计凭证如图表 4-14 所示。

❖图表 4-14（A） 相关原始凭证❖

吉林增值税专用发票　　发票联　　No 21342962

校验码 60429 43182 04860 56754　　开票日期：2021年01月16日

购买方：
名　称：丰和工业有限责任公司
纳税人识别号：912204002078226079
地址、电话：吉林省长春市台北大街3566号　0431-88567888
开户行及账号：中国工商银行长春市基隆支行15350058968974 53267

货物或应税劳务、服务名称	规格型号	单位	数量	单价	金额	税率	税额
*电子*R1材料			1	1000000.00	1000000.00	13%	130000.00
合　计					¥1000000.00		¥130000.00

价税合计（大写）　壹佰壹拾叁万元整　　（小写）¥1130000.00

销售方：
名　称：力图商贸有限责任公司
纳税人识别号：912200978103695532
地址、电话：吉林省长春市基隆街256号　0431-87876655
开户行及账号：中国建设银行长春市基隆支行0570901089754678667

收款人：古立　　复核：张明　　开票人：王芳　　销售方：（章）

❖图表 4-14（B） 相关原始凭证❖

中国工商银行（吉）
转账支票存根
ZIV00021540

附加信息
_____
_____
_____

出票日期 2021 年 01 月 16 日
收款人：力图商贸有限责任公司
金　额：¥1 130 000.00
用　途：货款

单位主管　　会计

❖图表4-14（C） 相关原始凭证❖

收料单

材料科目：原材料
材料类别：原料
供应单位：力圆商贸有限责任公司
发票号码：21342962　　　　　　　　　　2021年01月16日　　　　　　　　　　收料仓库：R1原料库

材料名称	规格	计量单位	数量 应收	数量 实收	实际成本（元） 买价 单价	实际成本（元） 买价 金额	运杂费	其他	合计	单位成本
R1		件	1	1	1 000 000	1 000 000			1 000 000	1 000 000
合计			1	1		1 000 000			1 000 000	1 000 000

记账：孙洋洋　　　　　　　　收料：王飞　　　　　　　　制单：李响

❖图表4-14（D） 相关记账凭证❖

记账凭证

2021年01月16日　　　　　　　　　　　　　　　　　　　　　顺序第0003号

业务内容	借方科目 一级科目	借方科目 明细科目	页数	贷方科目 一级科目	贷方科目 明细科目	页数	金额 千	百	十	万	千	百	十	元	角	分
购入R1原料	原材料	R1原料		银行存款	工行		1	0	0	0	0	0	0	0	0	0
购入R1原料	应交税费	增值税（进项）		银行存款	工行			1	3	0	0	0	0	0	0	0
合计							¥	1	1	3	0	0	0	0	0	0

附原始单据 3 张

会计主管：李胜勇　　记账：程佳　　稽核：周亮　　出纳：张一　　制单：王丽

4．生产领料。

第1季度生产P1产品，领用价值1 000 000元的R1原料，相关会计凭证如图表4-15所示。

❖图表4-15（A） 相关原始凭证❖

领料单

2021年01月26日　　　　　　　　　　　　　　　　第0010号

材料编号	20001	材料名称	R1原料	规格					数量			1		
计量单位	件	单价	1 000 000	金额	亿	千	百	十	万	千	百	十	元	角	分
						¥	1	0	0	0	0	0	0	0	0
用途及摘要			生产领用											
仓库意见	同意	领料人	李大圆	发料人	田香	核准人	王力	负责人	任强

②仓库记账后转财会科

❖图表4-15（B） 相关记账凭证❖

记账凭证

2021年01月26日　　　　　　　　　　　　　　　顺序第0004号

业务内容	借方科目		页数	贷方科目		页数	金　　　额									
	一级科目	明细科目		一级科目	明细科目		千	百	十	万	千	百	十	元	角	分
生产领料	生产成本	P1产品（直接材料）		原材料	R1原料		1	0	0	0	0	0	0	0	0	0
合计							¥	1	0	0	0	0	0	0	0	0

附原始单据1张

会计主管：李胜勇　　记账：程佳　　稽核：周亮　　出纳：　　制单：王丽

5．分配工资、代扣个人负担的三险一金（以下简称"个人三险一金"）。

在ERP沙盘运营规则中，由于企业的人工费只体现了生产工人的工资，随着产品投入生产发生工资费用，每件产品分担1 000 000元人工费用。为了更贴合实际情况，本项目加以修改，将车间的工资费用按比例分配给生产工人（90%）和车间技术管理人员（10%）。本季度生产工人工资为900 000元，车间技术管理人员工资为100 000元。行政管理人员工资从行政管理费中产生，占行政管理费的40%，即行政部门管理人员工资为400 000元。

本季度投产1件P1产品，因此生产工人工资为900 000元，车间技术管理人员工资为100 000元，行政部门管理人员工资为400 000元，共计分配工资1 400 000元。

根据企业职工薪酬政策的相关规定，进行工资分配及个人三险一金的代扣计算（以后经营年度同此），相关会计凭证如图表4-16所示。

❖ **图表4-16（A） 相关原始凭证** ❖

职工薪酬计算表

2021年第1季度　　　　　　　　　　　　　　　　　　　　　　　　　　　单位：元

部门		基本工资	绩效工资	应付工资	代扣款项					实发工资
					养老(8%)	失业(0.2%)	医疗(2%)	住房(12%)	小计	
车间	生产工人	400 000	500 000	900 000	72 000	1 800	18 000	108 000	199 800	700 200
	管理人员	50 000	50 000	100 000	8 000	200	2 000	12 000	22 200	77 800
行政	管理人员	200 000	200 000	400 000	32 000	800	8 000	48 000	88 800	311 200
合计		650 000	750 000	1 400 000	112 000	2 800	28 000	168 000	310 800	1 089 200

说明：本企业代扣款项只涉及三险一金，不涉及其他款项。

❖ **图表4-16（B） 相关记账凭证** ❖

记账凭证

2021年01月31日　　　　　　　　　　　　　　　　　　　　　　　　　　顺序第0005号

业务内容	借方科目		页数	贷方科目		页数	金　额									
	一级科目	明细科目		一级科目	明细科目		千	百	十	万	千	百	十	元	角	分
分配工资	生产成本	P1产品(直接人工)		应付职工薪酬	工资			9	0	0	0	0	0	0	0	0
分配工资	制造费用	工资		应付职工薪酬	工资				1	0	0	0	0	0	0	0
分配工资	管理费用	工资		应付职工薪酬	工资				4	0	0	0	0	0	0	0
合计							¥	1	4	0	0	0	0	0	0	0

附原始单据1张

会计主管：李胜勇　　记账：程佳　　稽核：周亮　　出纳：　　制单：王丽

❖ **图表4-16（C） 相关记账凭证** ❖

记账凭证

2021年01月31日　　　　　　　　　　　　　　　　　　　　　　　　　　顺序第0006号

业务内容	借方科目		页数	贷方科目		页数	金　额									
	一级科目	明细科目		一级科目	明细科目		千	百	十	万	千	百	十	元	角	分
代扣个人三险一金	应付职工薪酬	工资		其他应付款	个人三险一金				3	1	0	8	0	0	0	0
合计							¥		3	1	0	8	0	0	0	0

附原始单据　张

会计主管：李胜勇　　记账：程佳　　稽核：周亮　　出纳：　　制单：王丽

6. 计算企业负担的三险一金（以下简称"企业三险一金"）。

根据企业会计政策的相关规定，进行企业三险一金的代扣计算（以后经营年度同此），相关会计凭证如图表 4-17 所示。

❖图表 4-17（A）　相关原始凭证❖

企业三险一金计算表

2021 年第 1 季度　　　　　　　　　　　　　　　　　　　　　　　　　　　单位：元

部门		应付工资	养老（16%）	失业（0.8%）	医疗（6%）	住房（12%）	小计
车间	生产工人	900 000	144 000	7 200	54 000	108 000	313 200
	管理人员	100 000	16 000	800	6 000	12 000	34 800
行政	管理人员	400 000	64 000	3 200	24 000	48 000	139 200
合计		1 400 000	224 000	11 200	84 000	168 000	487 200

❖图表 4-17（B）　相关记账凭证❖

记账凭证

2021 年 01 月 31 日　　　　　　　　　　　　　　　　　　　　　　　　顺序第 *0007* 号

业务内容	借方科目		页数	贷方科目		页数	金　额									
	一级科目	明细科目		一级科目	明细科目		千	百	十	万	千	百	十	元	角	分
计算三险一金	生产成本	P1产品（直接人工）		应付职工薪酬	三险一金			3	1	3	2	0	0	0	0	0
计算三险一金	制造费用	工资		应付职工薪酬	三险一金				3	4	8	0	0	0	0	0
计算三险一金	管理费用	工资		应付职工薪酬	三险一金			1	3	9	2	0	0	0	0	0
合计							¥	4	8	7	2	0	0	0	0	0

附原始单据 *1* 张

会计主管：李胜勇　　记账：程　佳　　稽核：周　亮　　出纳：　　制单：王　丽

7. 按订单销售产品。

按订单销售 P1 产品 4 件，取得 3 个账期（3 个季度）的应收账款 24 860 000 元，相关会计凭证如图表 4-18 所示。

❖图表 4-18（A） 相关原始凭证❖

吉林增值税专用发票 No 16378801

购买方	名称：欣拓集团有限责任公司 纳税人识别号：912204006026288033 地址、电话：吉林省长春市同志街866号　0431-88565631 开户行及账号：中国工商银行长春市同志支行6222667712699876768	密码区	（略）

校验码 32429 43182 65360 09810　　开票日期：2021年03月16日

货物或应税劳务、服务名称	规格型号	单位	数量	单价	金额	税率	税额
*电子*P1产品		件	4	5500000.00	22000000.00	13%	2860000.00
合　计					¥22000000.00		¥2860000.00

价税合计（大写）　⊗ 贰仟肆佰捌拾陆万元整　　　　（小写）¥24860000.00

销售方	名称：丰和工业有限责任公司 纳税人识别号：912204002078226079 地址、电话：吉林省长春市台北大街3566号　0431-88567888 开户行及账号：中国工商银行长春市基隆支行1535005896897453267	备注	（丰和工业有限责任公司 发票专用章）

收款人：张一　　复核：王丽　　开票人：孙晔　　销售方：（章）

❖图表 4-18（B） 相关记账凭证❖

记账凭证

2021年03月16日　　　　　　　　　　　　　　　顺序第 0008 号

业务内容	借方科目 一级科目	借方科目 明细科目	页数	贷方科目 一级科目	贷方科目 明细科目	页数	千	百	十	万	千	百	十	元	角	分
销售P1产品	应收账款	欣拓公司		主营业务收入	P1产品			2	2	0	0	0	0	0	0	0
销售P1产品	应收账款	欣拓公司		应交税费	增值税（销项）				2	8	6	0	0	0	0	0
合计						¥	2	4	8	6	0	0	0	0	0	0

会计主管：李胜勇　　记账：程佳　　稽核：周亮　　出纳：　　制单：王丽

附原始单据 1 张

8．提取现金。

企业签发现金支票1张，提取现金，准备支付第1季度研发P2产品的费用 1 000 000 元，相关会计凭证如图表 4-19 所示。

9．以库存现金支付研发费用。

企业在产品研发过程中会发生很多相关费用，单据形式各不相同，在这里不一一细述。为了简化，此处以研发支出汇总表代替有关的原始单据（以后经营年度同此），相关会计凭证如图表 4-20 所示。

❖ **图表 4-19（A） 相关原始凭证** ❖

```
        中国工商银行 (吉)
         现金支票存根
         XIV 00054680
    附加信息 _____
    _____
    _____
    _____
    出票日期 2021年03月30日
    收款人：丰和工业有限责任
           公司
    金  额：¥1 000 000.00
    用  途：研发款
    单位主管        会计
```

❖ **图表 4-19（B） 相关记账凭证** ❖

记账凭证

2021年03月30日　　　　　　　　　　　　　　　　　　　　　　　顺序第0009号

业务内容	借方科目 一级科目	明细科目	页数	贷方科目 一级科目	明细科目	页数	金额 千 百 十 万 千 百 十 元 角 分
提取现金	库存现金			银行存款	工行		1 0 0 0 0 0 0 0 0
合计							¥ 1 0 0 0 0 0 0 0 0

会计主管：李胜勇　　　记账：程 佳　　　稽核：周 亮　　　出纳：张 一　　　制单：王 丽

附原始单据 1 张

❖ **图表 4-20（A） 相关原始凭证** ❖

研发支出汇总表

2021年第1季度　　　　　　　　　单位：元

项目	金额
材料费用	……
人工费用	……
其他费用	……
……	
合计	1 000 000

103

❖图表4-20（B） 相关记账凭证❖

记账凭证

2021年03月31日　　　　　　　　　　　　　　　　　　顺序第0010号

业务内容	借方科目 一级科目	借方科目 明细科目	页数	贷方科目 一级科目	贷方科目 明细科目	页数	金额 千百十万千百十元角分
支付P2产品研发费用	研发支出	资本化支出		库存现金			1 0 0 0 0 0 0 0 0
合计							¥ 1 0 0 0 0 0 0 0 0

附原始单据1张

会计主管：李胜勇　　记账：程佳　　稽核：周亮　　出纳：张一　　制单：王丽

10. 提取现金。

企业签发现金支票1张，提取现金，准备支付第1季度管理费用600 000元，相关会计凭证如图表4-21所示。

❖图表4-21（A） 相关原始凭证❖

```
中国工商银行（吉）
现金支票存根
XIV 00054681

附加信息
_____
_____
_____

出票日期 2021年03月31日
收款人：丰和工业有限责任公司
金　额：¥600 000.00
用　途：费用款

单位主管　　　会计
```

11. 以库存现金支付行政管理费用。

根据原有的ERP沙盘运营规则，每季度需支付1 000 000元行政管理费，本项目加以修改，将行政管理费按比例分配，其中管理人员工资占比40%，业务招待费占比20%，办公费占比10%，差旅费占比30%。按比例计算的管理人员工资400 000元，已在"开始下一批生产"项目中列示，此处支付的管理费用是除工资外的其他管理费用，合计600 000元。根据企业相关政策，编制管理费用计算表。为了简化，此处以管理费用计算表代替有关的原始单据（以后经营年度同此），相关会计凭证如图表4-22所示。

❖ **图表 4-21（B） 相关记账凭证** ❖

记账凭证

2021 年 03 月 31 日　　　　　　　　　　　　顺序第 *0011* 号

业务内容	借方科目		页数	贷方科目		页数	金　额									附原始单据 *1* 张
	一级科目	明细科目		一级科目	明细科目		千	百	十	万	千	百	十	元	角	分	
提取现金	库存现金			银行存款	工行			6	0	0	0	0	0	0	0	0	
合计							¥	6	0	0	0	0	0	0	0	0	

会计主管：李胜勇　　记账：程佳　　稽核：周亮　　出纳：张一　　制单：王丽

❖ **图表 4-22（A） 相关原始凭证** ❖

管理费用计算表

2021 年第 1 季度　　　　　　　　　　　　单位：元

项目	金额
业务招待费用（占比 20%）	200 000
管理部门办公费用（占比 10%）	100 000
管理部门差旅费用（占比 30%）	300 000
合计	600 000

说明：此表中不包括企业管理人员的工资，管理人员的工资已在职工薪酬计算表中列示。

❖ **图表 4-22（B） 相关记账凭证** ❖

记账凭证

2021 年 03 月 31 日　　　　　　　　　　　　顺序第 *0012* 号

业务内容	借方科目		页数	贷方科目		页数	金　额									附原始单据 *1* 张
	一级科目	明细科目		一级科目	明细科目		千	百	十	万	千	百	十	元	角	分	
支付管理费用	管理费用	招待费		库存现金				2	0	0	0	0	0	0	0	0	
支付管理费用	管理费用	办公费		库存现金				1	0	0	0	0	0	0	0	0	
支付管理费用	管理费用	差旅费		库存现金				3	0	0	0	0	0	0	0	0	
合计							¥	6	0	0	0	0	0	0	0	0	

会计主管：李胜勇　　记账：程佳　　稽核：周亮　　出纳：张一　　制单：王丽

（二）第2季度会计业务处理

1．购入材料。

购入第2季度的原材料R1，支付价税款共计1 130 000元，相关会计凭证如图表4-23所示。

❖图表4-23（A）　相关原始凭证❖

吉林增值税专用发票　发票联

No 21342963

开票日期：2021年04月16日

购买方	名称：丰和工业有限责任公司
	纳税人识别号：912204002078226079
	地址、电话：吉林省长春市台北大街3566号　0431-88567888
	开户行及账号：中国工商银行长春市基隆支行1535005896897453267

货物或应税劳务、服务名称	规格型号	单位	数量	单价	金额	税率	税额
*电子*R1材料			1	1000000.00	1000000.00	13%	130000.00
合　计					¥1000000.00		¥130000.00

价税合计（大写）　⊗壹佰壹拾叁万元整　　　（小写）¥1130000.00

销售方	名称：力图商贸有限责任公司
	纳税人识别号：912200978103695532
	地址、电话：吉林省长春市基隆街256号　0431-87876655
	开户行及账号：中国建设银行长春市基隆街支行0570901089754678667

收款人：古立　　复核：张明　　开票人：王芳　　销售方：（章）

❖图表4-23（B）　相关原始凭证❖

中国工商银行（吉）
转账支票存根
ZIV 00021541

附加信息

出票日期　2021年04月16日
收款人：力图商贸有限责任公司
金　额：¥1 130 000.00
用　途：货款

单位主管　　会计

❖ 图表4-23（C）　相关原始凭证❖

收料单

材料科目：原材料
材料类别：原料
供应单位：力圆商贸有限责任公司
发票号码：21342963　　　　　　　　　2021年04月16日　　　　　　　收料仓库：R1原料库

材料名称	规格	计量单位	数量		实际成本（元）					
^	^	^	应收	实收	买价		运杂费	其他	合计	单位成本
^	^	^	^	^	单价	金额	^	^	^	^
R1		件	1	1	1 000 000	1 000 000			1 000 000	1 000 000
合计			1	1		1 000 000			1 000 000	

记账：孙洋洋　　　　　　　　收料：王飞　　　　　　　　制单：李响

❖ 图表4-23（D）　相关记账凭证❖

记账凭证

2021年04月16日　　　　　　　　　　　　　　　　顺序第0013号

业务内容	借方科目		页数	贷方科目		页数	金　　额								
^	一级科目	明细科目	^	一级科目	明细科目	^	千	百	十	万	千	百	十	元	角	分
购入R1原料	原材料	R1原料		银行存款	工行			1	0	0	0	0	0	0	0	0
购入R1原料	应交税费	增值税（进项）		银行存款	工行				1	3	0	0	0	0	0	0
合计							¥	1	1	3	0	0	0	0	0	0

会计主管：李胜勇　　记账：程佳　　稽核：周亮　　出纳：张一　　制单：王丽

附原始单据3张

2．生产领料。

第2季度生产P1产品，领用价值2 000 000元的R1原料，相关会计凭证如图表4-24所示。

❖**图表4-24（A） 相关原始凭证**❖

领料单

2021年04月26日　　　　　　　　　　　　　　　　　　　第0011号

材料编号	20001	材料名称	R1原料	规格		数量	2
计量单位	件	单价	1 000 000	金额	亿千百十万千百十元角分		¥2 000 000 00
用途及摘要			生产领用				
仓库意见	同意	领料人	李大国	发料人	田香	核准人	王力　负责人　任强

② 仓库记账后转财会科

❖**图表4-24（B） 相关记账凭证**❖

记账凭证

2021年04月26日　　　　　　　　　　　　　　　　顺序第0014号

业务内容	借方科目		页数	贷方科目		页数	金　额	
	一级科目	明细科目		一级科目	明细科目		千百十万千百十元角分	
生产领料	生产成本	P1产品（直接材料）		原材料	R1原料		2 0 0 0 0 0 0 0 0	
合计							¥2 0 0 0 0 0 0 0 0	

会计主管：李胜勇　　记账：程佳　　稽核：周亮　　出纳：　　制单：王丽

附原始单据1张

3．分配工资、代扣个人三险一金。

本季度投产2件P1产品，因此生产工人工资为1 800 000元，车间技术管理人员工资为200 000元，行政部门管理人员工资为400 000元，共计分配工资2 400 000元。

根据企业职工薪酬政策的相关规定，进行工资分配及个人三险一金的代扣计算（以后经营年度同此），相关会计凭证如图表4-25所示。

❖**图表4-25（A） 相关原始凭证**❖

职工薪酬计算表

2021年第2季度　　　　　　　　　　　　　　　　　　　　单位：元

部门		基本工资	绩效工资	应付工资	代扣款项					实发工资
					养老（8%）	失业（0.2%）	医疗（2%）	住房（12%）	小计	
车间	生产工人	800 000	1 000 000	1 800 000	144 000	3 600	36 000	216 000	399 600	1 400 400
	管理人员	100 000	100 000	200 000	16 000	400	4 000	24 000	44 400	155 600
行政	管理人员	200 000	200 000	400 000	32 000	800	8 000	48 000	88 800	311 200
	合计	1 100 000	1 300 000	2 400 000	192 000	4 800	48 000	288 000	532 800	1 867 200

说明：本企业代扣款项只涉及三险一金，不涉及其他款项。

❖ 图表 4-25（B） 相关记账凭证 ❖

记账凭证

2021 年 04 月 30 日　　　　　　　　　　　　　　　　　顺序第 0015 号

业务内容	借方科目 一级科目	借方科目 明细科目	页数	贷方科目 一级科目	贷方科目 明细科目	页数	金额 千	百	十	万	千	百	十	元	角	分
分配工资	生产成本	P1产品（直接人工）		应付职工薪酬	工资			1	8	0	0	0	0	0	0	0
分配工资	制造费用	工资		应付职工薪酬	工资				2	0	0	0	0	0	0	0
分配工资	管理费用	工资		应付职工薪酬	工资				4	0	0	0	0	0	0	0
合计							¥	2	4	0	0	0	0	0	0	0

会计主管：李胜勇　　记账：程佳　　稽核：周亮　　出纳：　　制单：王丽

附原始单据 1 张

❖ 图表 4-25（C） 相关记账凭证 ❖

记账凭证

2021 年 04 月 30 日　　　　　　　　　　　　　　　　　顺序第 0016 号

业务内容	借方科目 一级科目	借方科目 明细科目	页数	贷方科目 一级科目	贷方科目 明细科目	页数	金额 千	百	十	万	千	百	十	元	角	分
代扣个人三险一金	应付职工薪酬	工资		其他应付款	个人三险一金					5	3	2	8	0	0	0
合计							¥			5	3	2	8	0	0	0

会计主管：李胜勇　　记账：程佳　　稽核：周亮　　出纳：　　制单：王丽

附原始单据 张

4. 计算企业三险一金。

根据企业会计政策的相关规定，进行企业三险一金的代扣计算（以后经营年度同此），相关会计凭证如图表 4-26 所示。

❖图表 4-26（A）　相关原始凭证❖

企业三险一金计算表

2021 年第 2 季度　　　　　　　　　　　　　　　　　　　　　　　单位：元

部门		应付工资	养老（16%）	失业（0.8%）	医疗（6%）	住房（12%）	小计
车间	生产工人	1 800 000	288 000	14 400	108 000	216 000	626 400
	管理人员	200 000	32 000	1 600	12 000	24 000	69 600
行政	管理人员	400 000	64 000	3 200	24 000	48 000	139 200
	合计	2 400 000	384 000	19 200	144 000	288 000	835 200

❖图表 4-26（B）　相关记账凭证❖

记账凭证

2021 年 04 月 30 日　　　　　　　　　　　　　　　　　　　顺序第 0017 号

业务内容	借方科目		页数	贷方科目		页数	金额（千百十万千百十元角分）
	一级科目	明细科目		一级科目	明细科目		
计算三险一金	生产成本	P1 产品（直接人工）		应付职工薪酬	三险一金		6 2 6 4 0 0 0 0
计算三险一金	制造费用	工资		应付职工薪酬	三险一金		6 9 6 0 0 0 0 0
计算三险一金	管理费用	工资		应付职工薪酬	三险一金		1 3 9 2 0 0 0 0
合计							¥ 8 3 5 2 0 0 0 0

附原始单据 1 张

会计主管：李胜勇　　记账：程佳　　稽核：周亮　　出纳：　　制单：王丽

5．支付上季度工资。

根据职工工资发放表及转账支票存根联，企业以银行存款发放第 1 季度工资，相关会计凭证如图表 4-27 所示。

❖图表 4-27（A）　相关原始凭证❖

第 1 季度职工工资发放表

2021 年 04 月 30 日　　　　　　　　　　　　　　　　　　　　　单位：元

序号	姓名	基本工资	绩效工资	应发工资	代扣款项	实发工资	领款人签字
1	崔**	4 000	2 000	6 000	1 332	4 668	崔**
2	陈**	2 000	1 000	3 000	666	2 334	陈**
3	王**	3 000	2 000	5 000	1 110	3 890	王**
……	……	……	……	……	……	……	……
	合计	650 000	750 000	1 400 000	310 800	1 089 200	

图表 4-27（B） 相关原始凭证

```
        中国工商银行 (吉)
        转账支票存根
        ZIV00021542
附加信息 _____
        _____
        _____

出票日期  2021 年 04 月 30 日
收款人： 丰和工业有限责任公司
金　额： ￥1 089 200.00
用　途： 工资
单位主管　　　会计
```

图表 4-27（C） 相关记账凭证

记账凭证

2021 年 04 月 30 日　　　　　　　　　　　顺序第 0018 号

业务内容	借方科目 一级科目	借方科目 明细科目	页数	贷方科目 一级科目	贷方科目 明细科目	页数	金额 千 百 十 万 千 百 十 元 角 分
发放工资	应付职工薪酬	工资		银行存款	工行		1 0 8 9 2 0 0 0 0
合计							￥　1 0 8 9 2 0 0 0 0

附原始单据 2 张

会计主管：李胜勇　　记账：程佳　　稽核：周亮　　出纳：张一　　制单：王丽

6．缴纳上季度三险一金。

根据上季度计算的住房公积金、社会保险费等项的数额，经办人员编制了住房公积金计算表和社会保险费计算表，缴纳了第 1 季度的住房公积金和社会保险费，相关会计凭证如图表 4-28 所示。

图表 4-28（A） 相关原始凭证

第 1 季度住房公积金计算表

2021 年 04 月 30 日　　　　　　　　　　　　　　　　　　单位：元

部门		应付工资	住房公积金 企业负担（12%）	住房公积金 个人负担（12%）	小计
车间	生产工人	900 000	108 000	108 000	216 000
	管理人员	100 000	12 000	12 000	24 000
行政	管理人员	400 000	48 000	48 000	96 000
合计		1 400 000	168 000	168 000	336 000

❖图表 4-28（B） 相关原始凭证❖

住房公积金汇（补）缴书　　№20356

2021 年 04 月 30 日　　　　　　　　　　　　　　　附：缴存变更清册　　页

缴款单位	单位名称	丰和工业有限责任公司	收款单位	单位名称	长春市住房公积金管理中心
	单位账号	1535005896897453267		公积金账号	6225860650694307932
	开户银行	中国工商银行长春市基隆支行		开户银行	中国建设银行长春市桂林支行

缴款类型	☑汇缴　　□补缴	补缴原因							
缴款人数	51 人	缴款期间	2021 年 1 月 1 日至 2021 年 3 月 31 日		月数			3	
缴款方式	□现金　　☑转账		百	十万	万	千	百	十	元	角	分
金额（大写）	人民币叁拾叁万陆仟元整		¥	3	3	6	0	0	0	0	0

上次汇缴		本次增加汇缴		本次减少汇缴		本次汇（补）缴	
人数	金额	人数	金额	人数	金额	人数	金额
						51 人	336 000.00

上述款项已划转至市住房公积金管理中心住房公积金存款户内。（银行盖章）
复核：　　　　　　　经办：　　　　　　　　　　　　　　　　　2021 年 4 月 30 日

❖图表 4-28（C） 相关原始凭证❖

第 1 季度社会保险费计算表

2021 年 04 月 30 日　　　　　　　　　　　　　　　　　　　　　　　单位：元

部门		应付工资	社会保险费（三险）								
			养老保险			失业保险			医疗保险		
			企业负担（16%）	个人负担（8%）	小计	企业负担（0.8%）	个人负担（0.2%）	小计	企业负担（6%）	个人负担（2%）	小计
车间	生产工人	900 000	144 000	72 000	216 000	7 200	1 800	9 000	54 000	18 000	72 000
	管理人员	100 000	16 000	8 000	24 000	800	200	1 000	6 000	2 000	8 000
行政	管理人员	400 000	64 000	32 000	96 000	3 200	800	4 000	24 000	8 000	32 000
合计		1 400 000	224 000	112 000	336 000	11 200	2 800	14 000	84 000	28 000	112 000
个人负担三险合计		142 800									
企业负担三险合计		319 200									
社会保险费（三险）总计		462 000									

❖ 图表 4-28（D） 相关原始凭证 ❖

中国工商银行长春市基隆支行 电子缴税付款凭证

转账日期：2021 年 04 月 30 日　　　　　　　　　　凭证字号：535607

纳税人全称及纳税人识别号：丰和工业有限责任公司 912204002078226079
付款人全称：丰和工业有限责任公司
付款人账号：1535005896897453267　　　征收机关名称：国家税务总局长春市绿园区税务局
付款人开户银行：中国工商银行长春市基隆支行　收缴国库（银行）名称：国家金库长春市绿园区支库（代理）
小写（合计）金额：¥462 000.00　　　　　　缴款书交易流水号：2225324070893406
大写（合计）金额：肆拾陆万贰仟元整　　　　税票号码：4220162104001 17039

税（费）种名称	所属日期	实缴金额
基本养老保险费	20210101—20210331	¥336 000.00
失业保险费	20210101—20210331	¥14 000.00
医疗保险费	20210101—20210331	¥112 000.00

第 1 次打印　　　　　　　　打印时间：2021 年 04 月 30 日

第二联：作付款回单（无银行收讫章无效）　　　复核　　　　记账

❖ 图表 4-28（E） 相关记账凭证 ❖

记账凭证

2021 年 04 月 30 日　　　　　　　　　　顺序第 0019 号

业务内容	借方科目 一级科目	借方科目 明细科目	页数	贷方科目 一级科目	贷方科目 明细科目	页数	千	百	十	万	千	百	十	元	角	分
支付三险一金	其他应付款	个人三险一金		银行存款	工行			3	1	0	8	0	0	0	0	0
支付三险一金	应付职工薪酬	三险一金		银行存款	工行			4	8	7	2	0	0	0	0	0
合计							¥	7	9	8	0	0	0	0	0	0

会计主管：李胜勇　　记账：程佳　　稽核：周亮　　出纳：张一　　制单：王丽

7. 提取现金。

企业签发现金支票 1 张，提取现金，准备支付第 2 季度研发 P2 产品的费用 1 000 000 元，相关会计凭证如图表 4-29 所示。

❖图表4-29（A） 相关原始凭证❖

```
中国工商银行（吉）
现金支票存根
XIV 00054682
附加信息 _____
_____
_____

出票日期 2021年06月30日
收款人： 丰和工业有限责任公司
金　额： ￥1 000 000.00
用　途： 研发款
单位主管　　　　会计
```

❖图表4-29（B） 相关记账凭证❖

记账凭证

2021年06月30日　　　　　　　　　　　　　　　　　　　顺序第0020号

业务内容	借方科目		页数	贷方科目		页数	金　额									
	一级科目	明细科目		一级科目	明细科目		千	百	十	万	千	百	十	元	角	分
提取现金	库存现金			银行存款	工行			1	0	0	0	0	0	0	0	0
合计							￥	1	0	0	0	0	0	0	0	0

附原始单据 1 张

会计主管：李胜勇　　记账：程佳　　稽核：周亮　　出纳：张一　　制单：王丽

8．以库存现金支付研发费用。

企业支付P2产品的研发费用1 000 000元。为了简化，此处以研发支出汇总表代替有关的原始单据（以后经营年度同此），相关会计凭证如图表4-30所示。

❖图表4-30（A） 相关原始凭证❖

研发支出汇总表

2021年第2季度　　　　　　　　　　　　单位：元

项目	金额
材料费用	……
人工费用	……
其他费用	……
……	
合计	1 000 000

❖ **图表 4-30（B） 相关记账凭证** ❖

记账凭证

2021 年 06 月 30 日　　　　　　　　　　　　　　　　　　顺序第 0021 号

业务内容	借方科目		页数	贷方科目		页数	金额								
	一级科目	明细科目		一级科目	明细科目		千	百	十	万	千	百	十	元	角	分
支付P2产品研发费用	研发支出	资本化支出		库存现金				1	0	0	0	0	0	0	0	0
合计							¥	1	0	0	0	0	0	0	0	0

会计主管：李胜勇　　记账：程佳　　稽核：周亮　　出纳：张一　　制单：王丽

9．提取现金。

企业签发现金支票 1 张，提取现金，准备支付第 2 季度管理费用 600 000 元，相关会计凭证如图表 4-31 所示。

❖ **图表 4-31（A） 相关原始凭证** ❖

```
中国工商银行（吉）
现金支票存根
XIV 00054683
附加信息 _____
_____
_____
出票日期 2021年06月30日
收款人： 丰和工业有限责任公司
金   额： ¥600 000.00
用   途： 费用款
单位主管　　会计
```

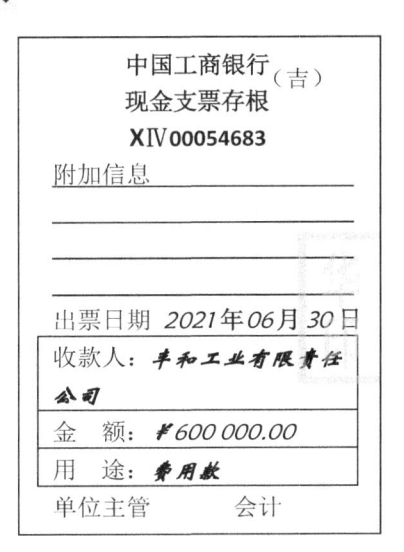

❖ **图表 4-31（B） 相关记账凭证** ❖

记账凭证

2021 年 06 月 30 日　　　　　　　　　　　　　　　　　　顺序第 0022 号

业务内容	借方科目		页数	贷方科目		页数	金额								
	一级科目	明细科目		一级科目	明细科目		千	百	十	万	千	百	十	元	角	分
提取现金	库存现金			银行存款	工行			6	0	0	0	0	0	0	0	0
合计							¥	6	0	0	0	0	0	0	0	0

会计主管：李胜勇　　记账：程佳　　稽核：周亮　　出纳：张一　　制单：王丽

10. 以库存现金支付行政管理费用。

行政管理费用每季度为 1 000 000 元，其中管理人员工资占比 40%，为 400 000 元，已在"开始下一批生产"项目中列示，此处支付的管理费用是除工资外的其他管理费用，合计 600 000 元。为了简化，此处以管理费用计算表代替有关的原始单据（以后经营年度同此），相关会计凭证如图表 4-32 所示。

❖图表 4-32（A） 相关原始凭证❖

管理费用计算表

2021 年第 2 季度　　　　　　　　　　　　　　　　　单位：元

项目	金额
业务招待费用（占比 20%）	200 000
管理部门办公费用（占比 10%）	100 000
管理部门差旅费用（占比 30%）	300 000
合计	600 000

说明：此表中不包括企业管理人员的工资，管理人员的工资已在职工薪酬计算表中列示。

❖图表 4-32（B） 相关记账凭证❖

记账凭证

2021 年 06 月 30 日　　　　　　　　　　　　　　　　　顺序第 0023 号

业务内容	借方科目 一级科目	借方科目 明细科目	页数	贷方科目 一级科目	贷方科目 明细科目	页数	金额
支付管理费用	管理费用	招待费		库存现金			200 000 00
支付管理费用	管理费用	办公费		库存现金			100 000 00
支付管理费用	管理费用	差旅费		库存现金			300 000 00
合计							¥600 000 00

附原始单据 1 张

会计主管：李胜勇　　记账：程佳　　稽核：周亮　　出纳：张一　　制单：王丽

（三）第 3 季度会计业务处理

1. 购入材料。

购入第 3 季度的原材料 R1，支付价税款共计 2 260 000 元，相关会计凭证如图表 4-33 所示。

项目四　工业企业 ERP 沙盘真账实操案例

❖ 图表 4-33（A）　相关原始凭证❖

吉林增值税专用发票　发票联

2200211130　No 21342964　2200211130　21342964

校验码 89497 46187 08260 35902　　开票日期：2021年07月16日

购买方	名　称：丰和工业有限责任公司 纳税人识别号：912204002078226079 地址、电话：吉林省长春市台北大街3566号　0431-88567888 开户行及账号：中国工商银行长春市基隆支行1535005896897453267	密码区	（略）

货物或应税劳务、服务名称	规格型号	单位	数量	单价	金额	税率	税额
*电子*R1材料			2	1000000.00	2000000.00	13%	260000.00
合　计					¥2000000.00		¥260000.00

价税合计（大写）　⊗ 贰佰贰拾陆万元整　　　　（小写）¥2260000.00

销售方	名　称：力图商贸有限责任公司 纳税人识别号：912200978103695532 地址、电话：吉林省长春市基隆街256号　0431-87876655 开户行及账号：中国建设银行长春市基隆街支行0570901089754678667	备注	力图商贸有限责任公司 912200978103695532 发票专用章

收款人：古立　　复核：张明　　开票人：王芳　　销售方：（章）

❖ 图表 4-33（B）　相关原始凭证❖

中国工商银行　转账支票存根（吉）

ZⅣ 00021543

附加信息

出票日期　2021 年 07 月 16 日

收款人：力图商贸有限责任公司

金　额：¥2 260 000.00

用　途：货款

单位主管　　　　会计

❖ 图表 4-33（C）　相关原始凭证❖

收料单

材料科目：原材料
材料类别：原料
供应单位：力图商贸有限责任公司
发票号码：21342964　　　　2021 年 07 月 16 日　　　　收料仓库：R1原料库

材料名称	规格	计量单位	数量 应收	数量 实收	实际成本（元） 买价 单价	实际成本（元） 买价 金额	运杂费	其他	合计	单位成本
R1		件	2	2	1 000 000	2 000 000			2 000 000	1 000 000
合计			2	2		2 000 000			2 000 000	

记账：孙洋洋　　　　收料：王飞　　　　制单：李响

❖图表4-33（D） 相关记账凭证❖

记账凭证

2021年07月16日　　　　　　　　　　　　　　　　　　　顺序第0024号

业务内容	借方科目		页数	贷方科目		页数	金额								
	一级科目	明细科目		一级科目	明细科目		千	百	十	万	千	百	十	元	角	分
购买材料	原材料	R1原料		银行存款	工行			2	0	0	0	0	0	0	0	0
购买材料	应交税费	增值税（进项）		银行存款	工行				2	6	0	0	0	0	0	0
合计								¥	2	2	6	0	0	0	0	0

附原始单据 3 张

会计主管：李胜勇　　记账：程佳　　稽核：周亮　　出纳：张一　　制单：王丽

2. 购买生产线。

企业以分期付款方式购入2条全自动生产线，收到对方开来的发票1张。付款期为4个季度，相关会计凭证如图表4-34所示。

❖图表4-34（A） 相关原始凭证❖

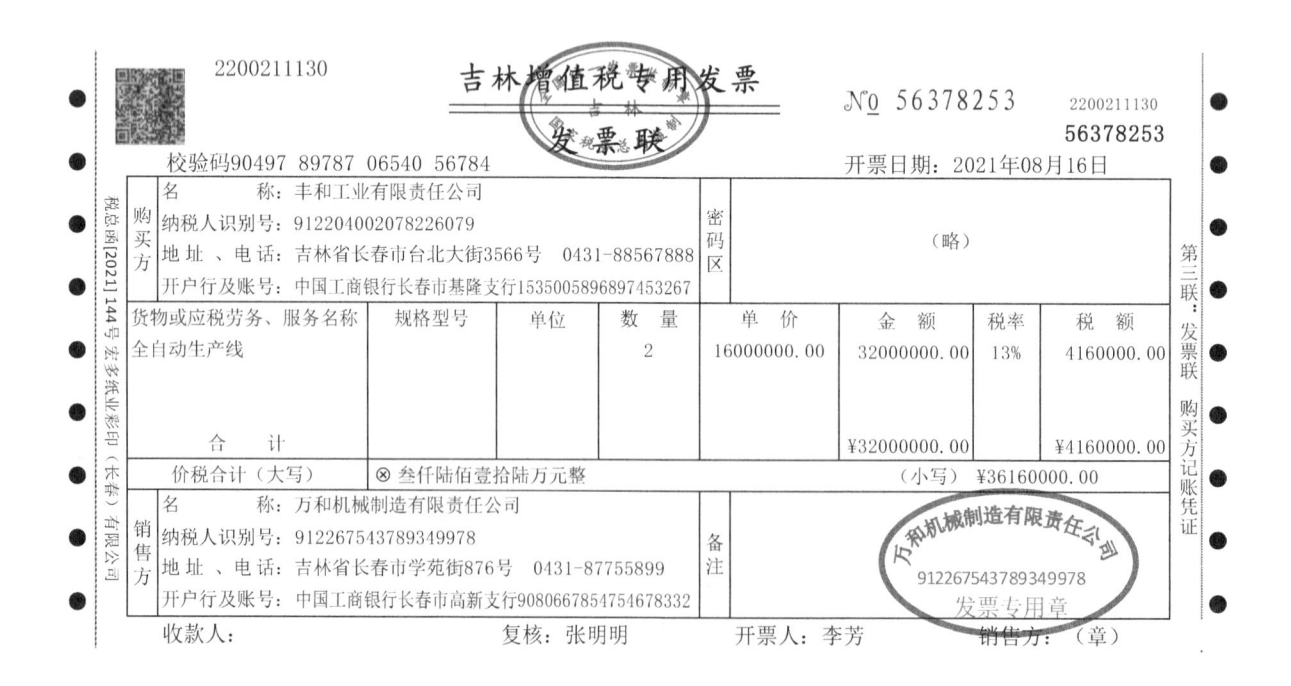

吉林增值税专用发票

No 56378253　　2200211130
56378253

校验码90497 89787 06540 56784　　开票日期：2021年08月16日

购买方	名　称：丰和工业有限责任公司
	纳税人识别号：912204002078226079
	地址、电话：吉林省长春市台北大街3566号　0431-88567888
	开户行及账号：中国工商银行长春市基隆支行1535005896897453267

密码区　（略）

货物或应税劳务、服务名称	规格型号	单位	数量	单价	金额	税率	税额
全自动生产线			2	16000000.00	32000000.00	13%	4160000.00
合　计					¥32000000.00		¥4160000.00

价税合计（大写）　⊗ 叁仟陆佰壹拾陆万元整　　（小写）¥36160000.00

销售方	名　称：万和机械制造有限责任公司
	纳税人识别号：912267543789349978
	地址、电话：吉林省长春市学苑街876号　0431-87755899
	开户行及账号：中国工商银行长春市高新支行9080667854754678332

收款人：　　复核：张明明　　开票人：李芳　　销售方：（章）

❖ **图表 4-34（B） 相关记账凭证** ❖

记账凭证

2021年08月16日   顺序第 *0025* 号

业务内容	借方科目 一级科目	借方科目 明细科目	页数	贷方科目 一级科目	贷方科目 明细科目	页数	金额 千	百	十	万	千	百	十	元	角	分
购需安装生产线	在建工程	全自动		应付账款	万和公司		3	2	0	0	0	0	0	0	0	0
购需安装生产线	应交税费	增值税（进项）		应付账款	万和公司			4	1	6	0	0	0	0	0	0
合计							¥ 3	6	1	6	0	0	0	0	0	0

附原始单据 1 张

会计主管：李胜勇   记账：程佳   稽核：周亮   出纳：   制单：王丽

3．分期支付设备款。

签发转账支票 1 张，支付给万和机械制造有限责任公司 2 条全自动生产线的第 1 期设备款 9 040 000 元，相关会计凭证如图表 4-35 所示。

❖ **图表 4-35（A） 相关原始凭证** ❖

```
中国工商银行 （吉）
转账支票存根
ZIV00021544

附加信息
_____
_____

出票日期  2021年08月16日
收款人：万和机械制造有限责任公司
金  额：¥9 040 000.00
用  途：全自动生产线
单位主管           会计
```

❖ **图表 4-35（B） 相关记账凭证** ❖

记账凭证

2021年08月16日   顺序第 *0026* 号

业务内容	借方科目 一级科目	借方科目 明细科目	页数	贷方科目 一级科目	贷方科目 明细科目	页数	金额 千	百	十	万	千	百	十	元	角	分
支付第1期设备款	应付账款	万和公司		银行存款	工行			9	0	4	0	0	0	0	0	0
合计							¥	9	0	4	0	0	0	0	0	0

附原始单据 1 张

会计主管：李胜勇   记账：程佳   稽核：周亮   出纳：张一   制单：王丽

4. 生产领料。

第 3 季度生产 P1 产品，领用价值 1 000 000 元的 R1 原料，相关会计凭证如图表 4-36 所示。

❖图表 4-36（A）　相关原始凭证❖

领料单

2021 年 08 月 26 日　　　　　　　　　　　　　　　第 0012 号

材料编号	20001	材料名称	R1 原料	规格		数量	1
计量单位	件	单价	1 000 000	金额	亿 千 百 十 万 千 百 十 元 角 分 ¥　1 0 0 0 0 0 0 0 0		
用途及摘要			生产领用				
仓库意见	同意	领料人	李大国	发料人	田香	核准人	王力	负责人	任强

② 仓库记账后转财会科

❖图表 4-36（B）　相关记账凭证❖

记账凭证

2021 年 08 月 26 日　　　　　　　　　　　　　　　顺序第 0027 号

业务内容	借方科目		页数	贷方科目		页数	金　额	
	一级科目	明细科目		一级科目	明细科目		千百十万千百十元角分	
生产领料	生产成本	P1 产品（直接材料）		原材料	R1 原料		1 0 0 0 0 0 0 0 0	
合计							¥ 1 0 0 0 0 0 0 0 0	

附原始单据 1 张

会计主管：李胜勇　　记账：程佳　　稽核：周亮　　出纳：　　制单：王丽

5. 分配工资、代扣个人三险一金。

本季度投产 1 件 P1 产品，因此生产工人工资为 900 000 元，车间技术管理人员工资为 100 000 元，行政部门管理人员工资为 400 000 元，共计分配工资 1 400 000 元。

根据企业职工薪酬政策的相关规定，进行工资分配及个人三险一金的代扣计算（以后经营年度同此），相关会计凭证如图表 4-37 所示。

❖图表 4-37（A）　相关原始凭证❖

职工薪酬计算表

2021 年第 3 季度　　　　　　　　　　　　　　　　　单位：元

部门		基本工资	绩效工资	应付工资	代扣款项					实发工资
					养老（8%）	失业（0.2%）	医疗（2%）	住房（12%）	小计	
车间	生产工人	400 000	500 000	900 000	72 000	1 800	18 000	108 000	199 800	700 200
	管理人员	50 000	50 000	100 000	8 000	200	2 000	12 000	22 200	77 800
行政	管理人员	200 000	200 000	400 000	32 000	800	8 000	48 000	88 800	311 200
合计		650 000	750 000	1 400 000	112 000	2 800	28 000	168 000	310 800	1 089 200

说明：本企业代扣款项只涉及三险一金，不涉及其他款项。

❖图表4-37（B） 相关记账凭证❖

记账凭证

2021年08月31日　　　　　　　　　　　　　　　　顺序第0028号

业务内容	借方科目 一级科目	借方科目 明细科目	页数	贷方科目 一级科目	贷方科目 明细科目	页数	金额 千 百 十 万 千 百 十 元 角 分
分配工资	生产成本	P1产品（直接人工）		应付职工薪酬	工资		9 0 0 0 0 0 0
分配工资	制造费用	工资		应付职工薪酬	工资		1 0 0 0 0 0 0
分配工资	管理费用	工资		应付职工薪酬	工资		4 0 0 0 0 0 0
合计							¥ 1 4 0 0 0 0 0 0

附原始单据 1 张

会计主管：李胜勇　　记账：程佳　　稽核：周亮　　出纳：　　制单：王丽

❖图表4-37（C） 相关记账凭证❖

记账凭证

2021年08月31日　　　　　　　　　　　　　　　　顺序第0029号

业务内容	借方科目 一级科目	借方科目 明细科目	页数	贷方科目 一级科目	贷方科目 明细科目	页数	金额 千 百 十 万 千 百 十 元 角 分
代扣个人三险一金	应付职工薪酬	工资		其他应付款	个人三险一金		3 1 0 8 0 0 0
合计							¥ 3 1 0 8 0 0 0

附原始单据 张

会计主管：李胜勇　　记账：程佳　　稽核：周亮　　出纳：　　制单：王丽

6．计算企业三险一金。

根据企业会计政策的相关规定，进行企业三险一金的代扣计算（以后经营年度同此），相关会计凭证如图表4-38所示。

❖ **图表 4-38（A） 相关原始凭证** ❖

企业三险一金计算表

2021 年第 3 季度　　　　　　　　　　　　　　　　　　　　　　　　　　单位：元

部门		应付工资	养老（16%）	失业（0.8%）	医疗（6%）	住房（12%）	小计
车间	生产工人	900 000	144 000	7 200	54 000	108 000	313 200
	管理人员	100 000	16 000	800	6 000	12 000	34 800
行政	管理人员	400 000	64 000	3 200	24 000	48 000	139 200
合计		1 400 000	224 000	11 200	84 000	168 000	487 200

❖ **图表 4-38（B） 相关记账凭证** ❖

记账凭证

2021 年 08 月 31 日　　　　　　　　　　　　　　　　　　　　　　　　　顺序第 0030 号

业务内容	借方科目		页数	贷方科目		页数	金额（千百十万千百十元角分）
	一级科目	明细科目		一级科目	明细科目		
计算三险一金	生产成本	P1产品（直接人工）		应付职工薪酬	三险一金		3 1 3 2 0 0 0 0
计算三险一金	制造费用	工资		应付职工薪酬	三险一金		3 4 8 0 0 0 0
计算三险一金	管理费用	工资		应付职工薪酬	三险一金		1 3 9 2 0 0 0 0
合计							¥ 4 8 7 2 0 0 0 0

附原始单据 1 张

会计主管：李胜勇　　记账：程佳　　稽核：周亮　　出纳：　　制单：王丽

7. 支付上季度工资。

根据职工工资发放表及转账支票存根联，企业以银行存款发放第 2 季度工资，相关会计凭证如图表 4-39 所示。

❖ **图表 4-39（A） 相关原始凭证** ❖

第 2 季度职工工资发放表

2021 年 08 月 31 日　　　　　　　　　　　　　　　　　　　　　　　　　　单位：元

序号	姓名	基本工资	绩效工资	应发工资	代扣款项	实发工资	领款人签字
1	崔**	8 000	4 000	12 000	2 664	9 336	崔**
2	陈**	4 000	2 000	6 000	1 332	4 668	陈**
3	王**	6 000	4 000	10 000	2 220	7 780	王**
……	……	……	……	……	……	……	……
合计		1 100 000	1 300 000	2 400 000	532 800	1 867 200	

❖ **图表 4-39（B） 相关原始凭证** ❖

```
        中国工商银行 (吉)
           转账支票存根
        ZIV00021545
        附加信息_____
        _____
        _____
        
        出票日期  2021年 08月 31日
        收款人：丰和工业有限责任公司
        金　额：￥1 867 200.00
        用　途：工资
        单位主管        会计
```

❖ **图表 4-39（C） 相关记账凭证** ❖

记账凭证

2021 年 08 月 31 日　　　　　　　　　　　　　　　　　　　　　　顺序第 0031 号

业务内容	借方科目		页数	贷方科目		页数	金　额									
	一级科目	明细科目		一级科目	明细科目		千	百	十	万	千	百	十	元	角	分
发放工资	应付职工薪酬	工资		银行存款	工行			1	8	6	7	2	0	0	0	0
合计							￥	1	8	6	7	2	0	0	0	0

附原始单据 2 张

会计主管：李胜勇　　记账：程佳　　稽核：周亮　　出纳：张一　　制单：王丽

8．缴纳上季度三险一金。

根据上季度计算的住房公积金、社会保险费等项的数额，经办人员编制了住房公积金计算表和社会保险费计算表，缴纳了第 2 季度的住房公积金和社会保险费，相关会计凭证如图表 4-40 所示。

❖ **图表 4-40（A） 相关原始凭证** ❖

第 2 季度住房公积金计算表

2021 年 08 月 31 日　　　　　　　　　　　　　　　　　　　　　　　　　　单位：元

部门		应付工资	住房公积金		
			企业负担（12%）	个人负担（12%）	小计
车间	生产工人	1 800 000	216 000	216 000	432 000
	管理人员	200 000	24 000	24 000	48 000
行政	管理人员	400 000	48 000	48 000	96 000
合计		2 400 000	288 000	288 000	576 000

❖图表 4-40（B） 相关原始凭证❖

住房公积金汇（补）缴书　　　　№60894

2021 年 08 月 31 日　　　　　　　　附：缴存变更清册　　页

缴款单位	单位名称	丰和工业有限责任公司	收款单位	单位名称	长春市住房公积金管理中心
	单位账号	1535005896897453267		公积金账号	6225860650694307932
	开户银行	中国工商银行长春市基隆支行		开户银行	中国建设银行长春市桂林支行

缴款类型	☑汇缴　　□补缴	补缴原因								
缴款人数	51 人	缴款期间	2021 年 4 月 1 日至 2021 年 6 月 30 日		月数			3		
缴款方式	□现金　　☑转账		百	十万	千	百	十	元	角	分
金额（大写）	人民币伍拾柒万陆仟元整	¥	5	7 6	0	0	0	0	0	0

上次汇缴		本次增加汇缴		本次减少汇缴		本次汇（补）缴	
人数	金额	人数	金额	人数	金额	人数	金额
						51 人	576 000.00

上述款项已划转至市住房公积金管理中心住房公积金存款户内。（银行盖章）

复核：　　　　　　经办：　　　　　　　　　　　　　　　　　　　2021 年 8 月 31 日

（中国工商银行长春市基隆支行 2021.08.31 转讫）

❖图表 4-40（C） 相关原始凭证❖

第 2 季度社会保险费计算表

2021 年 08 月 31 日　　　　　　　　　　　　　　　　单位：元

部门		应付工资	社会保险费（三险）								
			养老保险			失业保险			医疗保险		
			企业负担(16%)	个人负担(8%)	小计	企业负担(0.8%)	个人负担(0.2%)	小计	企业负担(6%)	个人负担(2%)	小计
车间	生产工人	1 800 000	288 000	144 000	432 000	14 400	3 600	18 000	108 000	36 000	144 000
	管理人员	200 000	32 000	16 000	48 000	1 600	400	2 000	12 000	4 000	16 000
行政	管理人员	400 000	64 000	32 000	96 000	3 200	800	4 000	24 000	8 000	32 000
合计		2 400 000	384 000	192 000	576 000	19 200	4 800	24 000	144 000	48 000	192 000
个人负担三险合计		244 800									
企业负担三险合计		547 200									
社会保险费（三险）总计		792 000									

❖ **图表 4-40（D） 相关原始凭证** ❖

中国工商银行长春市基隆支行　电子缴税付款凭证

转账日期：2021年08月31日　　　　　　　　　　　　　　凭证字号：666596

纳税人全称及纳税人识别号：丰和工业有限责任公司 912204002078226079
付款人全称：丰和工业有限责任公司
付款人账号：1535005896897453267　　　征收机关名称：国家税务总局长春市绿园区税务局
付款人开户银行：中国工商银行长春市基隆支行　收缴国库（银行）名称：国家金库长春市绿园区支库（代理）
小写（合计）金额：¥792 000.00　　　　　缴款书交易流水号：2225324070893406
大写（合计）金额：柒拾玖万贰仟元整　　　税票号码：422016210800086131

税（费）种名称	所属日期	实缴金额
基本养老保险费	20210401—20210630	¥576 000.00
失业保险费	20210401—20210630	¥24 000.00
医疗保险费	20210401—20210630	¥192 000.00

第1次打印　　　　　　　　　　　　打印时间：2021年08月31日

第二联：作付款回单（无银行收讫章无效）　　　复核　　　　记账

❖ **图表 4-40（E） 相关记账凭证** ❖

记账凭证

2021年08月31日　　　　　　　　　　　　　　　　　　顺序第0032号

业务内容	借方科目 一级科目	借方科目 明细科目	页数	贷方科目 一级科目	贷方科目 明细科目	页数	金额 千 百 十 万 千 百 十 元 角 分
支付三险一金	其他应付款	个人三险一金		银行存款	工行		5 3 2 8 0 0 0 0
支付三险一金	应付职工薪酬	三险一金		银行存款	工行		8 3 5 2 0 0 0 0
合计							¥ 1 3 6 8 0 0 0 0 0

会计主管：李胜勇　　记账：程佳　　稽核：周亮　　出纳：张一　　制单：王丽

附原始单据1张

9. 提取现金。

企业签发现金支票1张，提取现金，准备支付第3季度研发P2产品的费用1 000 000元，相关会计凭证如图表4-41所示。

❖图表 4-41（A） 相关原始凭证❖

```
中国工商银行 （吉）
现金支票存根
ⅩⅣ00054684
附加信息ˍˍˍˍˍˍˍˍˍ
ˍˍˍˍˍˍˍˍˍˍˍˍˍˍˍˍ
ˍˍˍˍˍˍˍˍˍˍˍˍˍˍˍˍ
出票日期 2021年09月30日
收款人：丰和工业有限责任
公司
金  额：¥1 000 000.00
用  途：研发款
单位主管    会计
```

❖图表 4-41（B） 相关记账凭证❖

记账凭证

2021年09月30日 顺序第 0033 号

业务内容	借方科目		页数	贷方科目		页数	金额									
	一级科目	明细科目		一级科目	明细科目		千	百	十	万	千	百	十	元	角	分
提取现金	库存现金			银行存款	工行			1	0	0	0	0	0	0	0	0
合计							¥	1	0	0	0	0	0	0	0	0

附原始单据 1 张

会计主管：李胜勇   记账：程佳   稽核：周亮   出纳：张一   制单：王丽

10．以库存现金支付研发费用。

企业支付 P2 产品的研发费用 1 000 000 元。为了简化，此处以研发支出汇总表代替有关的原始单据（以后经营年度同此），相关会计凭证如图表 4-42 所示。

❖图表 4-42（A） 相关原始凭证❖

研发支出汇总表

2021年第3季度 单位：元

项目	金额
材料费用	……
人工费用	……
其他费用	……
……	
合计	1 000 000

❖ **图表 4-42（B） 相关记账凭证** ❖

记账凭证

2021 年 09 月 30 日　　　　　　　　　　　　　　　　　　顺序第 *0034* 号

业务内容	借方科目		页数	贷方科目		页数	金 额									
	一级科目	明细科目		一级科目	明细科目		千	百	十	万	千	百	十	元	角	分
支付P2产品研发费用	研发支出	资本化支出		库存现金				1	0	0	0	0	0	0	0	0
合计							¥	1	0	0	0	0	0	0	0	0

附原始单据 *1* 张

会计主管：李胜勇　　记账：程佳　　稽核：周亮　　出纳：张一　　制单：王丽

11．提取现金。

企业签发现金支票 1 张，提取现金，准备支付第 3 季度管理费用 600 000 元，相关会计凭证如图表 4-43 所示。

❖ **图表 4-43（A） 相关原始凭证** ❖

```
中国工商银行（吉）
现金支票存根
XIV 00054685
附加信息 _____
_____
_____

出票日期 2021年 09月 30日
收款人：丰和工业有限责任公司
金  额：¥600 000.00
用  途：费用款
单位主管　　　会计
```

❖ **图表 4-43（B） 相关记账凭证** ❖

记账凭证

2021 年 09 月 30 日　　　　　　　　　　　　　　　　　　顺序第 *0035* 号

业务内容	借方科目		页数	贷方科目		页数	金 额									
	一级科目	明细科目		一级科目	明细科目		千	百	十	万	千	百	十	元	角	分
提取现金	库存现金			银行存款	工行			6	0	0	0	0	0	0	0	0
合计							¥	6	0	0	0	0	0	0	0	0

附原始单据 *1* 张

会计主管：李胜勇　　记账：程佳　　稽核：周亮　　出纳：张一　　制单：王丽

12. 以库存现金支付行政管理费用。

行政管理费用每季度为 1 000 000 元，其中管理人员工资占比 40%，为 400 000 元，已在"开始下一批生产"项目中列示，此处支付的管理费用是除工资外的其他管理费用，合计 600 000 元。为了简化，此处以管理费用计算表代替有关的原始单据（以后经营年度同此），相关会计凭证如图表 4-44 所示。

❖ **图表 4-44（A） 相关原始凭证** ❖

管理费用计算表

2021 年第 3 季度　　　　　　　　　　　　单位：元

项目	金额
业务招待费用（占比 20%）	200 000
管理部门办公费用（占比 10%）	100 000
管理部门差旅费用（占比 30%）	300 000
合计	600 000

说明：此表中不包括企业管理人员的工资，管理人员的工资已在职工薪酬计算表中列示。

❖ **图表 4-44（B） 相关记账凭证** ❖

记账凭证

2021 年 09 月 30 日　　　　　　　　　　　　顺序第 0036 号

业务内容	借方科目 一级科目	借方科目 明细科目	贷方科目 一级科目	贷方科目 明细科目	金额
支付管理费用	管理费用	招待费	库存现金		200 000.00
支付管理费用	管理费用	办公费	库存现金		100 000.00
支付管理费用	管理费用	差旅费	库存现金		300 000.00
合计					¥600 000.00

会计主管：李胜勇　　记账：程佳　　稽核：周亮　　出纳：张一　　制单：王丽

附原始单据 1 张

（四）第 4 季度会计业务处理

1. 购入材料。

购入第 4 季度的原材料 R1，支付价税款共计 1 130 000 元，相关会计凭证如图表 4-45 所示。

图表 4-45（A） 相关原始凭证

吉林增值税专用发票

发票联

2200211130　　No 21342965　　2200211130
　　　　　　　　　　　　　　　　21342965

校验码 90497 46187 08260 98765　　开票日期：2021年10月16日

| 购买方 | 名称：丰和工业有限责任公司
纳税人识别号：912204002078226079
地址、电话：吉林省长春市台北大街3566号　0431-88567888
开户行及账号：中国工商银行长春市基隆支行1535005896897453267 | 密码区 | （略） |

货物或应税劳务、服务名称	规格型号	单位	数量	单价	金额	税率	税额
*电子*R1材料			1	1000000.00	1000000.00	13%	130000.00
合　计					¥1000000.00		¥130000.00

价税合计（大写）　⊗壹佰壹拾叁万元整　　　（小写）¥1130000.00

| 销售方 | 名称：力图商贸有限责任公司
纳税人识别号：912200978103695532
地址、电话：吉林省长春市基隆街256号　0431 87876655
开户行及账号：中国建设银行长春市基隆街支行0570901089754678667 | 备注 | （力图商贸有限责任公司
912200978103695532
发票专用章） |

收款人：古立　　复核：张明　　开票人：王芳　　销售方：（章）

图表 4-45（B） 相关原始凭证

```
中国工商银行（吉）
转账支票存根
ZIV 00021546

附加信息
_____
_____
_____

出票日期 2021 年 10 月 16 日
收款人：力图商贸有限责任公司
金　额：¥1 130 000.00
用　途：货款
单位主管　　会计
```

图表 4-45（C） 相关原始凭证

收料单

材料科目：原材料
材料类别：原料
供应单位：力图商贸有限责任公司
发票号码：21342965　　　　2021年10月16日　　　　收料仓库：R1原料库

材料名称	规格	计量单位	数量 应收	数量 实收	实际成本（元） 买价 单价	实际成本（元） 买价 金额	运杂费	其他	合计	单位成本
R1		件	1	1	1 000 000	1 000 000			1 000 000	1 000 000
合计			1	1		1 000 000			1 000 000	

记账：孙洋洋　　　　收料：王飞　　　　制单：李响

❖图表4-45（D） 相关记账凭证❖

记账凭证

2021年10月16日　　　　　　　　　　　　　　　　　　　　顺序第0037号

业务内容	借方科目		页数	贷方科目		页数	金额 千百十万千百十元角分
	一级科目	明细科目		一级科目	明细科目		
购买材料	原材料	R1原料		银行存款	工行		1 0 0 0 0 0 0 0 0
购买材料	应交税费	增值税（进项）		银行存款	工行		1 3 0 0 0 0 0 0
合计							¥ 1 1 3 0 0 0 0 0 0

会计主管：李胜勇　　　记账：程佳　　　稽核：周亮　　　出纳：张一　　　制单：王丽

2. 分期支付设备款。

签发转账支票1张，支付给万和机械制造有限责任公司2条全自动生产线的第2期设备款9 040 000元，相关会计凭证如图表4-46所示。

❖图表4-46（A） 相关原始凭证❖

```
中国工商银行（吉）
转账支票存根
ZIV 00021547
附加信息
_____
_____
出票日期 2021年10月26日
收款人：万和机械制造有限责任公司
金　额：¥9 040 000.00
用　途：全自动生产线
单位主管　　　会计
```

❖图表4-46（B） 相关记账凭证❖

记账凭证

2021年10月26日　　　　　　　　　　　　　　　　　　　　顺序第0038号

业务内容	借方科目		页数	贷方科目		页数	金额 千百十万千百十元角分
	一级科目	明细科目		一级科目	明细科目		
支付第2期设备款	应付账款	万和公司		银行存款	工行		9 0 4 0 0 0 0 0 0
合计							¥ 9 0 4 0 0 0 0 0 0

会计主管：李胜勇　　　记账：程佳　　　稽核：周亮　　　出纳：张一　　　制单：王丽

3．生产领料。

第4季度生产P1产品，领用价值2 000 000元的R1原料，相关会计凭证如图表4-47所示。

❖图表4-47（A） 相关原始凭证❖

领料单

2021年10月27日　　　　　　　　　　　　　　　　　　第0013号

材料编号	20001	材料名称	R1原料	规格			数量			2		
计量单位	件	单价	1 000 000	金额	亿 千 百 十 万 千 百 十 元 角 分							
					¥ 2 0 0 0 0 0 0 0 0							
用途及摘要				生产领用								
仓库意见	同意	领料人	李大国	发料人	田香	核准人	王力	负责人	任强			

②仓库记账后转财会科

❖图表4-47（B） 相关记账凭证❖

记账凭证

2021年10月27日　　　　　　　　　　　　　　　　　　顺序第0039号

业务内容	借方科目		页数	贷方科目		页数	金　　额	
	一级科目	明细科目		一级科目	明细科目		千 百 十 万 千 百 十 元 角 分	
生产领用	生产成本	P1产品（直接材料）		原材料	R1原料		2 0 0 0 0 0 0 0 0	
合计							¥ 2 0 0 0 0 0 0 0 0	

附原始单据1张

会计主管：李胜勇　　记账：程佳　　稽核：周亮　　出纳：　　制单：王丽

4．分配工资、代扣个人三险一金。

本季度投产2件P1产品，因此生产工人工资为1 800 000元，车间技术管理人员工资为200 000元，行政部门管理人员工资为400 000元，共计分配工资2 400 000元。

根据企业职工薪酬政策的相关规定，进行工资分配及个人三险一金的代扣计算，相关会计凭证如图表4-48所示。

❖图表4-48（A） 相关原始凭证❖

职工薪酬计算表

2021年第4季度　　　　　　　　　　　　　　　　　　　　　单位：元

部门		基本工资	绩效工资	应付工资	代扣款项					实发工资
					养老(8%)	失业(0.2%)	医疗(2%)	住房(12%)	小计	
车间	生产工人	800 000	1 000 000	1 800 000	144 000	3 600	36 000	216 000	399 600	1 400 400
	管理人员	100 000	100 000	200 000	16 000	400	4 000	24 000	44 400	155 600
行政	管理人员	200 000	200 000	400 000	32 000	800	8 000	48 000	88 800	311 200
	合计	1 100 000	1 300 000	2 400 000	192 000	4 800	48 000	288 000	532 800	1 867 200

说明：本企业代扣款项只涉及三险一金，不涉及其他款项。

❖图表4-48（B） 相关记账凭证❖

记账凭证

2021年10月31日　　　　　　　　　　　　　　　　顺序第0040号

业务内容	借方科目		页数	贷方科目		页数	金额（千百十万千百十元角分）
	一级科目	明细科目		一级科目	明细科目		
分配工资	生产成本	P1产品（直接人工）		应付职工薪酬	工资		1 8 0 0 0 0 0 0
分配工资	制造费用	工资		应付职工薪酬	工资		2 0 0 0 0 0 0 0
分配工资	管理费用	工资		应付职工薪酬	工资		4 0 0 0 0 0 0 0
合计							¥ 2 4 0 0 0 0 0 0

会计主管：李胜勇　　记账：程佳　　稽核：周亮　　出纳：　　制单：王丽

❖图表4-48（C） 相关记账凭证❖

记账凭证

2021年10月31日　　　　　　　　　　　　　　　　顺序第0041号

业务内容	借方科目		页数	贷方科目		页数	金额（千百十万千百十元角分）
	一级科目	明细科目		一级科目	明细科目		
代扣个人三险一金	应付职工薪酬	工资		其他应付款	个人三险一金		5 3 2 8 0 0 0
合计							¥ 5 3 2 8 0 0 0

会计主管：李胜勇　　记账：程佳　　稽核：周亮　　出纳：　　制单：王丽

5．计算企业三险一金。

根据企业会计政策的相关规定，进行企业三险一金的代扣计算（以后经营年度同此），相关会计凭证如图表4-49所示。

◆ **图表 4-49（A）　相关原始凭证** ◆

企业三险一金计算表

2021 年第 4 季度　　　　　　　　　　　　　　　　　　　　　　　　　　　　单位：元

部门		应付工资	养老（16%）	失业（0.8%）	医疗（6%）	住房（12%）	小计
车间	生产工人	1 800 000	288 000	14 400	108 000	216 000	626 400
	管理人员	200 000	32 000	1 600	12 000	24 000	69 600
行政	管理人员	400 000	64 000	3 200	24 000	48 000	139 200
合计		2 400 000	384 000	19 200	144 000	288 000	835 200

◆ **图表 4-49（B）　相关记账凭证** ◆

记账凭证

2021 年 10 月 31 日　　　　　　　　　　　　　　　　　　　　　　　　　　顺序第 0042 号

业务内容	借方科目		页数	贷方科目		页数	金额（千百十万千百十元角分）
	一级科目	明细科目		一级科目	明细科目		
计算三险一金	生产成本	P1产品（直接人工）		应付职工薪酬	三险一金		6 2 6 4 0 0 0 0
计算三险一金	制造费用	工资		应付职工薪酬	三险一金		6 9 6 0 0 0 0
计算三险一金	管理费用	工资		应付职工薪酬	三险一金		1 3 9 2 0 0 0 0
合计							￥8 3 5 2 0 0 0 0

会计主管：李胜勇　　记账：程佳　　稽核：周亮　　出纳：　　制单：王丽

附原始单据 1 张

6．支付上季度工资。

根据职工工资发放表及转账支票存根联，企业以银行存款发放第 3 季度工资，相关会计凭证如图表 4-50 所示。

◆ **图表 4-50（A）　相关原始凭证** ◆

第 3 季度职工工资发放表

2021 年 11 月 30 日　　　　　　　　　　　　　　　　　　　　　　　　　　单位：元

序号	姓名	基本工资	绩效工资	应发工资	代扣款项	实发工资	领款人签字
1	崔**	4 000	2 000	6 000	1 332	4 668	崔**
2	陈**	2 000	1 000	3 000	666	2 334	陈**
3	王**	3 000	2 000	5 000	1 110	3 890	王**
……	……	……	……	……	……	……	……
合计		650 000	750 000	1 400 000	310 800	1 089 200	

❖图表4-50（B） 相关原始凭证❖

```
中国工商银行 （吉）
转账支票存根
ZIV00021548
附加信息 _____
_____
_____
出票日期 2021年11月30日
收款人：丰和工业有限责任公司
金　额：¥1 089 200.00
用　途：工资
单位主管　　　会计
```

❖图表4-50（C） 相关记账凭证❖

记账凭证

2021年11月30日　　　　　　　　　　　　　　　　　　　　顺序第0043号

业务内容	借方科目		页数	贷方科目		页数	金额 千百十万千百十元角分	附原始单据1张
	一级科目	明细科目		一级科目	明细科目			
发放工资	应付职工薪酬	工资		银行存款	工行		1 0 8 9 2 0 0 0 0	
合计							¥ 1 0 8 9 2 0 0 0 0	

会计主管：李胜勇　　记账：程佳　　稽核：周亮　　出纳：张一　　制单：王丽

7. 缴纳上季度三险一金。

根据上季度计算的住房公积金、社会保险费等项的数额，经办人员编制了住房公积金计算表和社会保险费计算表，缴纳了第3季度的住房公积金和社会保险费，相关会计凭证如图表4-51所示。

❖图表4-51（A） 相关原始凭证❖

第3季度住房公积金计算表

2021年11月30日　　　　　　　　　　　　　　　　　　　　单位：元

部门		应付工资	住房公积金		
			企业负担（12%）	个人负担（12%）	小计
车间	生产工人	900 000	108 000	108 000	216 000
	管理人员	100 000	12 000	12 000	24 000
行政	管理人员	400 000	48 000	48 000	96 000
合计		1 400 000	168 000	168 000	336 000

134

❖**图表 4-51（B）　相关原始凭证**❖

住房公积金汇（补）缴书　　№98878

2021 年 11 月 30 日　　　　　　　　　　　附：缴存变更清册　　页

缴款单位	单位名称	丰和工业有限责任公司	收款单位	单位名称	长春市住房公积金管理中心
	单位账号	1535005896897453267		公积金账号	6225860650694307932
	开户银行	中国工商银行长春市基隆支行		开户银行	中国建设银行长春市桂林支行

缴款类型	☑汇缴　　□补缴	补缴原因									
缴款人数	51 人	缴款期间	2021 年 7 月 1 日至 2021 年 9 月 30 日				月数			3	
缴款方式	□现金　　☑转账		百	十万	千	百	十	元	角	分	
金额（大写）	人民币叁拾叁万陆仟元整		￥	3 3	6	0	0	0	0	0	

上次汇缴		本次增加汇缴		本次减少汇缴		本次汇（补）缴	
人数	金额	人数	金额	人数	金额	人数	金额
						51 人	336 000.00

上述款项已划转至市住房公积金管理中心住房公积金存款户内。（银行盖章）

复核：　　　　　　　　经办：　　　　　　　　　　　　　　　　　　2021 年 11 月 30 日

❖**图表 4-51（C）　相关原始凭证**❖

第 3 季度社会保险费计算表

2021 年 11 月 30 日　　　　　　　　　　　　　　　　　　　　单位：元

部门		应付工资	社会保险费（三险）								
			养老保险			失业保险			医疗保险		
			企业负担(16%)	个人负担(8%)	小计	企业负担(0.8%)	个人负担(0.2%)	小计	企业负担(6%)	个人负担(2%)	小计
车间	生产工人	900 000	144 000	72 000	216 000	7 200	1 800	9 000	54 000	18 000	72 000
	管理人员	100 000	16 000	8 000	24 000	800	200	1 000	6 000	2 000	8 000
行政	管理人员	400 000	64 000	32 000	96 000	3 200	800	4 000	24 000	8 000	32 000
合计		1 400 000	224 000	112 000	336 000	11 200	2 800	14 000	84 000	28 000	112 000
个人负担三险合计		142 800									
企业负担三险合计		319 200									
社会保险费（三险）总计		462 000									

❖图表 4-51（D） 相关原始凭证❖

中国工商银行长春市基隆支行　电子缴税付款凭证

转账日期：2021 年 11 月 30 日　　　　　　　　　　　　　凭证字号：787076

纳税人全称及纳税人识别号：丰和工业有限责任公司 912204002078226079
付款人全称：丰和工业有限责任公司
付款人账号：1535005896897453267　　　　征收机关名称：国家税务总局长春市绿园区税务局
付款人开户银行：中国工商银行长春市基隆支行　收缴国库（银行）名称：国家金库长春市绿园区支库（代理）
小写（合计）金额：¥462 000.00　　　　　　缴款书交易流水号：2225324070893406
大写（合计）金额：肆拾陆万贰仟元整　　　　税票号码：4220162111100185032

税（费）种名称	所属日期	实缴金额
基本养老保险费	20210701—20210930	¥336 000.00
失业保险费	20210701—20210930	¥14 000.00
医疗保险费	20210701—20210930	¥112 000.00

第 1 次打印　　　　　　　　　　　打印时间：2021 年 11 月 30 日

第二联：作付款回单（无银行收讫章无效）　　　复核　　　　　记账

❖图表 4-51（E） 相关记账凭证❖

记账凭证

2021 年 11 月 30 日　　　　　　　　　　　　　　　　　　　　顺序第 0044 号

业务内容	借方科目 一级科目	借方科目 明细科目	页数	贷方科目 一级科目	贷方科目 明细科目	页数	金额 千百十万千百十元角分
支付三险一金	其他应付款	个人三险一金		银行存款	工行		3 1 0 8 0 0 0 0
支付三险一金	应付职工薪酬	三险一金		银行存款	工行		4 8 7 2 0 0 0 0
合计							¥ 7 9 8 0 0 0 0 0

会计主管：李胜勇　　记账：程佳　　稽核：周亮　　出纳：张一　　制单：王丽

附原始单据 1 张

8．收回应收账款。

第 1 季度销售产品发生的应收账款 24 860 000 元到期，收到欣拓集团有限责任公司开来的转账支票 1 张，已存入银行，收到银行的进账单，相关会计凭证如图表 4-52 所示。

图表 4-52（A）　相关原始凭证

中国工商银行进账单（收账通知）

2021 年 12 月 29 日　　　　　　　　　　　　　　　　　　　　　No.01021301

出票人	全称	欣拓集团有限责任公司	收款人	全称	丰和工业有限责任公司
	账号	6222667712699876768		账号	1535005896897453267
	开户银行	中国工商银行长春市同志支行		开户银行	中国工商银行长春市基隆支行

金额	人民币（大写）	贰仟肆佰捌拾陆万元整	亿	千	百	十	万	千	百	十	元	角	分
				¥	2	4	8	6	0	0	0	0	0	0

票据种类	转账支票	票据张数	1
票据号码	000088654		

收款人开户银行签章：中国工商银行长春市基隆支行 2021.12.29 转讫 模拟

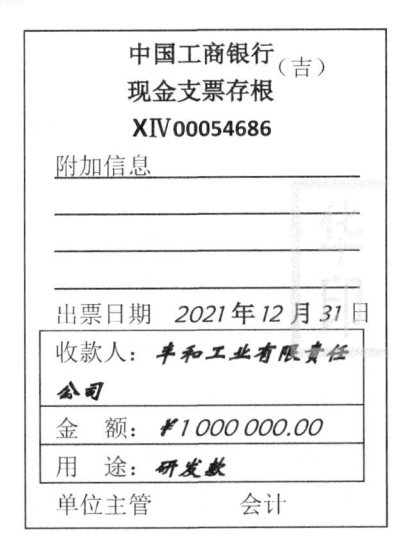

复核　　记账

图表 4-52（B）　相关记账凭证

记账凭证

2021 年 12 月 29 日　　　　　　　　　　　　　　　　　　　　　顺序第 0045 号

业务内容	借方科目		页数	贷方科目		页数	金额										附原始单据1张
	一级科目	明细科目		一级科目	明细科目		千	百	十	万	千	百	十	元	角	分	
收回货款	银行存款	工行		应收账款	欣拓集团			2	4	8	6	0	0	0	0	0	
合计							¥	2	4	8	6	0	0	0	0	0	

会计主管：李胜勇　　记账：程佳　　稽核：周亮　　出纳：张一　　制单：王丽

9. 提取现金。

企业签发现金支票 1 张，提取现金，准备支付第 4 季度研发 P2 产品的费用 1 000 000 元，相关会计凭证如图表 4-53 所示。

图表 4-53（A）　相关原始凭证

中国工商银行（吉）
现金支票存根
XIV 00054686

附加信息 _____

出票日期　2021 年 12 月 31 日
收款人：丰和工业有限责任公司
金　额：¥1 000 000.00
用　途：研发款

单位主管　　　会计

❖ 图表4-53（B） 相关记账凭证❖

记账凭证

2021年12月31日　　　　　　　　　　　　　　　　顺序第0046号

业务内容	借方科目		页数	贷方科目		页数	金　额										附原始单据1张
	一级科目	明细科目		一级科目	明细科目		千	百	十	万	千	百	十	元	角	分	
提取现金	库存现金			银行存款	工行			1	0	0	0	0	0	0	0	0	
合计							¥	1	0	0	0	0	0	0	0	0	

会计主管：李胜勇　　记账：程佳　　稽核：周亮　　出纳：张一　　制单：王丽

10．以库存现金支付研发费用。

企业支付P2产品的研发费用1 000 000元。为了简化，此处以研发支出汇总表代替有关的原始单据（以后经营年度同此），相关会计凭证如图表4-54所示。

❖ 图表4-54（A） 相关原始凭证❖

研发支出汇总表

2021年第4季度　　　　　　单位：元

项目	金额
材料费用	……
人工费用	……
其他费用	……
……	……
合计	1 000 000

❖ 图表4-54（B） 相关记账凭证❖

记账凭证

2021年12月31日　　　　　　　　　　　　　　　　顺序第0047号

业务内容	借方科目		页数	贷方科目		页数	金　额										附原始单据1张
	一级科目	明细科目		一级科目	明细科目		千	百	十	万	千	百	十	元	角	分	
支付P2产品研发费用	研发支出	资本化支出		库存现金				1	0	0	0	0	0	0	0	0	
合计							¥	1	0	0	0	0	0	0	0	0	

会计主管：李胜勇　　记账：程佳　　稽核：周亮　　出纳：张一　　制单：王丽

11．提取现金。

企业签发现金支票1张，提取现金，准备支付第4季度管理费用600 000元，相关会计凭证如图表4-55所示。

❖**图表4-55（A） 相关原始凭证**❖

```
中国工商银行（吉）
现金支票存根
XIV 00054687
附加信息
_____
_____
_____
出票日期 2021年12月31日
收款人： 丰和工业有限责任公司
金　额： ￥600 000.00
用　途： 费用款
单位主管　　　会计
```

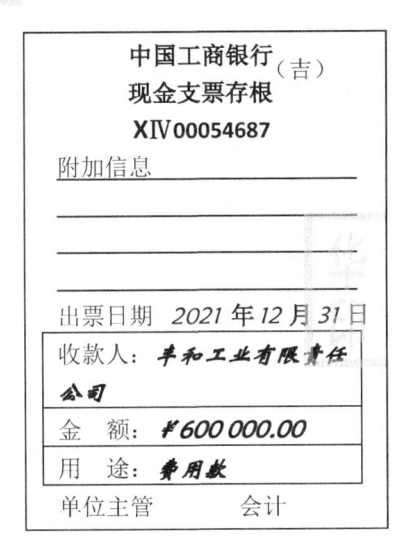

❖**图表4-55（B） 相关记账凭证**❖

记账凭证

2021年12月31日　　　　　　　　　　　　　　　　　顺序第0048号

业务内容	借方科目		页数	贷方科目		页数	金额（千百十万千百十元角分）
	一级科目	明细科目		一级科目	明细科目		
提取现金	库存现金			银行存款	工行		6 0 0 0 0 0 0 0
合计							￥ 6 0 0 0 0 0 0 0

附原始单据1张

会计主管：李胜勇　　记账：程佳　　稽核：周亮　　出纳：张一　　制单：王丽

12．以库存现金支付行政管理费用。

行政管理费用每季度为1 000 000元，其中管理人员工资占比40%，为400 000元，已在"开始下一批生产"项目中列示，此处支付的管理费用是除工资外的其他管理费用，合计600 000元。为了简化，此处以管理费用计算表代替有关的原始单据（以后经营年度同此），相关会计凭证如图表4-56所示。

❖**图表 4-56（A） 相关原始凭证**❖

管理费用计算表

2021 年第 4 季度　　　　　　　　　　　　单位：元

项目	金额
业务招待费用（占比 20%）	200 000
管理部门办公费用（占比 10%）	100 000
管理部门差旅费用（占比 30%）	300 000
合计	600 000

说明：此表中不包括企业管理人员的工资，管理人员的工资已在职工薪酬计算表中列示。

❖**图表 4-56（B） 相关记账凭证**❖

记账凭证

2021 年 12 月 31 日　　　　　　　　　　　　顺序第 0049 号

业务内容	借方科目 一级科目	借方科目 明细科目	页数	贷方科目 一级科目	贷方科目 明细科目	页数	金额
支付管理费用	管理费用	招待费		库存现金			2 0 0 0 0 0 0 0
支付管理费用	管理费用	办公费		库存现金			1 0 0 0 0 0 0 0
支付管理费用	管理费用	差旅费		库存现金			3 0 0 0 0 0 0 0
合计							¥6 0 0 0 0 0 0 0

附原始单据 1 张

会计主管：李胜勇　　记账：程佳　　稽核：周亮　　出纳：张一　　制单：王丽

13．支付贷款利息。

根据企业长期贷款余额（40 000 000 元）及贷款利率（10%）计算并支付长期贷款的利息费用 4 000 000 元，相关会计凭证如图表 4-57 所示。

❖**图表 4-57（A） 相关原始凭证**❖

银行贷款利息计算表

2021 年 12 月 31 日　　　　　　　　　　　　单位：元

贷款种类	金额	利率	本年应付利息	备注
长期贷款	40 000 000	10%	4 000 000	

主管：　　　　记账：　　　　复核：周亮　　　　制表：王丽

❖ **图表4-57（B）相关原始凭证** ❖

ICBC 中国工商银行贷款利息凭证

2021年12月31日　　　　　　　　　　　　　　　　　　　　　№75341

收款单位	账　号	5647992214992224536	付款单位	账　号	1535005896897453267
	户　名	中国工商银行长春市基隆支行		户　名	丰和工业有限责任公司
	开户银行	中国工商银行		开户银行	中国工商银行

积数：40 000 000元	利率	10%	利息：4 000 000元
丰和 户第 1—4 季度利息	科目_____ 对方科目_____		
	复核员：		记账员：

（盖章：中国工商银行长春市基隆支行 2021.12.31 转讫 模拟）

❖ **图表4-57（C）　相关记账凭证** ❖

记账凭证

2021年12月31日　　　　　　　　　　　　　　　　　　　顺序第 0050 号

业务内容	借方科目		页数	贷方科目		页数	金　　　额										附原始单据1张
	一级科目	明细科目		一级科目	明细科目		千	百	十	万	千	百	十	元	角	分	
支付利息费用	财务费用	利息费用		银行存款	工行			4	0	0	0	0	0	0	0	0	
合计							¥	4	0	0	0	0	0	0	0	0	

会计主管：李胜勇　　记账：程佳　　稽核：周亮　　出纳：张一　　制单：王丽

14．借入长期贷款。

企业根据经营需要，又向银行借入5年期贷款40 000 000元，相关会计凭证如图表4-58所示。

❖ **图表4-58（A）　相关原始凭证** ❖

借款申请书

2021年12月31日

企业名称	丰和工业有限责任公司	法人代表	崔晓华	企业性质	国有控股
地址	吉林省长春市台北大街3566号	财务负责人	李胜勇	联系电话	0431-88567888
经营范围	生产销售P类产品	主管部门			
借款期限	自2021年12月31日至2026年12月31日			申请金额	40 000 000元
主要用途及效益说明：	本公司生产经营状况良好，为了扩大生产，生产经营需要购置生产线					
申请单位财务章			信贷员意见：同意		
财务部门负责人：李胜勇			行主管领导：张强　　信贷部门负责人：李风		

❖图表4-58（B） 相关原始凭证❖

ICBC 中国工商银行　借款借据

借据号：XYH20201231　　　　　　　　　　　　　　　　借款合同编号：9820123

借款人名称	丰和工业有限责任公司	结算账号	1535005896897453267
放款账户名称	丰和工业有限责任公司	放款账号	1535005896897453267
贷款种类	长期	贷款账号	5647992214992224536
贷款金额	人民币（大写）肆仟万元整	亿千百十万千百十元角分	¥ 4 0 0 0 0 0 0 0 0 0
借款期限	自2021年12月31日至2026年12月31日止	基准利率 10%	逾期后利率 12%

以上借款已转入放款账户

　　　　借款人签章　　　　　　　　　银行签章

支行信贷员签字：李丽　　支行信贷部经理签字：赵得　　支行行长签字：李强

银行机打记录：
客户号：22010600568　　　　　　　借款人名称：丰和工业有限责任公司
产品名称：长期贷款　　　　　　　　贷款合同号：9820123
贷款借据号：XYH20201231　　　　　贷款账号：5647992214992224536
入账账号：1535005896897453267　　入账名称：丰和工业有限责任公司
还款账号：1535005896897453267　　还款名称：丰和工业有限责任公司
贷款期限：5年　　　　　　　　　　到期日期：2026年12月31日
货币代号：01－人民币　　　　　　　借据金额：40 000 000.00
执行利率：10%　　　　　　　　　　年/月利率：Y-年利率

交易代码：2021　　交易日期：2021年12月31日　　交易时间：13:52　　柜员流水号：0008933215
机构号：0567　　　交易柜员：783452　　　　　　授权柜员：
主管：　　　　　　会计：

❖图表4-58（C） 相关记账凭证❖

记账凭证

2021年12月31日　　　　　　　　　　　　　　　　　　顺序第0051号

业务内容	借方科目		页数	贷方科目		页数	金额 千百十万千百十元角分	附原始单据1张
	一级科目	明细科目		一级科目	明细科目			
取得5年期贷款	银行存款	工行		长期借款	工行		4 0 0 0 0 0 0 0 0 0	
合计							¥ 4 0 0 0 0 0 0 0 0 0	

会计主管：李胜勇　　记账：程佳　　稽核：周亮　　出纳：张一　　制单：王丽

15．支付设备维护费。

签发转账支票1张，支付当年的设备维护费4 000 000元，相关会计凭证如图表4-59所示。

❖ 图表 4-59（A）　相关原始凭证❖

```
2200211130              吉林增值税普通发票        №  21987867    2200211130
                           发票联                              21987867
校验码54367 46567 98760 54665              开票日期：2021年12月31日
```

购买方	名　称：	丰和工业有限责任公司	密码区	（略）
	纳税人识别号：	912204002078226079		
	地　址、电话：	吉林省长春市台北大街3566号 0431-88567888		
	开户行及账号：	中国工商银行长春市基隆支行1535005896897453267		

货物或应税劳务、服务名称	规格型号	单位	数量	单价	金额	税率	税额
设备维护费			1	3883495.15	3883495.15	3%	116504.85
合　计					¥3883495.15		¥116504.85
价税合计（大写）	⊗肆佰万元整				（小写）¥4000000.00		

销售方	名　称：	宏图设备租赁维修有限责任公司	备注	宏图设备租赁维修有限责任公司
	纳税人识别号：	967200701143677865		967200701143677865
	地　址、电话：	吉林省长春市青年路4782号 0431-86242222		发票专用章
	开户行及账号：	中国建设银行长春市青年路支行0789734239754688998		

收款人：周立　　复核：张强　　开票人：李芳　　销售方：（章）

❖ 图表 4-59（B）　相关原始凭证❖

```
中国工商银行（吉）
转账支票存根
ZⅣ 00021549

附加信息
_____
_____

出票日期  2021年12月31日
收款人：宏图设备租赁维修有限
        责任公司
金　额：¥4 000 000.00
用　途：设备维护费
单位主管         会计
```

❖ 图表 4-59（C）　相关记账凭证❖

记账凭证

2021年12月31日　　　　　　　　　　　　　　　顺序第 0052 号

业务内容	借方科目		页数	贷方科目		页数	金　额　千百十万千百十元角分
	一级科目	明细科目		一级科目	明细科目		
支付设备维护费	制造费用	维护费		银行存款	工行		4 0 0 0 0 0 0 0 0
合计							¥ 4 0 0 0 0 0 0 0 0

附原始单据 1 张

会计主管：李胜勇　　记账：程佳　　稽核：周亮　　出纳：张一　　制单：王丽

16. 计提折旧。

计提固定资产的折旧费 4 150 000 元，相关会计凭证如图表 4-60 所示。

❖图表 4-60（A） 相关原始凭证❖

固定资产折旧计算表

2021 年 12 月 31 日　　　　　　　　　　　　　　　　　　　　　　　　　　　金额单位：元

部门	项目	原值	残值	使用年限（年）	前期已提折旧额	本年应提折旧额
生产部门	大厂房	40 000 000	0	40	0	1 000 000
生产部门	手工生产线 1	5 000 000	1 000 000	5	2 000 000	800 000
生产部门	手工生产线 2	5 000 000	1 000 000	5	2 000 000	800 000
生产部门	手工生产线 3	5 000 000	1 000 000	5	2 000 000	800 000
生产部门	半自动生产线	8 000 000	2 000 000	8	4 000 000	750 000
合　计		63 000 000	—	—	10 000 000	4 150 000

制单：赵胜

❖图表 4-60（B） 相关记账凭证❖

记账凭证

2021 年 12 月 31 日　　　　　　　　　　　　　　　　　　　　　　　　　顺序第 0053 号

业务内容	借方科目		页数	贷方科目		页数	金额
	一级科目	明细科目		一级科目	明细科目		千百十万千百十元角分
计提折旧费	制造费用	折旧费		累计折旧			4 1 5 0 0 0 0 0
合计							￥ 4 1 5 0 0 0 0 0

附原始单据 1 张

会计主管：李胜勇　　记账：程佳　　稽核：周亮　　出纳：　　制单：王丽

17. 支付认证费、市场开拓费。

签发转账支票 1 张，支付给科硕认证咨询有限责任公司 ISO9000 认证费 1 000 000 元；签发转账支票 1 张，支付达奇服务有限责任公司区域市场开拓费 1 000 000 元，相关会计凭证如图表 4-61 所示。

❖图表4-61（A） 相关原始凭证❖

```
        中国工商银行（吉）
         转账支票存根
         ZIV00021550
    附加信息 _____
    _____
    _____
    出票日期 2021年12月31日
    收款人：科硕认证咨询有限责任
    公司
    金  额：¥1 000 000.00
    用  途：认证费
    单位主管      会计
```

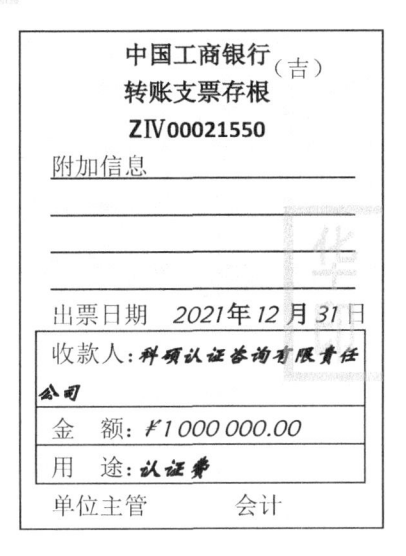

❖图表4-61（B） 相关原始凭证❖

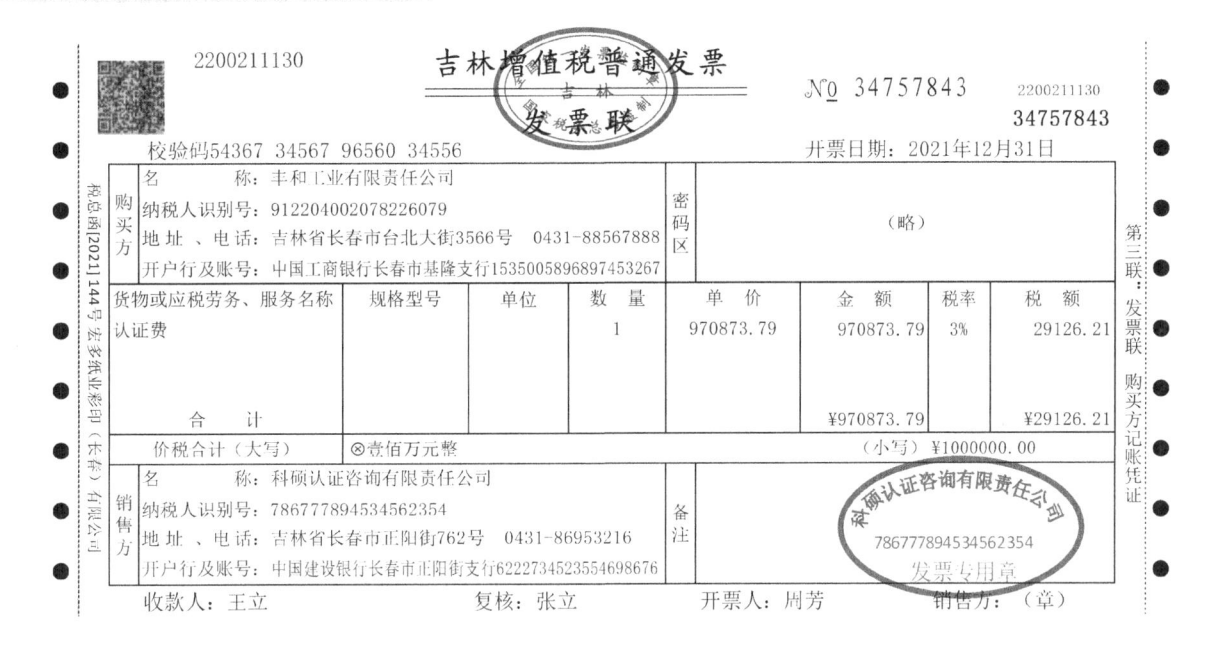

吉林增值税普通发票　　No 34757843

2200211130　　　　　　　　　　　　　　　　　2200211130
　　　　　　　　　　　　　　　　　　　　　　34757843

校验码54367 34567 96560 34556　　　开票日期：2021年12月31日

购买方	名　称：丰和工业有限责任公司						
	纳税人识别号：912204002078226079						
	地址、电话：吉林省长春市台北大街3566号　0431-88567888				密码区	（略）	
	开户行及账号：中国工商银行长春市基隆支行1535005896897453267						
货物或应税劳务、服务名称	规格型号	单位	数量	单价	金　额	税率	税　额
认证费			1	970873.79	970873.79	3%	29126.21
合　计					¥970873.79		¥29126.21
价税合计（大写）　⊗壹佰万元整					（小写）¥1000000.00		
销售方	名　称：科硕认证咨询有限责任公司				备注		
	纳税人识别号：786777894534562354						
	地址、电话：吉林省长春市正阳街762号　0431-86953216						
	开户行及账号：中国建设银行长春市正阳街支行6222734523554698676						

收款人：王立　　　　复核：张立　　　　开票人：周芳　　　　销售方：（章）

❖图表4-61（C） 相关原始凭证❖

```
        中国工商银行（吉）
         转账支票存根
         ZIV00021551
    附加信息 _____
    _____
    _____
    出票日期 2021年12月31日
    收款人：达奇服务有限责任公司
    金  额：¥1 000 000.00
    用  途：市场开拓费
    单位主管      会计
```

图表4-61（D） 相关原始凭证

吉林增值税普通发票 No 68577826

开票日期：2021年12月31日

购买方：
- 名称：丰和工业有限责任公司
- 纳税人识别号：912204002078226079
- 地址、电话：吉林省长春市台北大街3566号 0431-88567888
- 开户行及账号：中国工商银行长春市基隆支行1535005896897453267

货物或应税劳务、服务名称	规格型号	单位	数量	单价	金额	税率	税额
服务费			1	970873.79	970873.79	3%	29126.21
合计					¥970873.79		¥29126.21

价税合计（大写）：壹佰万元整　（小写）¥1000000.00

销售方：
- 名称：达奇服务有限责任公司
- 纳税人识别号：278977563424569898
- 地址、电话：吉林省长春市柳影路987号 0431-86321238
- 开户行及账号：中国建设银行长春市柳影路支行6222896793554628466

收款人：王梅　复核：张小丽　开票人：周丽红　销售方：（章）

图表4-61（E） 相关记账凭证

记账凭证

2021年12月31日　　顺序第0054号

业务内容	借方科目（一级科目）	借方科目（明细科目）	页数	贷方科目（一级科目）	贷方科目（明细科目）	页数	金额
支付认证费	管理费用	认证费		银行存款	工行		1000000.00
支付市场开拓费	管理费用	市场开拓费		银行存款	工行		1000000.00
合计							¥2000000.00

会计主管：李胜勇　记账：程佳　稽核：周亮　出纳：张一　制单：王丽

附原始单据1张

18. 结转制造费用。

期末结转制造费用，为了简化，制造费用按投产的产品数量比例进行分配，本年共投产P1产品10件（目前完工6件，在制4件），相关会计凭证如图表4-62所示。

图表4-62（A） 相关原始凭证

制造费用分配表

产品名称	生产数量（件）	分配率	分配金额（元）
P1产品	10		8 958 800
合计	10	895880	8 958 800

❖ **图表4-62（B） 相关记账凭证** ❖

记账凭证

2021年12月31日　　　　　　　　　　　　　　　　　　　　　　　　顺序第 0055 号

业务内容	借方科目		页数	贷方科目		页数	金额									附原始单据1张
	一级科目	明细科目		一级科目	明细科目		千	百	十	万	千	百	十	元	角	分	
结转制造费用	生产成本	P1产品（制造费用）		制造费用				8	9	5	8	8	0	0	0	0	
合计								¥	8	9	5	8	8	0	0	0	0

会计主管：李胜勇　　　记账：程佳　　　稽核：周亮　　　出纳：　　　制单：王丽

19. 结转完工产品成本。

根据生产成本明细账所归集的成本费用，为了简化，企业将生产费用按完工产品数量和在制品数量进行分配，计算本年完工产品成本和年末在制品成本，相关会计凭证如图表4-63所示。

❖ **图表4-63（A） 相关原始凭证** ❖

成本计算单

完工产品数量：6件
在制品数量：4件

产品名称：P1产品　　　　　　　　　　2021年12月　　　　　　　　　　　　单位：元

项目	直接材料	直接人工	制造费用	合计
年初在制品成本	4 000 000	4 000 000	0	8 000 000
本年发生的生产费用	6 000 000	7 279 200	8 958 800	22 238 000
合计	10 000 000	11 279 200	8 958 800	30 238 000
本年完工产品成本	6 000 000	6 767 520	5 375 280	18 142 800
年末在制品成本	4 000 000	4 511 680	3 583 520	12 095 200
单位产品成本	1 000 000	1 127 920	895 880	3 023 800

制单：李胜勇

❖ **图表4-63（B） 相关原始凭证** ❖

产品交库单

金额单位：元

交库部门：生产车间　　　　　　　　　2021年　　　　　　　　　产成品库：P1产品仓库

入库时间	产品名称及规格	产品编号	计量单位	实收数量	单位成本	实际成本
第1季度	P1产品	P12001903	件	1	3 023 800	3 023 800
第2季度	P1产品	P12001904	件	1	3 023 800	3 023 800
	P1产品	P12001905	件	1	3 023 800	3 023 800
第3季度	P1产品	P12001906	件	1	3 023 800	3 023 800
第4季度	P1产品	P12002001	件	1	3 023 800	3 023 800
	P1产品	P12002002	件	1	3 023 800	3 023 800
合计				6		18 142 800

图表4-63（C） 相关记账凭证

记账凭证

2021年12月31日   顺序第0056号

业务内容	借方科目 一级科目	借方科目 明细科目	页数	贷方科目 一级科目	贷方科目 明细科目	页数	金额 千百十万千百十元角分
结转完工产品成本	库存商品	P1产品		生产成本	P1产品		1 8 1 4 2 8 0 0 0 0
合计							¥ 1 8 1 4 2 8 0 0 0 0

附原始单据 1 张

会计主管：李胜勇   记账：程佳   稽核：周亮   出纳：   制单：王丽

20．结转产品销售成本。

结转本年 P1 产品销售成本（库存商品发出按加权平均法计算），相关会计凭证如图表 4-64 所示。

图表4-64（A） 相关原始凭证

P1产品销售成本计算单

金额单位：元

期初结存		本期发生		加权平均单价	本期销售		本期库存	
期初数量	期初余额	完工数量	生产成本		发出数量	销售成本	库存数量	库存成本
3	6 000 000	6	18 142 800	2 682 533.33	4	10 730 133.35	5	13 412 666.65

制单：李胜勇

说明：将计算结果的尾差计入本期销售成本中。

图表4-64（B） 相关原始凭证

产品出库单

金额单位：元

用途：销售   2021年第1季度   产成品库：P1产品仓库

类别	编号	名称及规格	计量单位	数量	单位成本	总成本	附注
P类	P12001806	P1产品	件	1		2 682 533.33	将期初库存3件和本期生产的1件P1产品进行销售
P类	P12001901	P1产品	件	1	2 682 533.33	2 682 533.33	
P类	P12001902	P1产品	件	1		2 682 533.33	
P类	P12001903	P1产品	件	1		2 682 533.36	
合计				4		10 730 133.35	

记账：   保管：张华   检验：李香   制单：方芳

说明：将计算结果的尾差计入 P12001903 成本中。

❖ **图表 4-64（C） 相关记账凭证** ❖

记账凭证

2021 年 12 月 31 日 　　　　　　　　　　　　　　　　　　　　　　顺序第 *0057* 号

业务内容	借方科目		页数	贷方科目		页数	金额（千 百 十 万 千 百 十 元 角 分）	附原始单据
	一级科目	明细科目		一级科目	明细科目			
结转已销产品成本	主营业务成本	P1产品		库存商品	P1产品		1 0 7 3 0 1 3 3 3 5	1张
合计							¥ 1 0 7 3 0 1 3 3 3 5	

会计主管：李胜勇　　　记账：程 佳　　　稽核：周 亮　　　出纳：　　　制单：王 丽

21．计算税金及附加。

根据相关税金的计算依据进行印花税、房产税、城市维护建设税及教育费附加等税金及附加的计算。

城市维护建设税及教育费附加的计算依据为企业本期应缴的增值税，经查找企业应交税费——应交增值税明细账，本年增值税销项税额为 2 860 000 元，进项税额为 5 036 415.09 元，因此，企业本年无应缴的增值税，所以城市维护建设税及教育费附加也无须缴纳。

本年印花税的计算依据为资本类账户的金额为 50 000 000 元，印花税税率为 0.025%，为了简化，不考虑其他项目的印花税。

本年房产税的计税依据为自有房屋大厂房原值 40 000 000 元的 70%，房产税税率为 1.2%。

企业税金及附加计算表和编制的记账凭证如图表 4-65 所示。

❖ **图表 4-65（A） 相关原始凭证** ❖

税金及附加计算表

2021 年 12 月 31 日　　　　　　　　　　　　　　　　　　　　　　　　金额单位：元

税目名称	计税依据	税率或单位税额	已缴或扣除额	应缴税额
印花税	50 000 000	0.025%		12 500
房产税	28 000 000	1.2%		336 000
合计	—	—		348 500

❖ 图表4-65（B） 相关记账凭证 ❖

记账凭证

2021年12月31日　　　　　　　　　　　　　　　　　　顺序第0058号

业务内容	借方科目		页数	贷方科目		页数	金额（千百十万千百十元角分）
	一级科目	明细科目		一级科目	明细科目		
计算税金	税金及附加	印花税		应交税费	应交印花税		1 2 5 0 0 0 0
计算税金	税金及附加	房产税		应交税费	应交房产税		3 3 6 0 0 0 0 0
合计							¥ 3 4 8 5 0 0 0 0

会计主管：李胜勇　　记账：程佳　　稽核：周亮　　出纳：　　制单：王丽

22．结转本年收入。

企业本年发生销售收入22 000 000元，无其他相关收入，相关记账凭证如图表4-66所示。

❖ 图表4-66 相关记账凭证 ❖

记账凭证

2021年12月31日　　　　　　　　　　　　　　　　　　顺序第0059号

业务内容	借方科目		页数	贷方科目		页数	金额（千百十万千百十元角分）
	一级科目	明细科目		一级科目	明细科目		
结转收入	主营业务收入			本年利润			2 2 0 0 0 0 0 0 0 0
合计							¥ 2 2 0 0 0 0 0 0 0 0

会计主管：李胜勇　　记账：程佳　　稽核：周亮　　出纳：　　制单：王丽

23．结转本年发生的费用。

本年共发生主营业务成本10 730 133.35元，税金及附加348 500元，销售费用3 773 584.91元，管理费用6 556 800元，财务费用4 000 000元，相关记账凭证如图表4-67所示。

◆ 图表4-67 相关记账凭证 ◆

记账凭证

2021年12月31日　　　　　　　　　　　　　　　　　　　　顺序第0060号

业务内容	借方科目 一级科目	借方科目 明细科目	页数	贷方科目 一级科目	贷方科目 明细科目	页数	金额 千百十万千百十元角分
结转费用	本年利润			主营业务成本			1 0 7 3 0 1 3 3 3 5
结转费用	本年利润			税金及附加			3 4 8 5 0 0 0 0
结转费用	本年利润			销售费用			3 7 7 3 5 8 4 9 1
结转费用	本年利润			管理费用			6 5 5 6 8 0 0 0 0
结转费用	本年利润			财务费用			4 0 0 0 0 0 0 0 0
合计						¥	2 5 4 0 9 0 1 8 2 6

附原始单据1张

会计主管：李胜勇　　记账：程佳　　稽核：周亮　　出纳：　　制单：王丽

24．结转净利或亏损。

本年利润额=22 000 000-25 409 018.26=-3 409 018.26（元）

亏损额为3 409 018.26元，按税法规定进行纳税项目调整，计算应纳税所得额，查看企业是否需缴纳所得税。

本年纳税调增项目：

广告费限额=22 000 000×15%=3 300 000（元）

广告费超支额=3 773 584.91-3 300 000=473 584.91（元）

业务招待费限额1=800 000×60%=480 000（元）

业务招待费限额2=22 000 000×0.5%=110 000（元）

因按销售收入的千分之五计算的业务招待费限额少，因此业务招待费按110 000元限额扣除。

业务招待费超支额=800 000-110 000=690 000（元）

本年纳税调减项目：

P2产品研发支出加计扣除额=4 000 000×75%=3 000 000（元）

本年应纳税所得额=-3 409 018.26+473 584.91+690 000-3 000 000=-5 245 433.35（元）

由于本年应纳税所得额为负数，所以本年无须缴纳企业所得税。

25．结转本年净损失。

本年净损失额=22 000 000-25 409 018.26=-3 409 018.26（元）

根据会计人员对财务成果的计算情况编制记账凭证，如图表4-68所示。

图表 4-68 相关记账凭证

记账凭证

2021年12月31日 顺序第 0061 号

业务内容	借方科目 一级科目	借方科目 明细科目	页数	贷方科目 一级科目	贷方科目 明细科目	页数	金额 千百十万千百十元角分
结转亏损额	利润分配	未分配利润		本年利润			3 4 0 9 0 1 8 2 6
合计							¥ 3 4 0 9 0 1 8 2 6

会计主管：李胜勇　　记账：程佳　　稽核：周亮　　出纳：　　制单：王丽

附原始单据 1 张

（五）登记相关账簿

根据企业所发生的经济业务，会计人员在编制记账凭证后，经审核无误要登记账簿。在手工记账的方式下，登记账簿采用平行登记的方法，即对所发生的每项经济业务，都要以会计凭证为依据，一方面记入有关总分类账户，另一方面记入有关总分类账户所属明细分类账户。平等登记的要点如下：依据相同、方向相同、期间相同、金额相等。

根据岗位职责分工，会计主管李胜勇负责总账登记工作，记账程佳负责明细账登记工作，出纳张一负责库存现金日记账和银行存款日记账登记工作。会计人员将当年所发生的经济业务采用平行登记法登记到相关的账簿中，在此仅以企业的银行存款日记账和银行存款总账为例，展示账簿的登记。

银行存款日记账如图表 4-69 所示。

图表 4-69 银行存款日记账

银 行 存 款 日 记 账

开户银行：中国工商银行长春市基隆支行
账号：1535005896897453267　　　　　　　　　　　　　　　　　　金额单位：元

2021年 月	日	凭证号	摘要	结算凭证 种类	结算凭证 号数	对方科目	借方	贷方	余额
1	1		期初余额						41 000 000
1	1	0001	支付广告费	转支	#1539	销售费用		4 000 000	37 000 000
1	5	0002	支付上一年企业所得税	划转	#3112	应交税费		1 000 000	36 000 000
1	16	0003	购买材料	转支	#1540	原材料等		1 130 000	34 870 000
			本月合计					6 130 000	34 870 000
3	30	0009	提取现金	现支	#4680	库存现金		1 000 000	33 870 000
3	31	0011	提取现金	现支	#4681	库存现金		600 000	33 270 000
			本月合计					1 600 000	33 270 000
			本季合计					7 730 000	33 270 000
4	16	0013	购买材料	转支	#1541	原材料等		1 130 000	32 140 000
4	30	0018	发放工资	转支	#1542	应付职工薪酬		1 089 200	31 050 800

续表

2021年 月	日	凭证号	摘要	结算凭证 种类	号数	对方科目	借方	贷方	余额
4	30	0019	支付三险一金	划转	#0356 #5607	应付职工薪酬等		798 000	30 252 800
			本月合计					3 017 200	30 252 800
6	30	0020	提取现金	现支	#4682	库存现金		1 000 000	29 252 800
6	30	0022	提取现金	现支	#4683	库存现金		600 000	28 652 800
			本月合计					1 600 000	28 652 800
			本季合计					4 617 200	28 652 800
7	16	0024	购买材料	转支	#1543	原材料等		2 260 000	26 392 800
			本月合计					2 260 000	26 392 800
8	16	0026	支付第1期设备款	转支	#1544	应付账款		9 040 000	17 352 800
8	31	0031	发放工资	转支	#1545	应付职工薪酬		1 867 200	15 485 600
8	31	0032	支付三险一金	划转	#0894 #6596	应付职工薪酬等		1 368 000	14 117 600
			本月合计					12 275 200	14 117 600
9	30	0033	提取现金	现支	#4684	库存现金		1 000 000	13 117 600
9	30	0035	提取现金	现支	#4685	库存现金		600 000	12 517 600
			本月合计					1 600 000	12 517 600
			本季合计					16 135 200	12 517 600
10	16	0037	购买材料	转支	#1546	原材料等		1 130 000	11 387 600
10	26	0038	支付第2期设备款	转支	#1547	应付账款		9 040 000	2 347 600
			本月合计					10 170 000	2 347 600
11	30	0043	发放工资	转支	#1548	应付职工薪酬		1 089 200	1 258 400
11	30	0044	支付三险一金	划转	#8878 #7076	应付职工薪酬等		798 000	460 400
11	29	0045	收回货款	转支	#8654	应收账款	24 860 000		25 320 400
			本月合计				24 860 000	1 887 200	25 320 400
12	31	0046	提取现金	现支	#4686	库存现金		1 000 000	24 320 400
12	31	0048	提取现金	现支	#4687	库存现金		600 000	23 720 400
12	31	0050	支付利息费用	划转	#75342	财务费用		4 000 000	19 720 400
12	31	0051	取得长期借款	划转	#65455	长期借款	40 000 000		59 720 400
12	31	0052	支付设备维护费	转支	#1549	制造费用		4 000 000	55 720 400
12	31	0054	支付认证费、市场开拓费	转支	#1550 #1551	管理费用		2 000 000	53 720 400
			本月合计				40 000 000	11 600 000	53 720 400
			本季合计				64 860 000	23 657 200	53 720 400
			本年合计				64 860 000	52 139 600	53 720 400
			结转下一年						

在实际工作中，采用手工记账时，为了简化总账登记工作，可采用不同的会计处理程序，如科目汇总表会计处理程序、汇总记账凭证会计处理程序等。本企业的会计处理程序采用的是科目汇总表会计处理程序，即根据科目汇总表来登记各个科目的发生额及余额。本次登记中，以银行存款和原材料的总账为例来说明总账的登记方法，如图表 4-70 所示。其他有关科目的总账在此省略。

❖图表 4-70（A） 第 1 季度科目汇总表❖

科目汇总表

2021 年第 1 季度　　　　　　　　　　　　　　　　　　单位：元

科目名称	借方	贷方
库存现金	1 600 000.00	1 600 000.00
银行存款		7 730 000.00
应收账款	24 860 000.00	
原材料	1 000 000.00	1 000 000.00
应付职工薪酬	310 800.00	1 887 200.00
应交税费	1 356 415.09	2 860 000.00
其他应付款		310 800.00
生产成本	2 213 200.00	
制造费用	134 800.00	
研发支出	1 000 000.00	
主营业务收入		22 000 000.00
销售费用	3 773 584.91	
管理费用	1 139 200.00	
合计	37 388 000.00	37 388 000.00

❖图表 4-70（B） 第 2 季度科目汇总表❖

科目汇总表

2021 年第 2 季度　　　　　　　　　　　　　　　　　　单位：元

科目名称	借方	贷方
库存现金	1 600 000.00	1 600 000.00
银行存款		4 617 200.00
原材料	1 000 000.00	2 000 000.00
应付职工薪酬	2 109 200.00	3 235 200.00
应交税费	130 000.00	
其他应付款	310 800.00	532 800.00
生产成本	4 426 400.00	
制造费用	269 600.00	
研发支出	1 000 000.00	
管理费用	1 139 200.00	
合计	11 985 200.00	11 985 200.00

❖图表 4-70（C） 第 3 季度科目汇总表❖

科目汇总表

2021 年第 3 季度　　　　　　　　　　　　　　　　　　　　　　　　单位：元

科目名称	借方	贷方
库存现金	1 600 000.00	1 600 000.00
银行存款		16 135 200.00
原材料	2 000 000.00	1 000 000.00
在建工程	32 000 000.00	
应付账款	9 040 000.00	36 160 000.00
应付职工薪酬	3 013 200.00	1 887 200.00
应交税费	4 420 000.00	
其他应付款	532 800.00	310 800.00
生产成本	2 213 200.00	
制造费用	134 800.00	
研发支出	1 000 000.00	
管理费用	1 139 200.00	
合计	57 093 200.00	57 093 200.00

❖图表 4-70（D） 第 4 季度科目汇总表❖

科目汇总表

2021 年第 4 季度　　　　　　　　　　　　　　　　　　　　　　　　单位：元

科目名称	借方	贷方
库存现金	1 600 000.00	1 600 000.00
银行存款	64 860 000.00	23 657 200.00
应收账款		24 860 000.00
原材料	1 000 000.00	2 000 000.00
库存商品	18 142 800.00	10 730 133.35
累计折旧		4 150 000.00
应付账款	9 040 000.00	
应付职工薪酬	2 109 200.00	3 235 200.00
应交税费	130 000.00	348 500.00
其他应付款	310 800.00	532 800.00
长期借款		40 000 000.00
本年利润	25 409 018.26	25 409 018.26
利润分配	3 409 018.26	
生产成本	13 385 200.00	18 142 800.00
制造费用	8 419 600.00	8 958 800.00
研发支出	1 000 000.00	

续表

科目名称	借方	贷方
主营业务收入	22 000 000.00	
主营业务成本	10 730 133.35	10 730 133.35
税金及附加	348 500.00	348 500.00
销售费用		3 773 584.91
管理费用	3 139 200.00	6 556 800.00
财务费用	4 000 000.00	4 000 000.00
合计	185 033 469.87	185 033 469.87

会计人员根据科目汇总表登记总账，如图表 4-71 所示。

❖ **图表 4-71 银行存款总账** ❖

总 分 类 账

科目名称或编号　　　银行存款　　　　　　　　　　　　　　　　　　　　　　　单位：元

2021年 季	2021年 月	凭证号	摘要	借方金额	贷方金额	借或贷	余额
			期初余额			借	41 000 000
1			根据第1季度科目汇总表汇总		7 730 000	借	33 270 000
			本季合计		7 730 000	借	33 270 000
2			根据第2季度科目汇总表汇总		4 617 200	借	28 652 800
			本季合计		4 617 200	借	28 652 800
3			根据第3季度科目汇总表汇总		16 135 200	借	12 517 600
			本季合计		16 135 200	借	12 517 600
4			根据第4季度科目汇总表汇总	64 860 000	23 657 200	借	53 720 400
			本季合计	64 860 000	23 657 200	借	53 720 400
			本年累计	65 740 000	52 290 000	借	53 720 400
			结转下一年				

> **知识加油站**
>
> ### 错账的更正方法
>
> 根据《会计基础工作规范》的相关规定，企业的账簿记录发生错误，不准涂改、挖补、刮擦或用药水消除字迹，不准重新抄写，必须按照一定的方法进行更正。手工记账条件下，错账更正的方法主要包括划线更正法、红字更正法和补充登记法。
>
> 划线更正法：结账前发现账簿记录有文字或数字错误，而记账凭证没有错误，可以采用划线更正法。更正时，可在错误的文字或数字上划一条红线，在红线的上方填写正确的文字或数字，并由记账人员在更正处盖章，以明确责任。但要注意：更正时不得只划销个别数字，错误的数字必须全部划销，并保持原有数字清晰可辨，以便审查。

红字更正法：红字更正法适用于两种情况：一是记账后发现记账凭证中的会计科目错误，从而引起记账错误；二是所记金额大于应记金额，记账后发现记账凭证和账簿记录中应借、应贷会计科目无误，只是所记金额大于应记金额。前一种错账的更正方法是，用红字填写一张与原记账凭证完全相同的记账凭证，以示注销原记账凭证，然后用蓝字填写一张正确的记账凭证，并据以记账。后一种错账的更正方法是，将多记的金额用红字编制一张与原记账凭证应借、应贷科目完全相同的记账凭证，以冲销多记的金额，并据以记账。

补充登记法：记账后发现记账凭证和账簿记录中应借、应贷会计科目无误，只是所记金额小于应记金额，可采用补充登记法。更正的方法是，按少记的金额用蓝字编制一张与原记账凭证应借、应贷科目完全相同的记账凭证，以补充少记的金额，并据以记账。

登记账簿工作完成之后，要进行试算平衡，以确保账簿记录的正确性，如图表 4-72 所示。

❖图表 4-72 试算平衡表❖

试 算 平 衡 表

单位名称：丰和工业有限责任公司　　　　　2021年12月31日　　　　　　　单位：元

科目代码	科目名称	期初余额 借方	期初余额 贷方	本期发生额 借方	本期发生额 贷方	期末余额 借方	期末余额 贷方
1001	库存现金	1 000 000.00		6 400 000.00	6 400 000.00	1 000 000.00	
1002	银行存款	41 000 000.00		64 860 000.00	52 139 600.00	53 720 400.00	
1122	应收账款			24 860 000.00	24 860 000.00		
1403	原材料	2 000 000.00		5 000 000.00	6 000 000.00	1 000 000.00	
1405	库存商品	6 000 000.00		18 142 800.00	10 730 133.35	13 412 666.65	
1601	固定资产	49 000 000.00				49 000 000.00	
1602	累计折旧				4 150 000.00		4 150 000.00
1604	在建工程			32 000 000.00		32 000 000.00	
2202	应付账款		18 080 000.00	36 160 000.00			18 080 000.00
2211	应付职工薪酬			7 542 400.00	10 244 800.00		2 702 400.00
2221	应交税费		1 000 000.00	6 036 415.09	3 208 500.00	-1 827 915.09	
2241	其他应付款			1 154 400.00	1 687 200.00		532 800.00
2501	长期借款		40 000 000.00		40 000 000.00		80 000 000.00
4001	实收资本		50 000 000.00				50 000 000.00
4103	本年利润			25 409 018.26	25 409 018.26		
4104	利润分配		16 000 000.00	3 409 018.26			12 590 981.74
5001	生产成本	8 000 000.00		22 238 000.00	18 142 800.00	12 095 200.00	
5301	研发支出			4 000 000.00		4 000 000.00	
5101	制造费用			8 958 800.00	8 958 800.00		
6001	主营业务收入			22 000 000.00	22 000 000.00		

续表

科目代码	科目名称	期初余额 借方	期初余额 贷方	本期发生额 借方	本期发生额 贷方	期末余额 借方	期末余额 贷方
6401	主营业务成本			10 730 133.35	10 730 133.35		
6403	税金及附加			348 500.00	348 500.00		
6601	销售费用			3 773 584.91	3 773 584.91		
6602	管理费用			6 556 800.00	6 556 800.00		
6603	财务费用			4 000 000.00	4 000 000.00		
合计		107 000 000.00	107 000 000.00	295 499 869.87	295 499 869.87	166 228 266.65	166 228 266.65

（六）对账与结账

登记账簿后，会计人员要进行对账工作，以保证账簿记录的正确性。对账工作的主要内容包括账证核对、账账核对、账实核对。

账证核对是指将账簿记录与会计凭证进行核对，以保证账簿记录的正确性。

账账核对是指将账簿与账簿进行核对，具体包括核对总分类账簿与所属明细分类账簿，核对总分类账簿与序时账簿，核对会计部门与财产物资保管部门或使用部门的账簿资料。

账实核对包括现金日记账账面余额与库存现金数额是否相符，银行存款账面余额与银行对账单的余额是否相符，各项财产物资明细账账面余额与财产物资的实有数额是否相符，有关债权债务明细账账面余额与对方单位的账面记录是否相等。

在本任务操作中，仅以银行存款的对账工作为例，说明有关资产的对账工作。

银行存款的对账，需要将企业的银行存款日记账和银行对账单进行核对，造成二者不相符的原因：一是记账错误；二是未达账项。对于未达账项，企业的出纳要根据银行对账单和企业银行存款日记账上的期初余额加减有关未达账项进行调整，计算出调整后的余额为企业银行存款的真正余额。该企业银行存款日记账如图表4-69所示，银行对账单如图表4-73所示。

❖图表4-73 银行对账单❖

银 行 对 账 单

2021年12月31日　　　　　　　　　　　　　　　　　　　　　　　　单位：元

2021年 月	2021年 日	结算凭证 种类	结算凭证 号数	摘要	借方	贷方	余额
1	1			期初余额			41 000 000
1	1	转支	#1539	广告费	4 000 000		37 000 000
1	5	划转	#3112	支付税金	1 000 000		36 000 000
1	16	转支	#1540	购买材料	1 130 000		34 870 000
3	31	现支	#4680	提取现金	1 000 000		33 870 000
3	31	现支	#4681	提取现金	600 000		33 270 000
4	16	转支	#1541	购买材料	1 130 000		32 140 000

续表

2021年		结算凭证		摘要	借方	贷方	余额
月	日	种类	号数				
4	30	转支	#1542	工资	1 089 200		31 050 800
4	30	划转	#0356 #5607	三险一金	798 000		30 252 800
6	30	现支	#4682	提取现金	1 000 000		29 252 800
6	30	现支	#4683	提取现金	600 000		28 652 800
7	16	转支	#1543	购买材料	2 260 000		26 392 800
8	16	转支	#1544	设备款	9 040 000		17 352 800
8	31	转支	#1545	工资	1 867 200		15 485 600
8	31	划转	#0894 #6596	三险一金	1 368 000		14 117 600
9	30	现支	#4684	提取现金	1 000 000		13 117 600
9	30	现支	#4685	提取现金	600 000		12 517 600
10	16	转支	#1546	购买材料	1 130 000		11 387 600
10	26	转支	#1547	设备款	9 040 000		2 347 600
11	30	转支	#1548	工资	1 089 200		1 258 400
11	30	划转	#8878 #7076	三险一金	798 000		460 400
11	29	转支	#8654	收回货款		24 860 000	25 320 400
12	31	现支	#4686	提取现金	1 000 000		24 320 400
12	31	现支	#4687	提取现金	600 000		23 720 400
12	31	划转	#75342	利息费用	4 000 000		19 720 400
12	31	划转	#65455	取得长期借款		40 000 000	59 720 400
12	31	转支	#1549	支付设备维护费	4 000 000		55 720 400
12	31	转支	#1550 #1551	支付认证费、市场开拓费	2 000 000		53 720 400
				年末余额			53 720 400

企业的会计人员经过对账后，无记账错误和未达账项，核定银行存款余额为 5 372.04 万元。

对账工作完成后，就要进行结账。结账的内容通常包括两个方面：一是结清各种损益类账户，并据以计算确定本期利润；二是结清各资产、负债和所有者权益账户，分别结出本期发生额合计和余额。结账工作包括月结、季结和年结。由于在 ERP 沙盘中以季度为经济业务发生的周期，所以只能进行季结和年结，具体格式参见银行存款总账和日记账的账簿格式。

> **知识加油站**
>
> **结账的方法**
>
> 1. 月结。
>
> 月结有两种情况：一是对于不需要按月结计本期发生额的账户，如各项应收应付款明细账和各项财产物资明细账等，每次记账后，都要随时结出余额，每月最后一笔余额

即为月末余额。也就是说，月末余额是本月最后一笔经济业务记录的同一行内余额，结账时只需在最后一笔经济业务记录之下通栏画单红线，不需要再结计一次余额；二是对于现金、银行存款日记账和需要按月结计发生额的收入、费用等明细账，每月结账时，要在最后一笔经济业务记录下面通栏画单红线，结出本月发生额和余额，在"摘要"栏内注明"本月合计"或"本期发生额及期末余额"字样，在下面通栏画单红线。

2. 季结。

季结的方法：在每季最后一个月月结的下一行"摘要"栏注明"本季合计"或"本季度发生额及余额"，分别计算出本季度3个月的借方、贷方发生额合计数及季末余额，然后在此行下面画一条单红线，表示季度结账完毕。

3. 年结。

年结的方法：在每年度终了时，所有总账账户和需要结计本年累计发生额的某些明细账户都应结出全年发生额和年末余额。在本年最后一个季度结账的下一行"摘要"栏内注明"本年合计"或"本年发生额及年末余额"字样，在"借方""贷方""余额"3栏分别填写本年度借方发生额合计、贷方发生额合计、年末余额，然后在此行下面通栏画双红线，有余额的账户要将其余额结转下一年，并在"摘要"栏内注明"结转下一年"字样，余下空行画斜红线注销，表示全年经济业务的登账工作已全部结束。年结后，对于有余额的账户，在下一会计年度新建有关会计账户的第一行"摘要"栏内注明"上一年结转"字样，在"余额"栏内填写上一年结转的余额。

(七) 编制会计报表

结账工作完成后，接下来需要做的是编制企业会计报表。根据本年发生的经济业务情况，编制本年的利润表，如图表4-74所示。

❖图表4-74　利润表❖

利润表

编制单位：丰和工业有限责任公司　　　　2021年度　　　　　　　　　　　单位：元

项目	本期金额	上期金额
一、营业收入	22 000 000.00	33 000 000.00
减：营业成本	10 730 133.35	16 000 000.00
税金及附加	348 500.00	
销售费用	3 773 584.91	1 000 000.00
管理费用	6 556 800.00	8 000 000.00
研发费用		
财务费用	4 000 000.00	4 000 000.00
其中：利息费用		4 000 000.00
利息收入		
加：其他收益		

续表

项目	本期金额	上期金额
投资收益（损失以"-"填列）		
其中：对联营企业和合营企业的投资收益		
净敞口套期收益（损失以"-"填列）		
公允价值变动收益（损失以"-"填列）		
信用减值损失（损失以"-"填列）		
资产减值损失（损失以"-"填列）		
资产处置收益（损失以"-"填列）		
二、营业利润（亏损以"-"填列）	-3 409 018.26	4 000 000.00
加：营业外收入		
减：营业外支出		
三、利润总额（亏损总额以"-"填列）	-3 409 018.26	4 000 000.00
减：所得税费用		1 000 000.00
四、净利润（净亏损以"-"填列）	-3 409 018.26	3 000 000.00
（一）持续经营净利润（净亏损以"-"填列）		
（二）终止经营净利润（净亏损以"-"填列）		
五、其他综合收益税后净额		
（一）不能重分类进损益的其他综合收益		
1．重新计量设定受益计划变动额		
2．权益法下不能转损益的其他综合收益		
3．其他权益工具公允价值变动		
4．企业自身信用风险公允价值变动		
……		
（二）将重分类进损益的其他综合收益		
1．权益法下可转损益的其他综合收益		
2．其他债权投资公允价值变动		
3．金融资产重分类计入其他综合收益的金额		
4．其他债权投资信用差值准备		
5．现金流量套期储备		
6．外币财务报表折算差额		
……		
六、综合收益总额	-3 409 018.26	3 000 000.00
七、每股收益		
（一）基本每股收益		
（二）稀释每股收益		

课堂思考： 利润表的编制需要借助哪些会计账簿？

根据本年发生的经济业务，年末编制本年的资产负债表，如图表4-75所示。

❖图表4-75 资产负债表❖

资产负债表

编制单位：丰和工业有限责任公司　　　　　2021年12月31日　　　　　　　　　　　　　　单位：元

资产	期末余额	期初余额	负债和所有者权益	期末余额	期初余额
流动资产：			流动负债：		
货币资金	54 720 400.00	42 000 000.00	短期借款		
交易性金融资产			交易性金融负债		
衍生金融资产			衍生金融负债		
应收票据			应付票据		
应收账款			应付账款	18 080 000.00	
应收款项融资			预收款项		
预付款项			合同负债		
其他应收款			应付职工薪酬	2 702 400.00	
存货	26 507 866.65	16 000 000.00	应交税费	-1 827 915.09	1 000 000.00
合同资产			其他应付款	532 800.00	
持有待售资产			持有待售负债		
一年内到期的非流动资产			一年内到期的非流动负债		
其他流动资产			其他流动负债		
流动资产合计	81 228 266.65	58 000 000.00	流动负债合计	19 487 284.91	1 000 000.00
非流动资产：			非流动负债：		
债权投资			长期借款	80 000 000.00	40 000 000.00
其他债权投资			应付债券		
长期应收款			租赁负债		
长期股权投资			长期应付款		
其他权益工具投资			预计负债		
其他非流动金融资产			递延收益		
投资性房地产			递延所得税负债		
固定资产	44 850 000.00	49 000 000.00	其他非流动负债		
在建工程	32 000 000.00		非流动负债合计	80 000 000.00	40 000 000.00
生产性生物资产			负债合计	99 487 284.91	41 000 000.00
油气资产			所有者权益(或股东权益)：		
使用权资产			实收资本（股本）	50 000 000.00	50 000 000.00
无形资产			资本公积		
开发支出	4 000 000.00		其他权益工具		
商誉			减：库存股		
长期待摊费用			其他综合收益		
递延所得税资产			专项储备		

续表

资产	期末余额	期初余额	负债和所有者权益	期末余额	期初余额
其他非流动资产			盈余公积		
			未分配利润	12 590 981.74	16 000 000.00
非流动资产合计	80 850 000.00	49 000 000.00	所有者权益（或股本权益）合计	62 590 981.74	66 000 000.00
资产总计	162 078 266.65	107 000 000.00	负债和所有者权益（或股本权益）总计	162 078 266.65	107 000 000.00

根据本年发生的经济业务，年末编制本年的现金流量表，如图表 4-76 所示。

❖ **图表 4-76　现金流量表** ❖

现金流量表

编制单位：丰和工业有限责任公司　　　　2021 年 12 月 31 日　　　　　　　　单位：元

项目	本期金额	上期金额
一、经营活动产生的现金流量		
销售商品、提供劳务收到的现金	24 860 000.00	
收到的税费返还		
收到的其他与经营活动有关的现金		
经营活动现金流入小计	24 860 000.00	
购买商品、接受劳务支付的现金	5 650 000.00	
支付给职工以及为职工支付的现金	7 009 600.00	
支付的各项税费	1 000 000.00	
支付的其他与经营活动有关的现金	12 400 000.00	
经营活动现金流出小计	26 059 600.00	
经营活动产生的现金流量净额	-1 199 600.00	
二、投资活动产生的现金流量净额		
收回投资所收到的现金		
取得投资收益所收到的现金		
处置固定资产、无形资产和其他长期资产所收回的现金净额		
处置子公司及其他营业单位收到的现金净额		
收到的其他与投资活动有关的现金		
投资活动现金流入小计		
购建固定资产、无形资产和其他长期资产所支付的现金	22 080 000.00	
投资支付的现金		
取得子公司及其他营业单位支付的现金净额		
支付的其他与投资活动有关的现金		
投资活动现金流出小计	22 080 000.00	
投资活动产生的现金流量净额	-22 080 000.00	
三、筹资活动产生的现金流量		
吸收投资收到的现金		

续表

项目	本期金额	上期金额
取得借款收到的现金	40 000 000.00	
收到的其他与筹资活动有关的现金		
筹资活动现金流入小计	40 000 000.00	
偿还债务支付的现金		
分配股利、利润和偿付利息支付的现金	4 000 000.00	
支付的其他与筹资活动有关的现金		
筹资活动现金流出小计	4 000 000.00	
筹资活动产生的现金流量净额	36 000 000.00	
四、汇率变动对现金及现金等价物的影响		
五、现金及现金等价物净增加额	12 720 400.00	
加：期初现金及现金等价物余额	42 000 000.00	
六、期末现金及现金等价物余额	54 720 400.00	
补充项目		
1. 将净利润调节为经营活动现金流量		
净利润	-3 409 018.26	
加：计提的资产减值准备		
固定资产折旧、油气资产折耗、生产性生物资产折旧	4 150 000.00	
无形资产摊销		
长期待摊费用摊销		
待摊费用减少（减：增加）		
预提费用增加（减：减少）		
处置固定资产、无形资产和其他长期资产的损失（减：收益）		
固定报废损失		
财务费用	4 000 000.00	
投资损失（减：收益）		
递延税款贷项（减：借项）		
存货的减少（减：增加）	-10 507 866.65	
经营性应收项目的减少（减：增加）		
经营性应付项目的增加（减：减少）	4 567 284.91	
其他		
经营活动产生的现金流量净额	-1 199 600.00	
2. 不涉及现金收支的投资和筹资活动		
债务转为资本		
一年内到期的可转换公司债券		
融资租入固定资产		
3. 现金及现金等价物净额变动情况		
现金的期末余额		

续表

续表

项目	本期金额	上期金额
减：现金的期初余额	54 720 400.00	
加：现金等价物的期末余额	42 000 000.00	
减：现金等价物的期初余额		
现金及现金等价物净增加额	12 720 400.00	

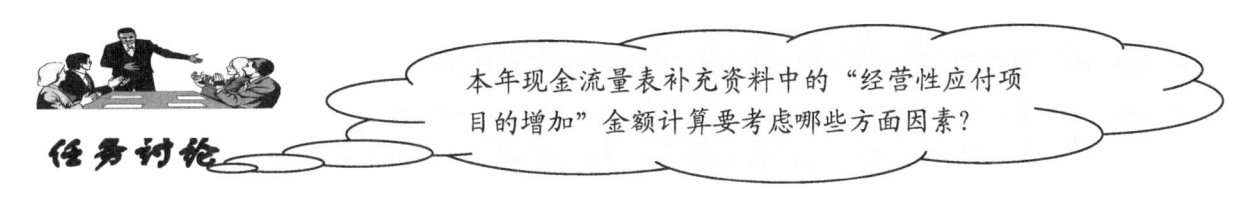

任务讨论：本年现金流量表补充资料中的"经营性应付项目的增加"金额计算要考虑哪些方面因素？

丰和工业有限责任公司第 1 经营年度结束，根据本年度的经营情况，领导层已经意识到销售的重要性。由于订单不足，致使企业存货过多，资金无法更快地回流，情况不容乐观，今后的经营将非常艰辛。但有条不紊的工作可使他们对今后的经营充满信心，对会计业务流程的认识更为系统。

项 目 小 结

本项目利用丰和工业有限责任公司在 ERP 沙盘操作中产生的经济业务，进行了相应的会计处理介绍。该企业的会计人员对所发生的经济业务，依照会计业务处理流程，进行了原始凭证审核、记账凭证编制、登记有关账簿，最后编制了企业的利润表、资产负债表和现金流量表。

项 目 训 练

一、单项选择题

1. 资产负债表中，可根据相关科目余额直接进行填列的项目是（　　）。
   A."固定资产"　　B."应付账款"　　C."存货"　　D."短期借款"

2. 企业 6 月"本年利润"期末借方余额为 50 万元，"利润分配"期末贷方余额为 80 万元，则资产负债表中"未分配利润"项目的本期金额为（　　）。
   A. 30 万元　　　　B. -30 万元　　　C. 130 万元　　　D. 80 万元

3. 企业 6 月"本年利润"期末贷方余额为 50 万元，"利润分配"期末借方余额为 80 万元，则资产负债表中"未分配利润"项目的期末金额为（　　）。
   A. 30 万元　　　　B. -30 万元　　　C. 130 万元　　　D. 80 万元

4. 下列税目中，不能在"税金及附加"科目中进行核算的是（　　）。

A．城建税　　　　B．印花税　　　　C．增值税　　　　D．房产税

5. 下列不属于"流动负债"项目的是（　　）。

A．预付款项　　　B．预收款项　　　C．应付账款　　　D．应付职工薪酬

6. 填列资产负债表中"应收账款"项目时，不需要考虑的科目是（　　）。

A．应收账款　　　B．预收账款　　　C．坏账准备　　　D．应收票据

二、多项选择题

1. 下列税目中，需要在"税金及附加"科目中进行核算的是（　　）。

A．增值税　　　　B．印花税　　　　C．城建税　　　　D．房产税

2. 资产负债表中的"货币资金"项目，可以根据（　　）科目余额的合计数分析填列。

A．"库存现金"　　　　　　　　　B．"银行存款"
C．"其他货币资金"　　　　　　　D．"交易性金融资产"

3. 下列科目中，在编制资产负债表中的"存货"项目时需要考虑（　　）科目。

A．"固定资产"　B．"原材料"　C．"库存商品"　D．"生产成本"

4. 资产负债表中的"未分配利润"项目，可以根据（　　）科目余额分析填列。

A．"本年利润"　B．"利润分配"　C．"盈余公积"　D．"资本公积"

5. 资产负债表中的"固定资产"项目，可以根据（　　）科目余额分析填列。

A．"固定资产"　　　　　　　　　B．"固定资产清理"
C．"累计折旧"　　　　　　　　　D．"固定资产减值准备"

6. 资产负债表中的"无形资产"项目，可以根据（　　）科目余额分析填列。

A．"无形资产"　　　　　　　　　B．"累计摊销"
C．"累计折旧"　　　　　　　　　D．"无形资产减值准备"

7. 利润表中的"营业收入"项目，可以根据（　　）科目发生额分析填列。

A．"主营业务收入"　　　　　　　B．"其他业务收入"
C．"营业外收入"　　　　　　　　D．"投资收益"

8. 利润表中的"营业成本"项目，可以根据（　　）科目发生额分析填列。

A．"主营业务成本"　　　　　　　B．"其他业务成本"
C．"营业外支出"　　　　　　　　D．"管理费用"

9. 下列属于"流动资产"项目的是（　　）。

A．货币资金　　　B．固定资产　　　C．存货　　　　　D．应付职工薪酬

10. 资产负债表中的（　　）项目，可根据其科目余额直接填列。

A．"长期借款"　　　　　　　　　B．"应付职工薪酬"
C．"未分配利润"　　　　　　　　D．"应付利息"

三、判断题

1. 我国的利润表采用的是单步式结构。　　　　　　　　　　　　　　　　（　　）

2. 我国的利润表采用的是多步式结构。　　　　　　　　　　　　（　）

3. 资产负债表编制的理论依据是会计恒等式。　　　　　　　　　（　）

4. 资产负债表编制的理论依据是资产=所有者权益+负债。　　　　（　）

5. 资产负债表编制的理论依据是资产=负债+所有者权益。　　　　（　）

6. 利润表中的净利润是通过营业利润直接减去所得税费用求得的。（　）

7. 利润表中的净利润是通过利润总额减去所得税费用求得的。　　（　）

8. 利润表中的利润总额是通过净利润加上所得税费用求得的。　　（　）

9. 利润表中的利润总额是通过营业利润加减营业外收支求得的。　（　）

四、思考与创新

请根据报表的数据进行有关财务指标计算与分析。

项目五

利用 WPS 表格制作会计模型

学习目标

知识目标：掌握利用 WPS 表格工具软件完成会计业务处理的基础知识。

技能目标：能熟练运用计算机的相关软件完成基本会计业务操作。

能力目标：培养学生在企业经营管理中的信息加工处理能力，整合其所学的企业经营管理知识，提升其企业经营管理的综合能力。

▶ 任务描述	▶ 任务解析	▶ 任务要求	▶ 职业素质
1. 让学生了解并掌握WPS表格处理工具一些常用功能和函数在会计中的应用。 2. 让学生利用WPS表格处理工具的功能和函数解决会计中的问题。 3. 根据学生经营企业的业务数据，利用WPS表格工具完成会计报表编制。 4. 通过改变教学模式，以学生为主体，优化教学过程，改进学习方式。	1. 各经营企业根据自己经营的业务数据进行梳理。 2. 各经营企业利用SUM()、SUMIF()、VLOOKUP()、IF()等函数和WPS表格的其他功能的应用，进行会计报表的编制。 3. 通过任务学习与讨论，教师进行指导，让学生解决问题。	1. 各经营企业掌握各主要会计报表项目的内容及编制方法。 2. 各经营企业掌握利用WPS表格完成科目代码表、现金流量项目代码表的录入，完成凭证表、科目发生额及余额表的制作，完成资产负债表、利润表和现金流量表的编制。	1. 通过利用WPS表格工具，将学生经营企业的会计业务数据进行加工整理，提升学生的职业能力。 2. 通过团队合作模式，让学生针对问题进行交流与讨论，从而提高分析问题和解决问题的能力，掌握合作工作模式。

在工业企业ERP沙盘会计真账实操中，为了提高学生的操作技能，可以利用WPS表格工具软件完成有关的会计凭证记录、会计账簿的登记、会计报表编制和有关财务报表分析等操作。这样不仅能有效地整合学生所学的会计专业知识，也能提升学生的计算机操作能力，从而全面提升其综合业务素质。

会计模型

任务一 利用WPS表格建立会计凭证库

一、建立科目代码表单

会计科目是会计核算中的基本要素，为了更好地反映企业的有关会计信息，要根据财政部公布的会计科目，结合各企业的实际情况来设置。会计科目代码则是为了适应会计信息化的需要，将会计科目名称建立对应号码，并在建立的有关电子账簿中进行更为便捷的查询与操作而设立的。在工业企业ERP沙盘会计真账实操中，利用WPS表格完成会计业务处理时，需要建立会计科目代码表单，便于以后的操作。具体操作步骤如下。

（一）新建文件

新建一个XLS工作表，命名为"会计模型"，利用WPS表格打开新建立的"会计模型"文件，双击工作表Sheet1标签，将其重命名为"科目代码表"。

（二）录入科目代码与科目名称

在"科目代码表"表单中的相应单元格区域中输入会计科目代码与会计科目名称，如图表 5-1 所示。

❖图表 5-1　科目代码表❖

	A	B
1	1001	库存现金
2	1002	银行存款
3	1003	存放中央银行款项
4	1011	存放同业
5	1012	其他货币资金
6	1021	结算备付金
7	1031	存出保证金
8	1101	交易性金融资产
9	1111	买入返售金融资产
10	1121	应收票据
11	1122	应收账款
12	1123	预付账款
13	1131	应收股利
14	1132	应收利息
15	1201	应收代位追偿款
16	1211	应收分保账款
17	1212	应收分保合同准备金
18	1221	其他应收款
19	1231	坏账准备
20	1301	贴现资产
21	1302	拆出资金
22	1303	贷款
23	1304	贷款损失准备
24	1311	代理兑付证券
25	1321	代理业务资产
26	1401	材料采购
27	1402	在途物资
28	1403	原材料

（三）科目代码表的修改

如果用户需要对"科目代码表"表单中的数据进行增、删、改操作，可以直接在工作表上进行操作。

二、建立凭证表单

建立完"科目代码表"表单后，接下来建立"凭证表"表单。"凭证表"表单用于输入凭证上反映的经济业务发生情况，表单格式设计的合理性对后续经济业务的处理过程影响比较大。下面来设计凭证表单的项目，并输入相关数据，具体操作步骤如下。

（一）新建"凭证表"表单

在"会计模型"工作簿中，双击 Sheet2 工作表标签，将其重命名为"凭证表"。

（二）设计"凭证表"表单项目

"凭证表"表单所列项目包括月、日、凭证号、摘要、科目代码、科目名称、借方金额、贷方金额、流量代码、现金流量项目名称等，如图表 5-2 所示。

❖图表 5-2　"凭证表"表单的格式设计❖

❖图表 5-2　"凭证表"表单的格式设计❖

（三）定义名称

要引用"科目代码表"中的数据，需先定义科目代码表名称。单击"科目代码表"表标签，切换至"科目代码表"表单，选定数据单元格区域，然后选择菜单栏中的"公式——名称管理器"功能，在弹出的"名称管理器"对话框中单击"新建"按钮，在弹出的"新建名称"对话框中输入"科目号"，范围选择"工作簿"，在引用位置输入"='科目代码表'!$1:$65536"，最后单击"确定"按钮，返回工作表中，如图表 5-3 所示。

❖图表 5-3　定义名称❖

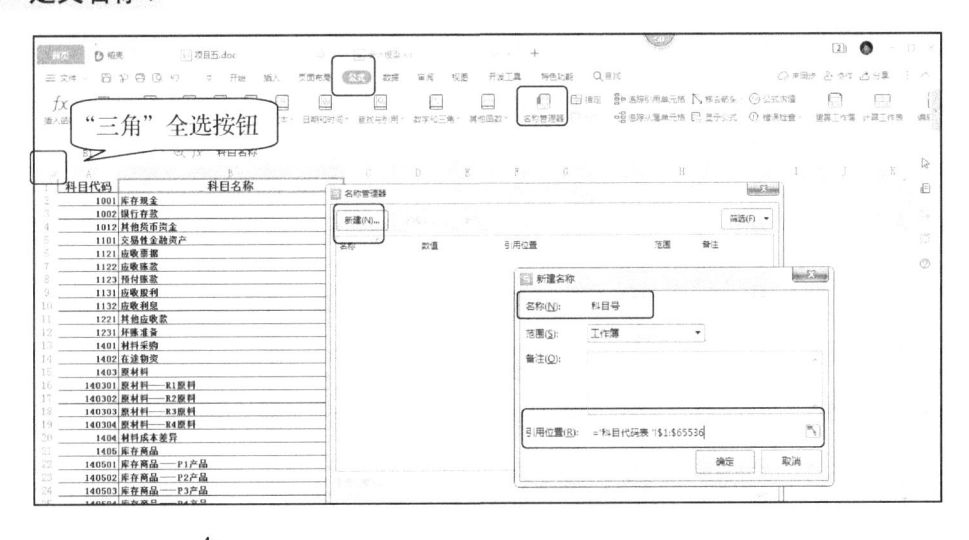

课堂思考： 在"新建名称"对话框中的引用位置处按哪个快捷按钮可以快速选择整个表单区域？

（四）输入"凭证表"表单中的相应数据及公式

切换回"凭证表"表单，并根据经济业务发生的数据进行相应的输入。

1. 文字、数字内容输入。

输入月、日、凭证号、摘要、科目代码、借方金额、贷方金额等内容。

2. 公式输入。

输入有关的文字、数字内容后，利用VLOOKUP函数，从"科目代码表"表单中引入科目名称。选定F4单元格，然后输入公式"=IF(E4="","",VLOOKUP(E4,科目号,2,0))"，按Enter键确认公式输入。公式中"""代表空值。公式的含义是如果E4单元格（科目代码）中没有数据（值为空），那么F4单元格中为空；如果E4单元格中有科目代码，则按"VLOOKUP(E4,科目号,2,0)"公式从"科目代码表"表单中引入科目名称。这样就实现了由科目代码自动带出会计科目名称，即用户只需输入科目代码便可由计算机自动输入会计科目名称。利用自动填充功能（选定F4单元格，将鼠标指针放置在该单元格的右下角，待变成黑色的细十字形状后向下拖动）将公式复制到此列区域的其他单元格中。

为了随时验证输入数据的平衡关系，应在适当处安排"借方合计"和"贷方合计"，如图表5-2所示。选定E1单元格，然后输入公式"=SUM(G:G)"；选定E2单元格，然后输入公式"=SUM(H:H)"。

其中的函数SUM()是求和函数，即将"()"中的数据逐一相加求和，如SUM(H:H)在这里的含义是将H列的数据相加。当然，如果数据行由H列的第4行~第29行构成，此时用户也可以将公式更改为"SUM(H4:H29)"，这是因为目前第4行~第29行有数据，如果以后需要添加数据，那么用户又需要更改公式，因此使用SUM(H:H)是较好的选择。

输入凭证的相关信息后，便可详细记录企业有关的经济业务，如图表5-4所示。

❖图表5-4　"凭证表"表单❖

利用WPS表格工具的什么功能可以锁定表单中表头的固定部分？

任务二　利用 WPS 表格建立账簿

在手工会计中为了减少登记总账的工作量，采取了多种方法，从而形成了不同会计处理程序，如记账凭证会计处理程序、科目汇总表会计处理程序、汇总记账凭证会计处理程序等。对于手工账簿中的明细账，可以利用筛选或数据透视表来形成相关的明细账信息；在 WPS 表格中，可以根据凭证表单中的信息，利用函数制作"科目发生额及余额表"表单来代替总账。

一、利用数据透视表建立明细账

利用数据透视表建立多栏式明细账的操作步骤如下。

（1）复制"凭证表"。在"会计模型"工作簿中，复制"凭证表"表单，出现"凭证表（2）"表单。将"凭证表（2）"中的前两行删除，以便在运用数据透视表功能时一定有列标题。

（2）创建数据透视表。在"凭证表（2）"工作表中选定有数据信息的单元格区域，然后选择"数据"菜单中的"数据透视表"功能，弹出"创建数据透视表"对话框。在"请选择要分析的数据"项目下选中"请选择单元格区域"单选按钮，在地址栏中输入数据源地址；在"请选择放置数据透视表的位置"项目下选中"新工作表"单选按钮，然后单击"确定"按钮，如图表 5-5 所示。

❖图表 5-5　创建数据透视表❖

将新出现的表单重命名为"明细账簿"。在右侧弹出的"数据透视表"功能中设置数据透视表的版式。将"字段列表"选项的所需字段拖曳至下面的"数据透视表区域"中，如将"字段列表"中的"科目名称"字段拖曳至"数据透视表区域"的"列"中，将"字段列表"中的"月""日""凭证号""摘要"字段拖曳至"数据透视表区域"的"行"中，将"字段列表"中的"借方金额"和"贷方金额"字段拖曳至"数据透视表区域"的"值"中，如图表5-6所示。

❖ 图表5-6　数据透视表版式设置 ❖

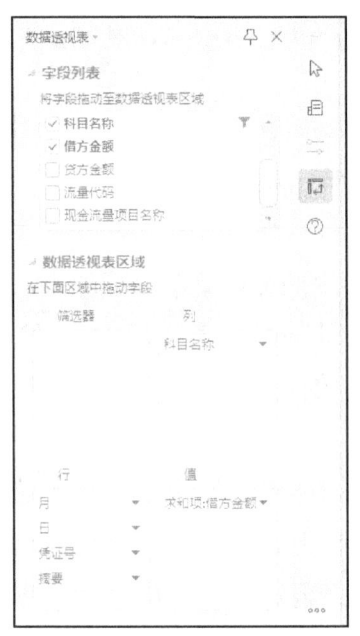

（3）单击"数据透视表区域"中"值"中的字段项，如"借方金额"和"贷方金额"字段按钮，弹出"值字段设置"对话框。在"值字段汇总方式"列表中选择"求和"项，如图表5-7所示，最后单击"确定"按钮。

❖ 图表5-7　数据透视表值字段设置 ❖

（4）根据用户需要进行选择，形成"多栏式明细账"，如在"科目名称"中筛选"生产成本"下的明细项目，形成的数据透视结果如图表5-8所示。

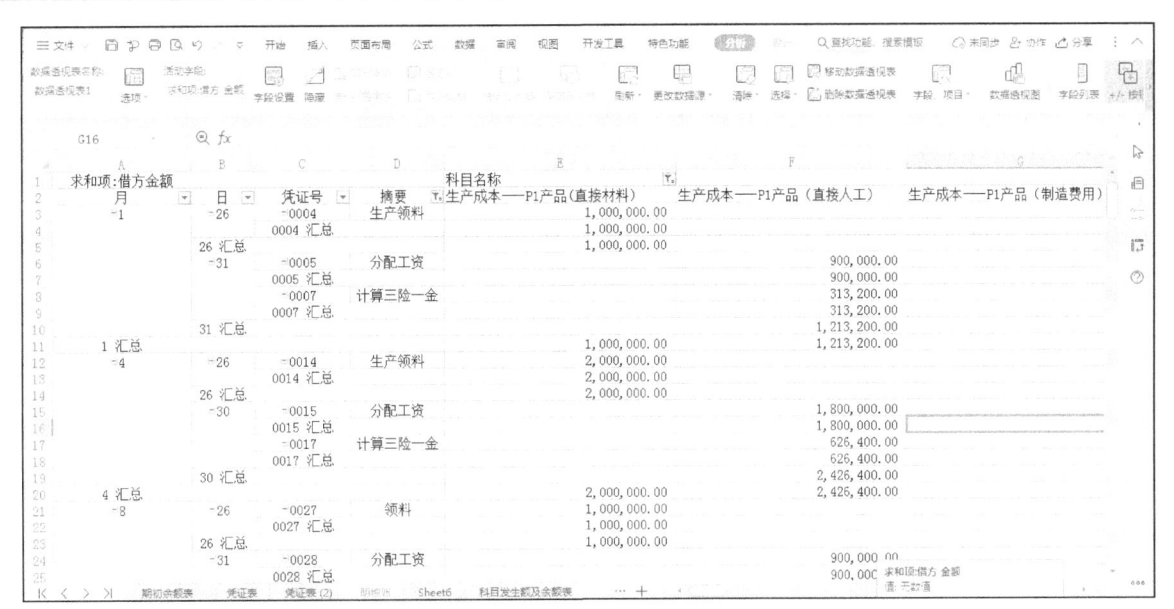

❖ 图表 5-8　利用数据透视表形成的明细账 ❖

在此类明细账中，可以很清楚地了解各个会计科目所涉及的每笔经济业务，以及每个会计科目的借方发生额合计数和贷方发生额合计数。

二、科目发生额及余额表的编制

在利用 WPS 表格编制总账时，经常会利用会计科目发生额及余额表来代替总账的有关信息。一般来说，在科目发生额及余额表中，每个会计科目占一行，项目主要包括科目代码、科目名称、期初余额、借方发生额、贷方发生额、余额方向、期末余额等，并且表单的右侧有总账本期是否平衡的提示内容。在编制总账科目发生额及余额表时，可使用单元格的数据引用功能，因此在此详细介绍单元格引用的有关概念以帮助学生进行理解。WPS 表格的单元格引用可分为相对引用、绝对引用和混合引用。

（一）相对引用

单元格中的相对引用是指引用单元格的相对位置，即直接输入单元格的名称（如 B6）。如果公式所在单元格的位置发生改变，引用也随之改变。如果进行多行或多列的公式复制，引用会自动调整公式中的单元格名称。默认情况下，公式使用相对引用。

（二）绝对引用

单元格中的绝对引用是指在指定位置引用单元格，即在单元格名称中使用"$"符号，如$B$6。进行绝对引用操作时，即使公式所在单元格的位置发生改变，引用的内容也保持不变。如果复制多行或多列的公式，则绝对引用不进行调整。

（三）混合引用

混合引用包括绝对列和相对行或绝对行和相对列两种引用方式。例如，绝对引用列

$B5，绝对引用行 B$5。如果公式所在单元格的位置发生改变，则相对引用随之改变，而绝对引用不变。如果复制多行或多列的公式，相对引用自动调整，而绝对引用不予调整。

注意：相对引用和绝对引用的区别主要在于公式的复制操作上，公式中，相对引用的部分会根据单元格位置的改变而变化，而绝对引用的部分会保持原来的列名或行名。

当用户第一次创建总账科目发生额及余额表时，"期初余额"列的数据需要企业的相关人员手工录入，以后各期"期初余额"可直接引用上期的"期末余额"。输入"期初余额"列数据，"借方发生额""贷方发生额"和"期末余额"列的数据要通过公式来设置，并引用"凭证表"表单的数据自动计算金额。取数的具体操作步骤如下。

（1）在"会计模型"工作簿中，双击工作表 Sheet3 标签，并将其重命名为"科目发生额及余额表"。科目发生额及余额表中的项目如图表 5-9 所示。

❖ **图表 5-9 科目发生额及余额表** ❖

科目代码	科目名称	期初余额	借方发生额	贷方发生额	余额方向	期末余额
1001	库存现金	1,000,000.00	6,400,000.00	6,400,000.00	借	1,000,000.00
1002	银行存款	41,000,000.00	64,860,000.00	52,139,600.00	借	53,720,400.00
1012	其他货币资金	0.00	0.00	0.00	借	0.00
1101	交易性金融资产	0.00	0.00	0.00	借	0.00
1121	应收票据	0.00	0.00	0.00	借	0.00
1122	应收账款	0.00	24,860,000.00	24,860,000.00	借	0.00
1123	预付账款	0.00	0.00	0.00	借	0.00
1131	应收股利	0.00	0.00	0.00	借	0.00
1132	应收利息	0.00	0.00	0.00	借	0.00
1221	其他应收款	0.00	0.00	0.00	借	0.00
1231	坏账准备	0.00	0.00	0.00	借	0.00
1401	材料采购	0.00	0.00	0.00	借	0.00
1402	在途物资	0.00	0.00	0.00	借	0.00
1403	原材料	2,000,000.00	5,000,000.00	6,000,000.00	借	1,000,000.00
140301	原材料——R1原料	2,000,000.00	5,000,000.00	6,000,000.00	借	1,000,000.00
140302	原材料——R2原料	0.00	0.00	0.00	借	0.00

（2）从"科目代码表"表单中引入科目代码和科目名称。

将科目代码表中的科目代码复制到科目发生额及余额表的 A 列。

在 B2 单元格中输入公式"=VLOOKUP(A2,科目号,2,0)"，并利用自动填充功能将公式复制到该列区域的其他单元格中。

（3）手工输入各科目的期初余额资料。

（4）输入借方发生额和贷方发生额。在科目发生额及余额表中，单击 D2 单元格，输入公式"=SUMIF(凭证!E:E,A2,凭证!G:G)"。公式的含义如下：在"凭证表"表单的 E 列中查找科目代码 1001，并将查找到的所有"1001"对应的 G 列（借方金额）求和，放入"科目发生额及余额表"表单的 D2 单元格中。利用自动填充功能将公式复制到该列区域的其他单元格中。

同样，在 E2 单元格中输入公式"=SUMIF(凭证!E:E, A2,凭证!H:H)"。公式的含义如下：在"凭证表"表单的 E 列中查找科目代码 1001，并将查找到的所有"1001"对应的 H 列（贷方金额）求和，放入"科目发生额及余额表"表单的 E2 单元格中。

（5）输入科目的余额方向。根据科目性质，输入每个科目的余额方向。

（6）输入期末余额。根据 F 列中的科目余额方向，在 G 列输入期末余额公式。如果 F2 单元格中显示的数据为"借"，则在 G2 单元格中输入公式 "=C2+D2-E2"，利用自动填充功能将公式复制到该列区域的其他单元格中；如果 F2 单元格中显示的数据为"贷"，则在 G2 单元格中输入公式"=C2+E2-D2"，利用自动填充功能将公式复制到该列区域的其他单元格中。

（7）将明细科目金额汇总至一级科目。对于生产成本、原材料等有明细账目的账户，在利用公式从"凭证表"表单取数时，只将明细科目的数据取过来即可，而对于一级科目则无法从"凭证表"表单中取出金额，因此，可以利用 SUM()函数将明细账户进行汇总，生成一级账户金额，然后将各一级账户下属的明细账户删除。

科目发生额及余额表是编制资产负债表和利润表等会计报表的基础，只有表单设计合理，保证数据无误，才能进行会计报表的编制。

任务三　利用 WPS 表格编制会计报表

资产负债表、利润表和现金流量表分别从不同角度反映了企业的财务状况、经营成果和现金流量。资产负债表反映企业一定日期所拥有的资产、需偿还的债务，以及投资者所拥有的净资产的情况；利润表反映企业一定会计期间的经营成果，即盈利或亏损的情况，表明企业运用所拥有资产的获利能力；现金流量表反映企业一定期间内现金的流入和流出，表明企业获得现金和现金等价物（除特别说明外，以下所称的现金均包括现金等价物）的能力。

一、利用 WPS 表格编制资产负债表

资产负债表是反映企业某一特定日期财务状况的会计报表，是根据资产、负债和所有者权益（或股东权益）之间的相互关系，按照一定的分类标准和特定顺序，把企业一定日期的资产、负债和所有者权益各项目予以适当排列，并对日常工作中形成的大量数据进行高度浓缩整理后编制而成的。资产负债表可以反映某一日期的资产总额、负债总额及其内在结构，表明企业在某一特定日期所拥有或控制的经济资源、所承担的现时义务和所有者对净资产的要求权，即表明企业拥有和控制的经济资源及未来需要用多少资产或劳务清偿债务，还可以反映投资者在企业资产中所占的份额，了解所有者权益的构成情况。另外，通过资产负债表还能为企业管理者提供财务分析的基本资料，如通过资产负债表可以计算流动比率、速动比率、资产负债率等，以便更全面、准确地了解企业的财务状况。

我国的资产负债表以账户式结构反映，即资产负债表分为左方和右方，左方列示资产各项目，右方列示负债和所有者权益各项目，资产各项目的合计等于负债和所有者权益各项目的合计。账户式资产负债表不仅能揭示出资产、负债和所有者权益之间的内在关系，还能达到资产负债表的左右平衡。

我国企业资产负债表各项目数据主要通过以下几种方式取得。

（1）根据总账科目余额直接填列，如"应收股利""应收利息""短期借款""应付职工薪酬""应付股利"等报表项目。

（2）根据总账科目余额计算填列，如"货币资金"项目，需要根据"库存现金""银行存款""其他货币资金"科目余额的合计数填列。

（3）根据明细科目余额计算填列，如"应付账款"项目，需要根据"应付账款"和"预付账款"科目所属相关明细科目的期末贷方余额计算填列；而"应收账款"项目，则需要根据"应收账款""预收账款"科目所属相关明细账的借方余额和"坏账准备"科目所属相关明细账分析计算填列。

（4）根据总账科目和明细科目余额分析计算填列，如"长期借款"项目，需要根据"长期借款"总账科目余额，扣除该科目所属明细科目中反映的将于一年内到期的长期借款部分分析计算填列。

（5）根据科目余额减去其备抵科目后的净额填列，如"固定资产""无形资产"等项目，需要根据相关科目余额减去相关备抵科目余额后的净额填列。

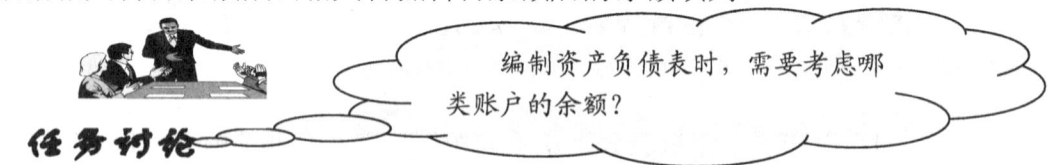

> 编制资产负债表时，需要考虑哪类账户的余额？

任务讨论

在利用 WPS 表格编制资产负债表时，主要通过如下步骤完成。

（一）设置资产负债表基本格式

在"会计模型"工作簿中形成多栏式明细账和科目发生额及余额表后，就可以在本工作簿中插入新表页来建立资产负债表的基本格式了，如图表 5-10 所示。

❖**图表 5-10 资产负债表基本格式**❖

（二）设置公式并输入数据

（1）根据总账科目余额直接填列项目的公式设置。若资产负债表某报表项目直接根据总账科目余额填列，可利用SUMIF()函数在"科目发生额及余额表"表单中进行取数。

例如，"短期借款"项目期初数的公式为"=SUMIF(科目发生额及余额表!A:A,2001,科目发生额及余额表!C:C)"；"短期借款"项目期末数的公式为"=SUMIF(科目发生额及余额表!A:A,2001,科目发生额及余额表!F:F)"；"应付职工薪酬"项目期初数的公式为"=SUMIF(科目发生额及余额表!A:A,2211,科目发生额及余额表!C:C)"；"应付职工薪酬"项目期末数的公式为"=SUMIF(科目发生额及余额表!A:A,2211,科目发生额及余额表!F:F)"。

（2）根据总账科目余额计算填列项目的公式设置。对这类项目公式进行设置时，只需将有关科目余额的公式相加即可。

例如，"货币资金"项目期初数的公式为"=SUMIF(科目发生额及余额表!A:A,1001,科目发生额及余额表!C:C)+SUMIF(科目发生额及余额表!A:A,1002,科目发生额及余额表!C:C)+SUMIF(科目发生额及余额表!A:A,1012,科目发生额及余额表!C:C)"；"货币资金"项目期末数的公式为"=SUMIF(科目发生额及余额表!A:A,1001,科目发生额及余额表!F:F)+SUMIF(科目发生额及余额表!A:A,1002,科目发生额及余额表!F:F)+SUMIF(科目发生额及余额表!A:A,1012,科目发生额及余额表!F:F)"。

（3）根据明细科目余额计算填列，以及根据总账科目和明细科目余额分析计算填列的项目，需要财务人员根据有关科目的总账余额及其相关明细账余额分析后计算填列。

（4）根据科目余额减去其备抵科目后的净额填列项目的公式设置，需要根据有关科目总账余额减去其备抵科目的余额进行填列。

例如，"应收账款"项目期初数的公式为"=SUMIF(科目发生额及余额表!A:A,1122,科目发生额及余额表!C:C)-SUMIF(科目发生额及余额表!A:A,1231,科目发生额及余额表!C:C)"；"应收账款"项目期末数的公式为"=SUMIF(科目发生额及余额表!A:A,1122,科目发生额及余额表!F:F)-SUMIF(科目发生额及余额表!A:A,1231,科目发生额及余额表!F:F)"。

（5）报表中有关合计项目的填列。对这类报表项目的填列，利用SUM()函数即可完成，或直接将需要相加的单元格相加即可。

例如，计算"流动资产合计"项目期初数，在B15单元格中输入公式"=SUM(B4:B16)"，含义是将流动资产各项目数相加；"非流动资产合计"项目期初数，在B39单元格中输入公式"=SUM(B19:B38)"，含义是将非流动资产各项目数相加；"资产总计"项目期初数，在B40单元格中输入公式"=B17+B34"，含义是将流动资产合计项目和非流动资产合计项目相加。取数后的资产负债表详见图表5-11。

❖图表 5-11 资产负债表❖

资产负债表

编制单位：丰和工业有限责任公司　　2021年12月31日　　单位：元

资产	期末余额	期初余额	负债和所有者权益	期末余额	期初余额
流动资产：			流动负债：		
货币资金	54,720,400.00	42,000,000.00	短期借款		
交易性金融资产			交易性金融负债		
衍生金融资产			衍生金融负债		
应收票据			应付票据		
应收账款			应付账款	18,080,000.00	
应收款项融资			预收款项		
预付款项			合同负债		
其他应收款			应付职工薪酬	2,702,400.00	
存货	26,507,866.65	16,000,000.00	应交税费	-1,827,915.09	1,000,000.00
合同资产			其他应付款	532,800.00	
持有待售资产			持有待售负债		
一年内到期的非流动资产			一年内到期的非流动负债		
其他流动资产			其他流动负债		
流动资产合计	81,228,266.65	58,000,000.00	流动负债合计	19,487,284.91	1,000,000.00
非流动资产：			非流动负债：		
债权投资			长期借款	80,000,000.00	40,000,000.00
其他债权投资			应付债券		
长期应收款			租赁负债		
长期股权投资			长期应付款		
其他权益工具投资			预计负债		
其他非流动金融资产			递延收益		
投资性房地产			递延所得税负债		
固定资产	44,850,000.00	49,000,000.00	其他非流动负债		
在建工程	32,000,000.00		非流动负债合计	80,000,000.00	40,000,000.00
生产性生物资产			负债合计	99,487,284.91	41,000,000.00
油气资产			所有者权益（或股东权益）：		
使用权资产			实收资本（股本）	50,000,000.00	50,000,000.00
无形资产			资本公积		
开发支出	4,000,000.00		其他权益工具		
商誉			减：库存股		
长期待摊费用			其他综合收益		
递延所得税资产			专项储备		
其他非流动资产			盈余公积		
			未分配利润	12,590,981.74	16,000,000.00
非流动资产合计	80,850,000.00	49,000,000.00	所有者权益（或股东权益）合计	62,590,981.74	66,000,000.00
资产总计	162,078,266.65	107,000,000.00	负债和所有者权益（或股东权益）总计	162,078,266.65	107,000,000.00

（三）资产负债表的保护

保护工作表的目的是防止误操作或其他人员更改工作表中的数据内容。保护后的工作表数据未经授权，他人将无法对其进行更改。

1．单个工作表的保护。

（1）选择需要保护的工作表。

（2）执行"审阅—保护工作表"命令，弹出"保护工作表"对话框，单击"确定"按钮，弹出"确认密码"对话框，如图表 5-12 所示。

❖图表 5-12　保护工作表❖

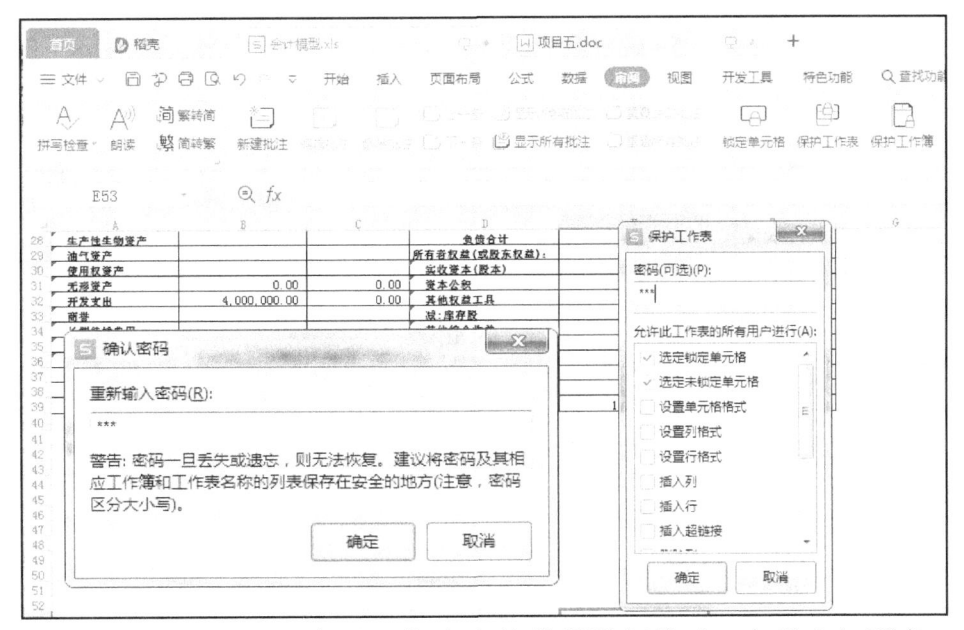

（3）设置好密码后，如果用户对工作表中的数据进行修改，会弹出如图表 5-13 所示的提示信息，需要输入密码才能进行操作。

❖图表 5-13　提示信息❖

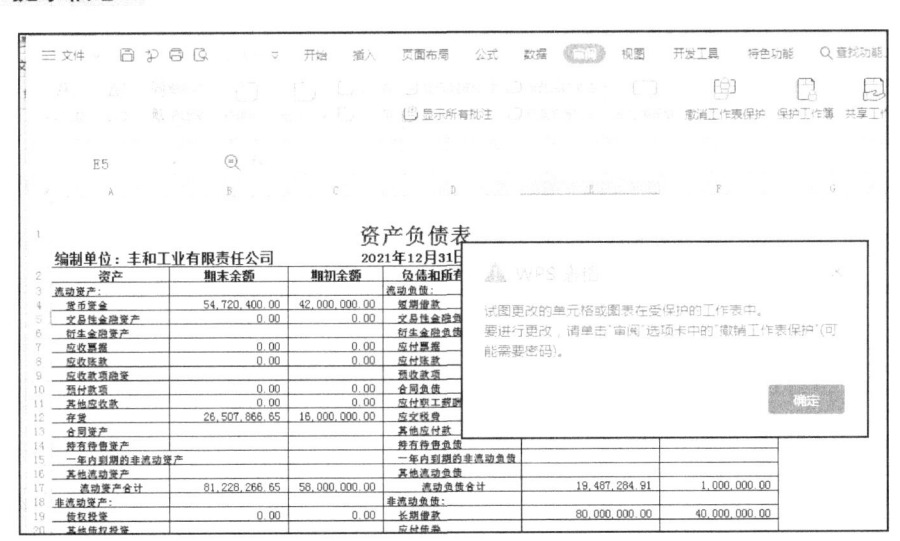

2．工作簿的保护。

工作簿的保护同单个工作表的保护类似，只不过需执行"审阅—保护工作簿"命令，此处不再赘述。

二、利用 WPS 表格编制利润表

（一）设置利润表基本格式

在我国，利润表采用多步式格式，如图表 5-14 所示。

❖图表 5-14 利润表基本格式❖

（二）设置公式并输入数据

利润表的数据主要取自"科目发生额及余额表"表单中的某些损益类科目的借方发生额和贷方发生额的数据。因此，设置公式时要用到"科目发生额及余额表"表单。仍利用SUMIF()函数取数。

例如，计算"营业收入"项目本期金额，在 B3 单元格中输入公式"=SUMIF(科目发生额及余额表!A:A,6001,科目发生额及余额表!E:E) + SUMIF(科目发生额及余额表!A:A,6051,科目发生额及余额表!E:E)"；计算"营业成本"项目本期金额，在 B20 单元格中输入公式"=SUMIF(科目发生额及余额表!A:A,6401,科目发生额及余额表!E:E)+SUMIF(科目发生额及余额表!A:A,6402,科目发生额及余额表!E:E)"。

对于按利润计算公式计算的单元格公式的设置较为容易，只需将相关单元格相加减即可。例如，营业利润本期金额的公式为"=B3-SUM(B4:B9)+SUM(B12:B13,B15:B19)"。同理，可计算出利润总额、净利润、综合收益总额等单元格的公式。

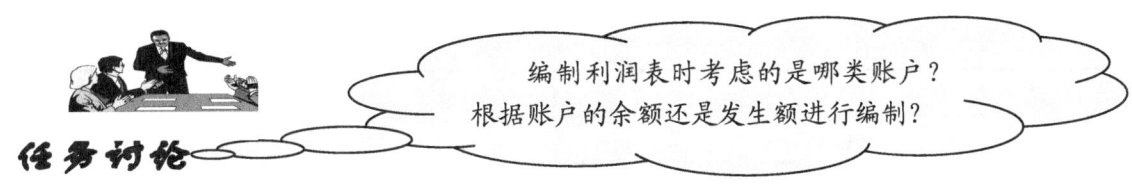

> 编制利润表时考虑的是哪类账户？
> 根据账户的余额还是发生额进行编制？

公式输入完毕，数据取回结果如图表 5-15 所示。

❖图表 5-15　利润表❖

利润表

编制单位：丰和工业有限责任公司　　　　2021 年度　　　　　　　　　　　　　　单位：元

项目	本期金额	上期金额
一、营业收入	22 000 000.00	
减：营业成本	10 730 133.35	
税金及附加	348 500.00	
销售费用	3 773 584.91	
管理费用	6 556 800.00	
研发费用		
财务费用	4 000 000.00	
其中：利息费用	4 000 000.00	
利息收入		
加：其他收益		
投资收益（损失以"-"填列）		
其中：对联营企业和合营企业的投资收益		
净敞口套期收益（损失以"-"填列）		
公允价值变动收益（损失以"-"填列）		
信用减值损失（损失以"-"填列）		
资产减值损失（损失以"-"填列）		
资产处置收益（损失以"-"填列）		
二、营业利润（亏损以"-"填列）	-3 409 018.26	
加：营业外收入		
减：营业外支出		
三、利润总额（亏损总额以"-"填列）	-3 409 018.26	
减：所得税费用		
四、净利润（净亏损以"-"填列）	-3 409 018.26	
（一）持续经营净利润（净亏损以"-"填列）		
（二）终止经营净利润（净亏损以"-"填列）		
五、其他综合收益税后净额		
（一）不能重分类进损益的其他综合收益		
1．重新计量设定受益计划变动额		
2．权益法下不能转损益的其他综合收益		
3．其他权益工具公允价值变动		

续表

项目	本期金额	上期金额
4. 企业自身信用风险公允价值变动		
……		
（二）将重分类进损益的其他综合收益		
1. 权益法下可转损益的其他综合收益		
2. 其他债权投资公允价值变动		
3. 金融资产重分类计入其他综合收益的金额		
4. 其他债权投资信用差值准备		
5. 现金流量套期储备		
6. 外币财务报表折算差额		
……		
六、综合收益总额	-3 409 18.26	
七、每股收益		
（一）基本每股收益		
（二）稀释每股收益		

三、利用 WPS 表格编制现金流量表

现金流量表是以现金为基础编制的财务状况变动表，编制目的是为会计报表使用者提供企业一定会计期间内有关现金的流入和流出的信息。企业在一定时期内的现金流入和流出是由各种因素产生的，如工业企业为生产产品需要用现金支付原材料价款，支付职工工资，以及购买固定资产等。

（一）现金流量分类

要编制现金流量表，应先对企业各项经营业务产生或运用的现金流量进行合理的分类。通常按照企业经营业务发生的性质，将企业一定期间内产生的现金流量归为三类。

（1）经营活动产生的现金流量。经营活动是指企业投资活动和筹资活动以外的所有交易和事项，包括销售商品或提供劳务、经营性租赁、购买货物、接受劳务、制造产品、广告宣传、推销产品、缴纳税款等。

（2）投资活动产生的现金流量。投资活动是指企业长期资产的购建和不包括在现金等价物范围内的投资及其处置活动。

（3）筹资活动产生的现金流量。筹资活动是指导致企业资本及债务规模和构成发生变化的活动，包括吸收投资、发行股票、分配利润等。

现金流量表的编制方法主要有直接法和间接法。在实际会计工作中，很多企业直接将有关现金流量的经济业务与现金流量表的项目相联系，本项目采用的就是这种方法。

（二）编制现金流量表的步骤

利用 WPS 表格编制现金流量表的主要步骤如下。

1．制作现金流量表项目代码表单。

为了便于编制现金流量表，可为现金流量表的相关项目设置代码，目的是在填制凭证时，能够录入经济业务所对应的相关现金流量表的项目。按照现金流量的种类设计的现金流量项目代码表如图表 5-16 所示。

❖图表 5-16　现金流量项目代码表❖

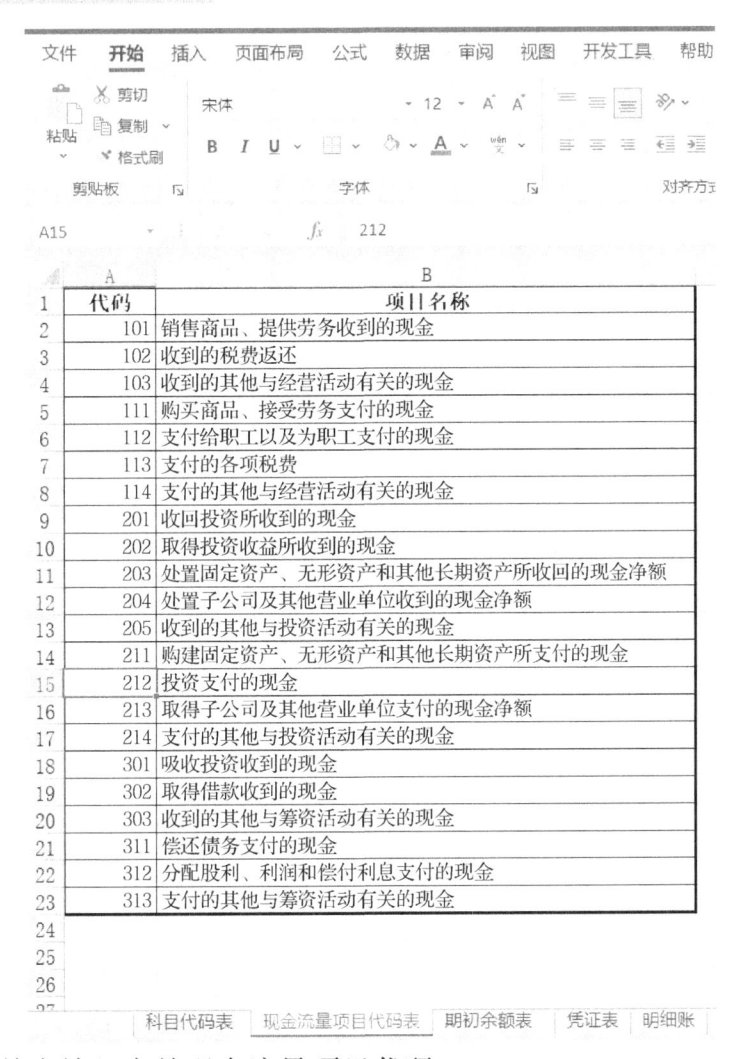

代码	项目名称
101	销售商品、提供劳务收到的现金
102	收到的税费返还
103	收到的其他与经营活动有关的现金
111	购买商品、接受劳务支付的现金
112	支付给职工以及为职工支付的现金
113	支付的各项税费
114	支付的其他与经营活动有关的现金
201	收回投资所收到的现金
202	取得投资收益所收到的现金
203	处置固定资产、无形资产和其他长期资产所收回的现金净额
204	处置子公司及其他营业单位收到的现金净额
205	收到的其他与投资活动有关的现金
211	购建固定资产、无形资产和其他长期资产所支付的现金
212	投资支付的现金
213	取得子公司及其他营业单位支付的现金净额
214	支付的其他与投资活动有关的现金
301	吸收投资收到的现金
302	取得借款收到的现金
303	收到的其他与筹资活动有关的现金
311	偿还债务支付的现金
312	分配股利、利润和偿付利息支付的现金
313	支付的其他与筹资活动有关的现金

2．在凭证表单中输入有关现金流量项目代码。

在输入每笔经济业务时，财务人员要根据经济业务的性质来判断经济业务是否与现金流量表的项目有关，与哪种项目有关，并输入代码。输入了现金流量项目代码的凭证表单如图表 5-17 所示。

❖图表 5-17 带有现金流量项目代码的凭证表单❖

	A	B	C	D	E	F	G	H	I	J
1				借方合计:	295,499,869.87	平				
2				贷方合计:	295,499,869.87					
3	月	日	凭证号	摘要	科目代码	科目名称	借方金额	贷方金额	流量代码	现金流量项目名称
4	1	1	0001	支付广告费	6601	销售费用	3,773,584.91			#N/A
5	1	1	0001	支付广告费	22210101	应交税费——应交增值税(进项税额)	226,415.09			#N/A
6	1	1	0001	支付广告费	1002	银行存款		4,000,000.00	114	支付的其他与经营活动有关的现金
7	1	5	0002	支付上一年企业所得税	222106	应交税费——应交所得税	1,000,000.00			#N/A
8	1	5	0002	支付上一年企业所得税	1002	银行存款		1,000,000.00	113	支付的各项税费
9	1	16	0003	购买材料	140301	原材料——R1原料	1,000,000.00			#N/A
10	1	16	0003	购买材料	22210101	应交税费——应交增值税(进项税额)	130,000.00			#N/A
11	1	16	0003	购买材料	1002	银行存款		1,130,000.00	111	购买商品、接受劳务支付的现金
12	1	26	0004	生产领料	50010101	生产成本——P1产品(直接材料)	1,000,000.00			#N/A
13	1	26	0004	生产领料	140301	原材料——R1原料		1,000,000.00		#N/A

3. 利用函数取数。

现金流量表主表项目利用 SUMIF() 函数输入公式，从凭证表单中取数。

例如，选定 C4 单元格，输入公式"=SUMIF(凭证!I:I,101,凭证!H:H)"，利用自动填充功能将公式复制到该列区域的其他单元格中，这样就能从凭证表单中取出有关现金流量的数据，如图表 5-18 所示。需要说明的是，当现金流入项目利用 SUMIF() 函数取数时，可从凭证表单的 H 列取数；当现金流出项目利用 SUMIF() 函数取数时，可从凭证表单的 G 列取数。

对于现金流入和现金流出小计项目可利用 SUM() 函数，也可对单元格直接相加求得合计数。

各项活动产生的现金流量净额，用该活动现金流入小计减去该活动现金流出小计求得。

对于现金流量表中补充资料项目的填列，需要结合资产负债表、利润表和有关科目的余额分析填列。具体内容如图表 5-18 所示。

❖图表 5-18 现金流量表❖

现金流量表

编制单位：丰和工业有限责任公司　　　　　　　　2021 年　　　　　　　　　　　　单位：元

项目	本期金额	上期金额
一、经营活动产生的现金流量		
销售商品、提供劳务收到的现金	24 860 000.00	
收到的税费返还		
收到的其他与经营活动有关的现金		
经营活动现金流入小计	24 860 000.00	
购买商品、接受劳务支付的现金	5 650 000.00	
支付给职工以及为职工支付的现金	7 009 600.00	
支付的各项税费	1 000 000.00	
支付的其他与经营活动有关的现金	12 400 000.00	
经营活动现金流出小计	26 059 600.00	
经营活动产生的现金流量净额	-1 199 600.00	

续表

项目	本期金额	上期金额
二、投资活动产生的现金流量净额		
收回投资所收到的现金		
取得投资收益所收到的现金		
处置固定资产、无形资产和其他长期资产所收回的现金净额		
处置子公司及其他营业单位收到的现金净额		
收到的其他与投资活动有关的现金		
投资活动现金流入小计		
购建固定资产、无形资产和其他长期资产所支付的现金	22 080 000.00	
投资支付的现金		
取得子公司及其他营业单位支付的现金净额		
支付的其他与投资活动有关的现金		
投资活动现金流出小计	22 080 000.00	
投资活动产生的现金流量净额	-22 080 000.00	
三、筹资活动产生的现金流量		
吸收投资收到的现金		
取得借款收到的现金	40 000 000.00	
收到的其他与筹资活动有关的现金		
筹资活动现金流入小计	40 000 000.00	
偿还债务支付的现金		
分配股利、利润和偿付利息支付的现金	4 000 000.00	
支付的其他与筹资活动有关的现金		
筹资活动现金流出小计	4 000 000.00	
筹资活动产生的现金流量净额	36 000 000.00	
四、汇率变动对现金及现金等价物的影响		
五、现金及现金等价物净增加额	12 720 400.00	
加：期初现金及现金等价物余额	42 000 000.00	
六、期末现金及现金等价物余额	54 720 400.00	
补充项目		
1. 将净利润调节为经营活动现金流量		
净利润		
加：计提的资产减值准备	-3 409 018.26	
固定资产折旧、油气资产折耗、生产性生物资产折旧	4 150 000.00	
无形资产摊销		
长期待摊费用摊销		
待摊费用减少（减：增加）		
预提费用增加（减：减少）		
处置固定资产、无形资产和其他长期资产的损失（减：收益）		

续表

续表

项目	本期金额	上期金额
固定报废损失		
财务费用	4 000 000.00	
投资损失（减：收益）		
递延税款贷项（减：借项）		
存货的减少（减：增加）	-10 507 866.65	
经营性应收项目的减少（减：增加）		
经营性应付项目的增加（减：减少）	4 567 284.91	
其他		
经营活动产生的现金流量净额	-1 199 600.00	
2. 不涉及现金收支的投资和筹资活动		
债务转为资本		
一年内到期的可转换公司债券		
融资租入固定资产		
3. 现金及现金等价物净额变动情况		
现金的期末余额	54 720 400.00	
减：现金的期初余额	42 000 000.00	
加：现金等价物的期末余额		
减：现金等价物的期初余额		
现金及现金等价物净增加额	12 720 400.00	

任务四　利用 WPS 表格进行财务指标计算

前面所编制的有关财务报表提供了企业的经营数据，会计人员根据这些数据可计算出涉及企业经营管理各方面的相关财务比率。会计人员可利用 WPS 表格工具完成有关财务比率的计算，并根据计算结果对企业的经营状况进行分析。

一、财务指标分析

（一）偿债能力分析

1. 短期偿债能力分析。

短期偿债能力是指企业流动资产对流动负债及时足额偿还的保障能力，是衡量企业当前财务实力，特别是流动资产变现能力的重要标志。常用指标有流动比率和速动比率。

（1）流动比率。

流动比率是流动资产总额与流动负债总额的比率。其计算公式如下：

流动比率=流动资产总额÷流动负债总额

企业的流动资产不断变现，流动负债陆续到期，该比率越大，说明企业的短期偿债能力越强。对于债权人而言，为保障自己的利益，往往对企业的流动比率有一定要求，甚至可能签订协议，以免企业破产，债权人遭受损失。对企业而言，经营者对该比率要求太大或太小都不好。若该比率太大，说明企业的流动资产使用效率低；若太小，则会使债权人对企业的信心不足，企业会筹措不到资金。一般来说，制造企业的流动比率为2比较合适，商品流通企业大于2也属正常。

（2）速动比率。

速动比率也称酸性测验比率，是指在流动资产总额中扣除存货项目后的余额与流动负债总额的比率。其计算公式如下：

速动比率=（流动资产总额-存货）÷流动负债总额

该比率比流动比率更能说明企业的短期偿债能力。一般情况下，企业的存货在流动资产中所占的比例较大，变现能力减弱，所以剔除存货等变现能力弱的因素，这样的测验就更加客观、准确，该指标的分析同流动比率。

2．长期偿债能力分析。

长期偿债能力是指企业偿付到期长期债务的能力，包括偿还本金的责任和支付利息的责任。进行长期偿债能力的分析应与企业的盈利能力分析结合起来，常用指标有：资产负债率、产权比率、有形净值负债率及利息保障倍数等。

（1）资产负债率。

资产负债率是指企业负债总额与资产总额的比率。它表明企业资产总额中，债权人提供资金所占的比重，以及企业资产对债权人权益的保障程度。其计算公式如下：

资产负债率=负债总额÷资产总额

对于债权人而言，该指标值越小，债权人越有保障。对于所有者而言，股东往往用预期投资收益率（资产经营率）与借债利息率进行比较判断，若前者大于后者，则资产负债率大些好，说明企业管理有方，能做到"借鸡生蛋"。如果该指标值过大，则企业可能要承担的破产风险较大。

（2）产权比率。

产权比率是指负债总额与所有者权益总额的比率，是企业财务结构稳健与否的重要标志，也称资本负债率。其计算公式如下：

产权比率=负债总额÷所有者权益总额

对债权人来讲，该比率越小，借款越有保障。

（3）有形净值负债率。

有形净值负债率是企业负债总额与有形资产净值的比率。有形资产净值是所有者权益总额减去无形资产净值后的余额。其计算公式如下：

有形净值负债率=负债总额÷（所有者权益总额-无形资产净值）

有形净值负债率指标实质上是产权比率指标的延伸，且更为谨慎、保守地反映了在企业清算时债权人投入的资本受到所有者权益保障的程度。从长期偿债能力来讲，该比率越小越好。所谓谨慎和保守，是指因为无形资产的偿债能力有时在实际中无法确定，所以该指标不考虑无形资产的价值。

(4) 利息保障倍数。

利息保障倍数（已获利息倍数）指标反映企业息税前利润为所需支付的债务利息的多少倍。其计算公式如下：

利息保障倍数=（利润总额+利息费用）÷利息费用

只要利息保障倍数足够大，企业就有充足的能力偿付利息，否则相反。

（二）营运能力分析

营运能力分析是指企业基于外部市场环境的约束，通过内部人力资源和生产资料的配置组合而对财务战略所产生作用的大小进行的分析，通常用反映企业资金周转速度的指标来体现。常用指标有应收账款周转速度、存货周转速度、流动资产周转率、固定资产周转率、总资产周转率等。

1. 存货周转速度。

企业存货周转速度的指标包括存货周转率（次数）和存货周转天数。其计算公式如下：

存货周转率（次数）=销售成本÷存货平均余额

存货周转天数=360÷存货周转率=（存货平均余额×360）÷销售成本

一般来说，存货周转速度越快，存货的占用水平越低，流动性越强，存货转换为现金、应收账款的速度越快。提高存货周转率可以提高企业的变现能力，而存货周转速度越慢则变现能力越差。因此，存货周转率（次数）越大越好，而存货周转天数则越少越好。

2. 应收账款周转速度。

企业应收账款周转速度的指标包括应收账款周转率（次数）和应收账款周转天数。其计算公式如下：

应收账款周转率（次数）=销售净额÷应收账款平均余额

应收账款周转天数=360÷应收账款周转率=（应收账款平均余额×360）÷销售净额

一般来说，应收账款周转率越高，表明收账越迅速，账龄越短，资产流动性越强，短期偿债能力越强，可减少收账费用和坏账损失；应收账款周转天数是指应收账回收的天数，该指标值越小越好。

3. 流动资产周转率。

流动资产周转率是销售净额与流动资产平均余额的比率。其计算公式如下：

流动资产周转率=销售净额÷流动资产平均余额

流动资产周转率反映流动资产的周转速度。周转速度快，会相对节约流动资产，等于相对扩大资产投入，增强企业盈利能力；而延缓周转速度，则需要补充流动资产参加周转，造成资金浪费，降低企业盈利能力。

4. 固定资产周转率。

固定资产周转率是销售净额与固定资产净值平均余额的比率。其计算公式如下：

固定资产周转率=销售净额÷固定资产净值平均余额

一般来说，固定资产周转率高，则周转次数多，说明企业利用固定资产进行经营的效率高，固定资产利用效果好，进而使企业的偿债能力和获利能力得到增强；反之，则说明企业经营效率低，固定资产利用效果差。

5．总资产周转率。

总资产周转率是销售净额与平均资产总额的比率。其计算公式如下：

总资产周转率=销售净额÷平均资产总额

总资产周转率越高，周转越快，反映销售能力越强。企业可以通过薄利多销的办法，加速资产的周转，带来利润绝对额的增加。

（三）盈利能力分析

盈利能力是企业赚取利润的能力。不论是投资人、债权人，还是企业经营人员，都日益重视和关心企业的盈利能力。

反映企业盈利能力的指标很多，主要有销售净利率、资产净利率和净资产收益率等。

1．销售净利率。

销售净利率是净利润与销售收入的百分比。其计算公式如下：

销售净利率=（净利润÷销售收入）×100%

该指标值越大，表明企业的获利水平越高，那么企业在增加销售收入额的同时，必然会相应地获得更高的净利润。如果没有实现这样的目标，则说明企业的经营管理出现了问题。因此，通过分析销售净利率的升降变动，可促使企业在扩大销售的同时，注重改进经营管理方法，提高盈利水平。

2．资产净利率。

资产净利率是企业净利润与平均资产总额的百分比。其计算公式如下：

资产净利率=（净利润÷平均资产总额）×100%

该指标值越大，表明企业的资产利用效率越好，盈利能力越强，经营管理水平越高。

3．净资产收益率。

净资产收益率又称权益净利率、净值报酬率，是净利润与平均净资产的百分比。其计算公式如下：

净资产收益率=（净利润÷平均净资产）×100%

净资产收益率=资产净利率×权益乘数

净资产收益率=销售净利率×总资产周转率×权益乘数

公式中的权益乘数是指资产总额除以所有者权益的比率。净资产收益率是企业盈利能力指标的核心，也是整个财务指标体系的核心。在一般情况下，该指标值越大，表明企业自有资金获取收益的能力越强，对企业投资人、债权人的保障程度越高。

（四）发展能力分析

发展能力分析是指对企业未来年度的发展前景及潜力进行分析，主要包括以下几个指标。

1．销售增长率。

销售增长率是指企业本年销售增长额与上一年销售收入总额的百分比。其计算公式如下：

销售增长率=（本年销售增长额÷上一年销售收入总额）×100%

销售增长率大于 0，说明企业的销售收入有所增长，该指标值越大，表明企业的销售增长速度越快，企业市场前景越好；若销售增长率小于 0，则表明企业的产品销售不对路，市场份额萎缩。

2．总资产增长率。

总资产增长率是企业本年总资产增长额与年初资产总额的百分比。其计算公式如下：

总资产增长率=（本年总资产增长额÷年初资产总额）×100%

总资产增长率大于 0，说明企业的本期总资产有所增长，该指标值越大，表明企业的总资产增长速度越快，企业发展潜力越大；若总资产增长率小于 0，则表明企业发展速度下降，发展能力减弱。

二、利用 WPS 表格进行指标计算

根据前面所建立的资产负债表、利润表等有关财务报表，利用 WPS 表格进行指标计算。具体操作步骤如下。

1．设置财务比率分析表格式。

在工作簿中新建工作表，命名为"指标计算"。在工作表中建立指标格式，如图表 5-19 所示。

❖图表 5-19 财务比率分析表结构❖

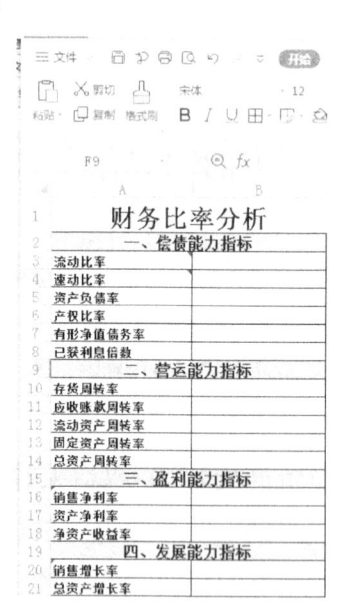

2．输入公式。

选定 B3 单元格，输入公式"='资产负债表 '!C15/'资产负债表 '!F16"（资产负债表 C15 单元格中的数据为流动资产合计，资产负债表 F16 单元格中的数据为流动负债合计）。

选定 B4 单元格，输入公式"=('资产负债表 '!C15-'资产负债表 '!C12)/'资产负债表 '!F16"（资产负债表 C15 单元格中的数据为流动资产合计，资产负债表 C12 单元格中的数据为存货，资产负债表 F16 单元格中的数据为流动负债合计）。

依次类推，根据各个指标的含义，在有关财务报表中选取数据，并利用公式完成指标的计算，计算结果如图表 5-20 所示。

❖图表 5-20　财务比率计算结果❖

	A	B
1	财务比率分析	
2	一、偿债能力指标	
3	流动比率	4.17
4	速动比率	2.81
5	资产负债率	0.61
6	产权比率	1.59
7	有形净值债务率	1.59
8	已获利息倍数	0.15
9	二、营运能力指标	
10	存货周转率	0.50
11	应收账款周转率	
12	流动资产周转率	0.32
13	固定资产周转率	0.47
14	总资产周转率	0.16
15	三、盈利能力指标	
16	销售净利率	-15.50%
17	资产净利率	-2.53%
18	净资产收益率	-5.30%
19	四、发展能力指标	
20	销售增长率	
21	总资产增长率	51.48%

有了财务比率的计算结果，财务管理人员就可以结合企业前期的数据或对比同行业的相关财务比率数据及财务管理知识对相关的指标进行具体分析了。

项 目 小 结

本项目主要介绍了利用 WPS 表格工具软件编制企业会计报表的具体操作。主要包括科目代码表、现金流量项目代码表、凭证表、科目发生额及余额表、资产负债表、利润表、现金流量表和财务比率分析表的具体编制。利用计算机来完成会计业务的操作与分析，可大大提高会计人员的工作效率。

项 目 训 练

一、单项选择题

1．WPS 表格软件中的名称管理器功能在（　　）菜单下。

A．公式　　　　　　B．视图　　　　　　C．数据　　　　　　D．审阅

2．VLOOKUP(E4,科目号,2,0)公式中作为查找条件的参数是（　　）。

A．科目号　　　　　B．E4　　　　　　　C．2　　　　　　　　D．0

3．WPS 表格软件中的数据透视表功能在（　　）菜单下。

A．公式　　　　　　B．视图　　　　　　C．数据　　　　　　D．审阅

4．关于 WPS 表格软件中 SUMIF( )函数的功能，下列说法正确的是（　　）。

A．执行真假值判断，根据逻辑值测试的真假值，返回不同结果

B．返回参数的算术平均值

C．返回数组中满足条件的数据个数

D．根据特定条件对若干单元格求和

5．WPS 表格软件中单元格 E51 中存放的公式为"=SUM($A$2:$E$50)"，将其复制到 E52 时公式为（   ）。

A．=SUM(A3:E51)　　　　　　　　B．=SUM($A$2:$E$50)
C．=SUM(A3:E50)　　　　　　　　D．=SUM(A2:E51)

二、多项选择题

1．下列公式中，（   ）使用了混合引用。

A．L2=H2*C2　　B．L2=$H$2*$C$2　　C．L2=$H2*C$2　　D．L2=H2*$C2

2．WPS 表格软件中，下列（   ）命令属于"数据"菜单下的命令。

A．排序　　　　　B．有效性　　　　　C．单元格　　　　　D．数据透视表

3．在财务指标分析中，下列（   ）指标是盈利能力的计算指标。

A．权益净利率　　B．资产净利率　　　C．销售净利率　　　D．利息保障倍数

4．SUMIF()函数的参数有（   ）。

A．范围　　　　　B．条件　　　　　　C．求和的项目　　　D．查找的值

5．下列公式中，净资产收益率计算正确的公式有（   ）。

A．净资产收益率=（净利润÷平均净资产）×100%

B．净资产收益率=资产净利率×权益乘数

C．净资产收益率=销售净利率×总资产周转率×权益乘数

D．净资产收益率=销售净利率×权益乘数

三、判断题（正确的打"√"，错误的打"×"）

1．VLOOKUP()函数属于统计函数。（   ）

2．利用 WPS 表格编制现金流量表的主表时，主要是利用 SUM()函数从资产负债表中进行取数。（   ）

3．流动比率是流动资产总额与负债总额的比率。（   ）

4．产权比率是资产总额与所有者权益总额的比率，是企业财务结构稳健与否的重要标志，也称资产负债率。（   ）

5．利用 WPS 表格中的 SUMIF()函数编制资产负债表的"货币资金"项目期初余额时的公式如下：SUMIF(科目发生额及余额表!A:A,1001+1002+1012,科目发生额及余额表!C:C)。（   ）

6．相对引用是指引用单元格的相对位置，也就是直接输入单元格的名称（如 B6）。如果公式所在单元格的位置改变,引用也随之改变。在默认情况下,公式使用绝对引用。（   ）

四、思考与创新

请根据项目四 2021 年经济业务，利用 WPS 表格编制资产负债表、利润表和现金流量表。

参 考 文 献

[1] 王晓霜，李昕. ERP沙盘模拟实训教程[M]. 北京：经济科学出版社，2008.
[2] 高市，王晓霜，宣胜瑾. ERP沙盘实战教程[M]. 大连：东北财经大学出版社，2008.
[3] 中国注册会计师协会. 会计[M]. 北京：中国财政经济出版社，2020.
[4] 杨明海，邓青. 基础会计学[M]. 北京：人民邮电出版社，2020.
[5] 常勇，安甜甜. ERP沙盘模拟实训教程[M]. 北京：北京邮电大学出版社，2018.
[6] 李昕，王晓霜. 会计电算化（第四版）[M]. 大连：东北财经大学出版社，2017.
[7] 董京原. 会计综合实训（第二版）[M]. 北京：高等教育出版社，2017.
[8] 刘雪清. 企业会计模拟实训教程（综合实训）（第七版）[M]. 大连：东北财经大学出版社，2019.

附　　录

目 录

附录 A　市场预测分析 …………………………………………………………… 197

附录 B　工业企业 ERP 沙盘经营记录表 ………………………………………… 203

附录 C　空白单据 ………………………………………………………………… 229

附录 A

市场预测分析

这是由一家权威的市场调研机构对未来 6 年各个市场的需求所做的预测，预测结果的可信度较高。但根据这一预测进行企业的经营运作，其后果将由各企业自行承担。

P1 产品是目前市场上的主流产品；P2 产品为对 P1 产品进行技术改良后的产品，也比较容易获得大众的认同；P3 产品和 P4 产品作为 P 类产品里的高端技术产品，各个市场对它们的认同度不尽相同，需求量与价格会有较大的差异。

根据模拟企业的数量不同，预测数据也不相同。模拟企业数量在 8 组以下，预测数据如图表 A-1～图表 A-5 所示；模拟企业数量在 8 组及以上，预测数据如图表 A-6～图表 A-10 所示。横向表示年份，纵向分别表示需求量（件）和价格（百万元）。

❖ 图表 A-1　本地市场 P 类产品需求量和价格预测数据 1 ❖

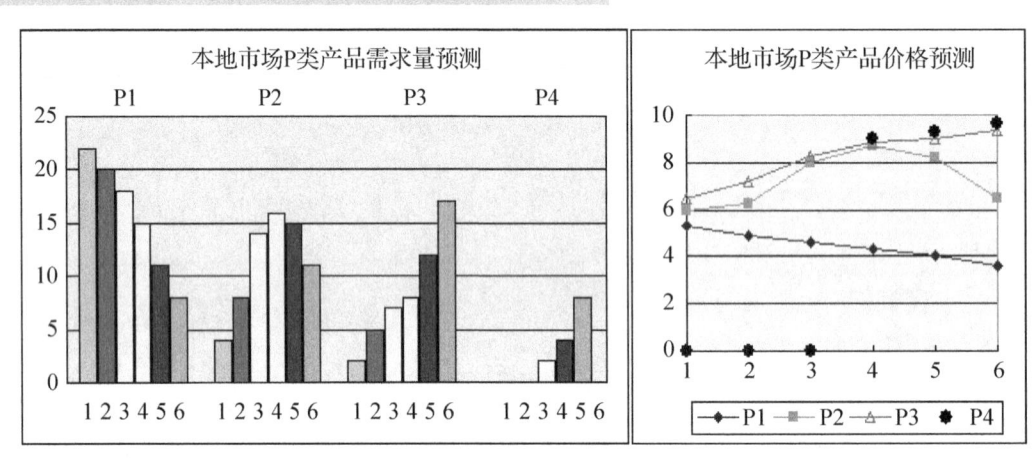

从图表 A-1 可以看出，本地市场将会持续发展，客户对低端产品的需求可能要下滑。伴随着需求的减少，低端产品的价格很有可能会逐步走低。后几年，随着高端产品的成熟，市场对 P3 产品和 P4 产品的需求将会逐渐增大。同时随着时间的推移，客户的质量意识将不断提高，后几年可能会对厂商是否通过了 ISO9000 质量认证和 ISO14000 环境认证有更多的要求。

❖ 图表 A-2　区域市场 P 类产品需求量和价格预测数据 1 ❖

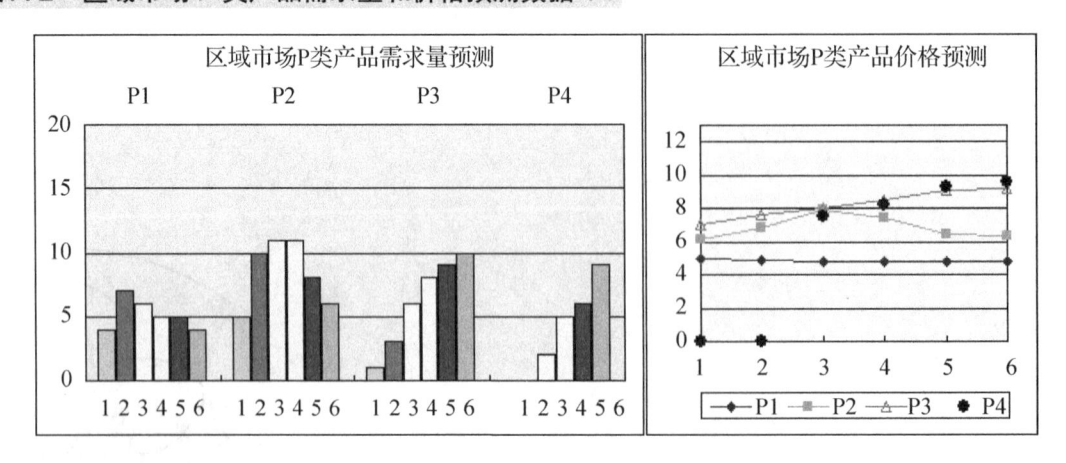

从图表 A-2 可以看出，区域市场的客户对 P 类产品的喜好相对稳定，因此市场需求量的波动也很有可能会比较平稳。因其紧邻本地市场，所以产品需求量的走势可能与本地市场相似，价格趋势也应大致一样。该市场的客户比较乐于接受新的事物，因此对于高端产品也会比较有兴趣，但由于受到地域的限制，该市场的需求总量非常有限。并且这个市场上的客户相对比较挑剔，因此在后几年客户会对厂商是否通过了 ISO9000 质量认证和 ISO14000 环境认证有较高的要求。

❖ 图表 A-3　国内市场 P 类产品需求量和价格预测数据 1 ❖

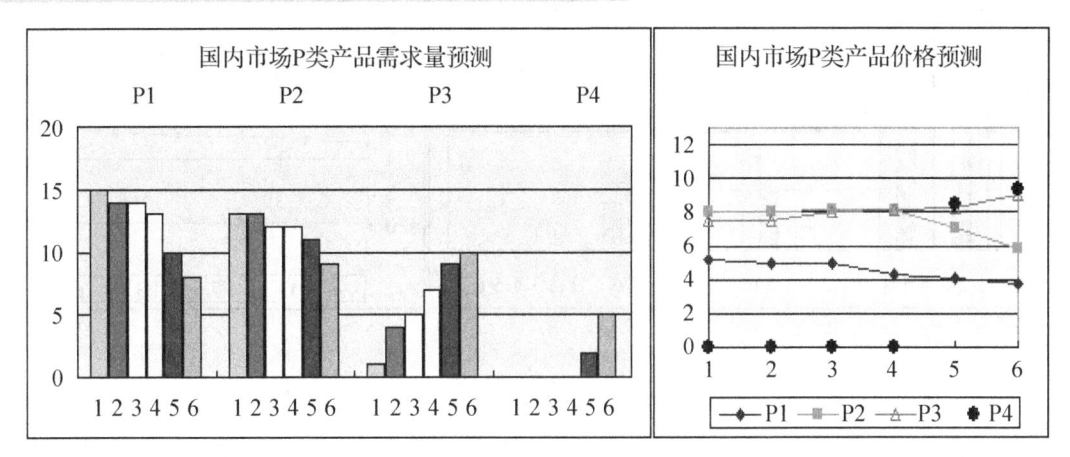

从图表 A-3 可以看出，因 P1 产品带有较浓的地域色彩，预测国内市场对 P1 产品不会有持久的需求。但 P2 产品因为更适合国内市场，所以预测需求会一直比较平稳。随着对 P 类产品新技术的逐渐认同，预测对 P3 产品的需求会发展较快，但这个市场上的客户对 P4 产品却并不是那么认同。当然，对于高端产品来说，客户一定会更注重产品的质量保证。

❖ 图表 A-4　亚洲市场 P 类产品需求量和价格预测数据 1 ❖

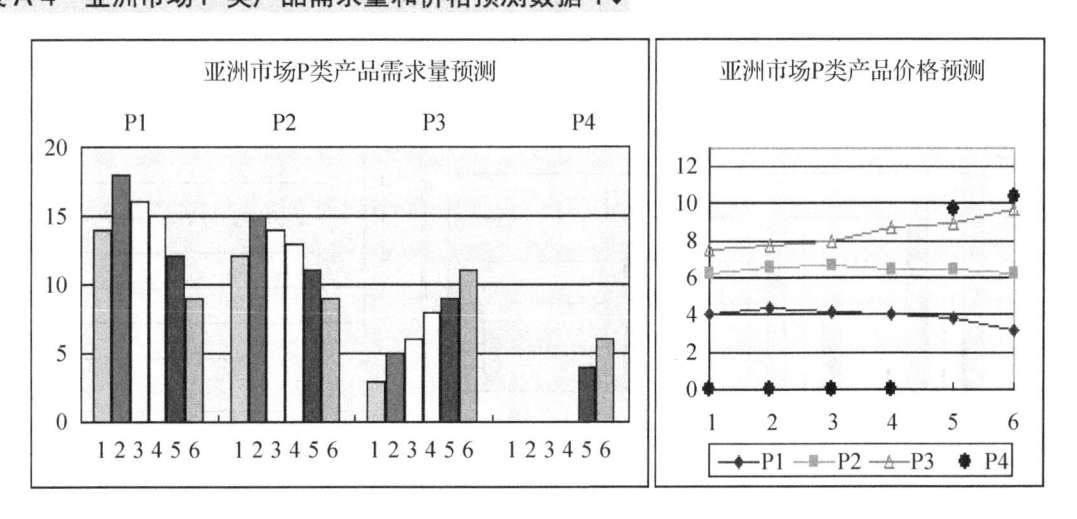

从图表 A-4 可以看出，这个市场上的客户喜好一向波动较大，不易把握，所以对 P1 产品的需求可能起伏较大，预测 P2 产品的需求走势也会与 P1 相似。但该市场对新产品很敏感，因此预测对 P3 产品和 P4 产品的需求会发展较快，P3 产品和 P4 产品的价格也可能不菲。另外，这个市场的消费者很看重产品的质量，所以在后几年里，如果厂商没有通过 ISO9000 质量认证和 ISO14000 环境认证，其产品可能很难销售。

❖图表A-5 国际市场P类产品需求量和价格预测数据1❖

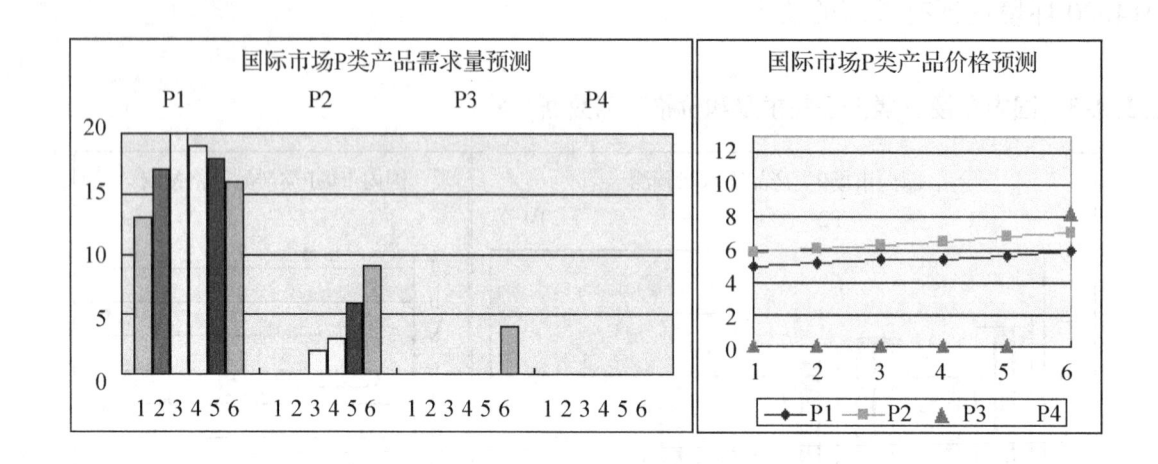

进入国际市场可能需要一个较长的时期。从图表A-5可以看出，目前这一市场上的客户对P1产品已经有所认同，需求也会比较旺盛。对于P2产品，客户将会谨慎地接受，但仍需要一段时间才能被市场所接受。对于新兴技术，这一市场上的客户将会以观望为主，因此对于P3产品和P4产品的需求会发展得很慢。因为产品需求主要集中在低端，所以客户对于ISO认证的要求并不如其他几个市场那么高，但也不排除在后期会有这方面的需求。

❖图表A-6 本地市场P类产品需求量和价格预测数据2❖

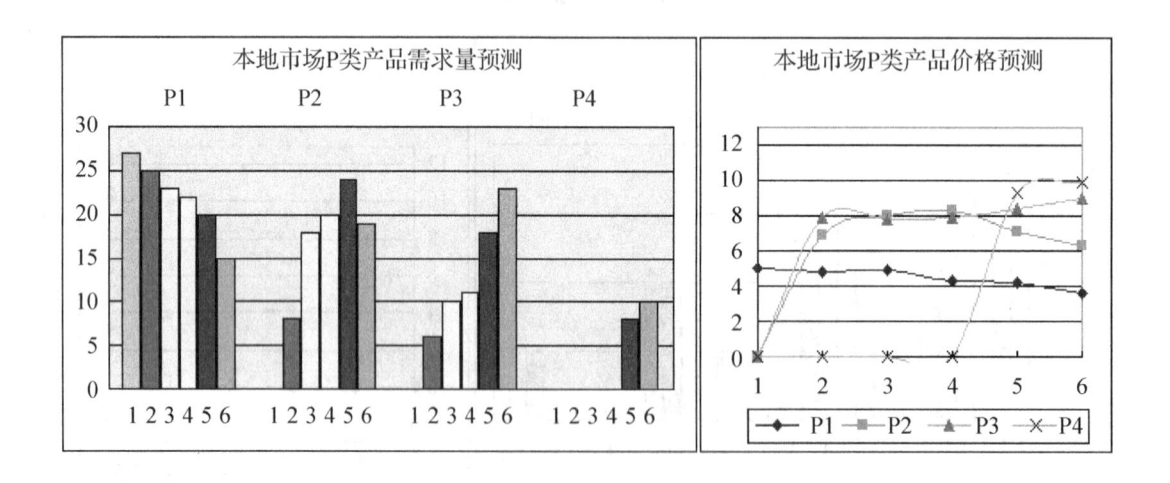

从图表A-6可以看出，本地市场将会持续发展，对低端产品的需求可能要下滑，伴随着需求的减少，低端产品的价格很有可能走低。后几年，随着高端产品的成熟，市场对P3产品和P4产品的需求将会逐渐增大。同时随着时间的推移，客户对质量意识的不断提高，后几年可能对产品的ISO9000质量认证和ISO14000环境认证有更多的需求。

❖图表 A-7 区域市场 P 类产品需求量和价格预测数据 2❖

从图表 A-7 可以看出，区域市场的客户相对稳定，对 P 类产品需求的变化很有可能比较平稳。因紧邻本地市场，所以产品需求量的走势可能与本地市场相似，价格趋势也应大致一样。该市场容量有限，对高端产品的需求也可能相对较小，但客户会对产品的 ISO9000 质量认证和 ISO14000 环境认证有较高的要求。

❖图表 A-8 国内市场 P 类产品需求量和价格预测数据 2❖

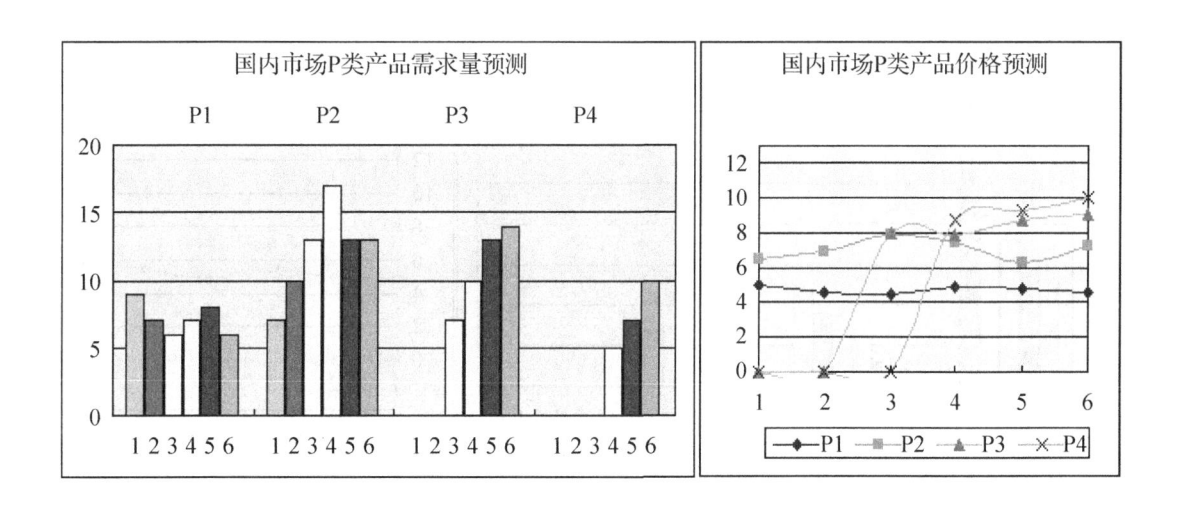

从图表 A-8 可以看出，因 P1 产品带有较浓的地域色彩，预测国内市场对 P1 产品不会有持久的需求。但 P2 产品因更适合于国内市场，预测需求会一直比较平稳。随着对 P 类产品的逐渐认同，预测对 P3 产品的需求会发展较快。但对 P4 产品的需求就不一定像 P3 产品那样旺盛了。当然，对高端的产品来说，客户一定会更注重产品的质量认证。

❖ **图表 A-9　亚洲市场 P 类产品需求量和价格预测数据 2** ❖

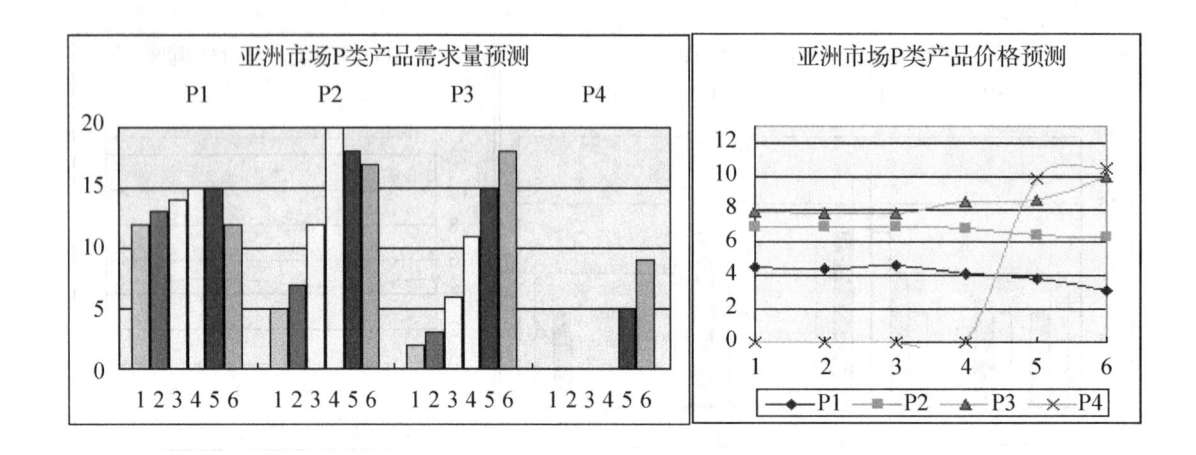

从图表 A-9 可以看出，这个市场一向波动较大，所以对 P1 产品的需求可能起伏较大，预测对 P2 产品的需求走势与 P1 相似。但该市场对新产品很敏感，因此预测对 P3、P4 产品的需求会发展较快，P3 产品和 P4 产品的价格也可能不菲。另外，这个市场的消费者很看重产品的质量，所以没有 ISO9000 质量认证和 ISO14000 环境认证的产品可能很难销售。

❖ **图表 A-10　国际市场 P 类产品需求量和价格预测数据 2** ❖

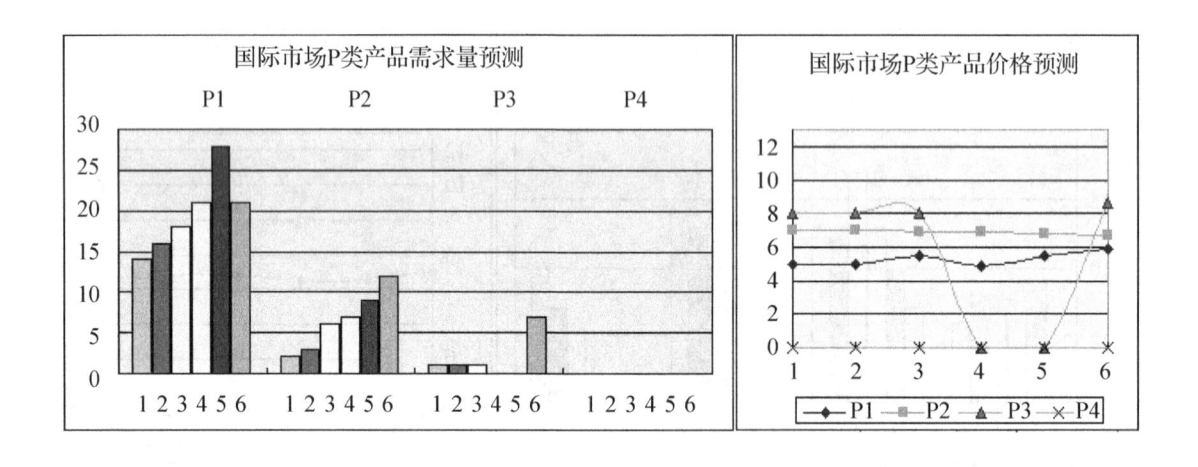

从图表 A-10 可以看出，P 类产品进入国际市场可能需要一个较长的时期。有迹象表明，目前这一市场上的客户对 P1 产品已经有所认同，但 P1 产品仍需要一段时间才能被市场接受。同样，客户对 P2、P3 和 P4 产品也会很谨慎地接受。需求会发展得极慢。当然，国际市场的客户也会关注具有 ISO 认证的产品。

附录 B

工业企业 ERP 沙盘经营记录表

索引

1. 运营表（4张），如图表 B-1 所示。
2. 广告费投入说明表（2张），如图表 B-2 所示。
3. 现金预算表（4张），如图表 B-3 所示。
4. 订单登记表（4张），如图表 B-4 所示。
5. 商品核算统计表（4张），如图表 B-5 所示。

附录 B　工业企业 ERP 沙盘经营记录表

❖ **图表 B-1　运营表（4 张）** ❖

（　　　）年运营表

编制单位：　　　　　　　　　　　　　　　　　　　　　　　　　　　　　　　　　　　　　单位：百万元

内容			第 1 季度	第 2 季度	第 3 季度	第 4 季度
召开新年度规划会议				/////	/////	/////
参加订货会，登记销售订单				/////	/////	/////
制订新年度计划				/////	/////	/////
支付应付税				/////	/////	/////
季初现金盘点（请填余额）						
短期贷款	更新短期贷款/还本付息					
	申请短期贷款（或高利贷）					
更新应付款/归还应付款						
原材料入库/更新原料订单						
下原料订单（此处登记订购材料的数量和名称）						
更新生产/完工入库（此处登记完工产品的数量和名称）						
投资新生产线/变卖生产线/生产线转产						
向其他企业购买原材料						
出售原材料						
开始下一批生产①	发出材料					
	分配工资	生产工人工资				
		车间技术管理人员工资				
		管理部门人员工资				
		小计				
	企业社会保险和住房公积金					
	个人社会保险和住房公积金					
	发放工资（发放上一季度的工资）					
	缴纳三险一金（缴纳上一季度的三险一金）					
更新应收款/应收款收现						
出售厂房						
向其他企业购买成品						
向其他企业出售成品						
按订单交货						
产品研发投资						
支付行政管理费	业务招待费（占比 20%）					
	办公费（占比 10%）					
	差旅费（占比 30%）					
支付行政管理费	工资（占比 40%，已在"开始下一批生产"项目中列示）					
	合计（不包括工资）					
其他现金收支情况登记						
长期贷款	支付长期贷款利息		/////	/////	/////	
	更新长期贷款/偿还贷款本金		/////	/////	/////	
	申请长期贷款		/////	/////	/////	
支付设备维护费			/////	/////	/////	
支付租金/购买厂房			/////	/////	/////	
计提折旧			/////	/////	/////	
新市场开拓/ISO 认证投资			/////	/////	/////	
结账			/////	/////	/////	
现金收入合计						
现金支出合计						
期末现金对账（请填余额）						

205

（　　）年运营表

编制单位：　　　　　　　　　　　　　　　　　　　　　　　　　　　　　　　　　　单位：百万元

内容			第1季度	第2季度	第3季度	第4季度
召开新年度规划会议				▨	▨	▨
参加订货会，登记销售订单				▨	▨	▨
制订新年度计划				▨	▨	▨
支付应付税				▨	▨	▨
季初现金盘点（请填余额）						
短期贷款	更新短期贷款/还本付息					
	申请短期贷款（或高利贷）					
更新应付款/归还应付款						
原材料入库/更新原料订单						
下原料订单（此处登记订购材料的数量和名称）						
更新生产/完工入库（此处登记完工产品的数量和名称）						
投资新生产线/变卖生产线/生产线转产						
向其他企业购买原材料						
出售原材料						
开始下一批生产①		发出材料				
	分配工资	生产工人工资				
		车间技术管理人员工资				
		管理部门人员工资				
		小计				
开始下一批生产①	企业社会保险和住房公积金					
	个人社会保险和住房公积金					
	发放工资（发放上一季度的工资）					
	缴纳三险一金（缴纳上一季度的三险一金）					
更新应收款/应收款收现						
出售厂房						
向其他企业购买成品						
向其他企业出售成品						
按订单交货						
产品研发投资						
支付行政管理费	业务招待费（占比20%）					
	办公费（占比10%）					
	差旅费（占比30%）					
	工资（占比40%，已在"开始下一批生产"项目中列示）					
	合计（不包括工资）					
其他现金收支情况登记						
长期贷款	支付长期贷款利息		▨	▨	▨	
	更新长期贷款/偿还贷款本金		▨	▨	▨	
	申请长期贷款		▨	▨	▨	
支付设备维护费			▨	▨	▨	
支付租金/购买厂房			▨	▨	▨	
计提折旧			▨	▨	▨	
新市场开拓/ISO认证投资			▨	▨	▨	
结账			▨	▨	▨	
现金收入合计						
现金支出合计						
期末现金对账（请填余额）						

附录 B 工业企业 ERP 沙盘经营记录表

（　　）年运营表

编制单位：　　　　　　　　　　　　　　　　　　　　　　　　　　　　　　　　单位：百万元

内容			第1季度	第2季度	第3季度	第4季度
召开新年度规划会议						
参加订货会，登记销售订单						
制订新年度计划						
支付应付税						
季初现金盘点（请填余额）						
短期贷款	更新短期贷款/还本付息					
	申请短期贷款（或高利贷）					
更新应付款/归还应付款						
原材料入库/更新原料订单						
下原料订单（此处登记订购材料的数量和名称）						
更新生产/完工入库（此处登记完工产品的数量和名称）						
投资新生产线/变卖生产线/生产线转产						
向其他企业购买原材料						
出售原材料						
开始下一批生产①	发出材料					
	分配工资	生产工人工资				
		车间技术管理人员工资				
		管理部门人员工资				
		小计				
	企业社会保险和住房公积金					
	个人社会保险和住房公积金					
	发放工资（发放上一季度的工资）					
	缴纳三险一金（缴纳上一季度的三险一金）					
更新应收款/应收款收现						
出售厂房						
向其他企业购买成品						
向其他企业出售成品						
按订单交货						
产品研发投资						
支付行政管理费	业务招待费（占比20%）					
	办公费（占比10%）					
	差旅费（占比30%）					
	工资（占比40%，已在"开始下一批生产"项目中列示）					
	合计（不包括工资）					
其他现金收支情况登记						
长期贷款	支付长期贷款利息					
	更新长期贷款/偿还贷款本金					
	申请长期贷款					
支付设备维护费						
支付租金/购买厂房						
计提折旧						
新市场开拓/ISO 认证投资						
结账						
现金收入合计						
现金支出合计						
期末现金对账（请填余额）						

（　　）年运营表

编制单位：　　单位：百万元

内容			第1季度	第2季度	第3季度	第4季度
召开新年度规划会议				/////	/////	/////
参加订货会，登记销售订单				/////	/////	/////
制订新年度计划				/////	/////	/////
支付应付税				/////	/////	/////
季初现金盘点（请填余额）						
短期贷款	更新短期贷款/还本付息					
	申请短期贷款（或高利贷）					
更新应付款/归还应付款						
原材料入库/更新原料订单						
下原料订单（此处登记订购材料的数量和名称）						
更新生产/完工入库（此处登记完工产品的数量和名称）						
投资新生产线/变卖生产线/生产线转产						
向其他企业购买原材料						
出售原材料						
开始下一批生产①	发出材料					
	分配工资	生产工人工资				
		车间技术管理人员工资				
		管理部门人员工资				
		小计				
	企业社会保险和住房公积金					
	个人社会保险和住房公积金					
	发放工资（发放上一季度的工资）					
	缴纳三险一金（缴纳上一季度的三险一金）					
更新应收款/应收款收现						
出售厂房						
向其他企业购买成品						
向其他企业出售成品						
按订单交货						
产品研发投资						
支付行政管理费	业务招待费（占比20%）					
	办公费（占比10%）					
	差旅费（占比30%）					
	工资（占比40%，已在"开始下一批生产"项目中列示）					
	合计（不包括工资）					
其他现金收支情况登记						
长期贷款	支付长期贷款利息			/////	/////	/////
	更新长期贷款/偿还贷款本金			/////	/////	/////
	申请长期贷款			/////	/////	/////
支付设备维护费				/////	/////	/////
支付租金/购买厂房				/////	/////	/////
计提折旧				/////	/////	/////
新市场开拓/ISO认证投资				/////	/////	/////
结账				/////	/////	/////
现金收入合计						
现金支出合计						
期末现金对账（请填余额）						

❖ **图表 B-2 广告费投入说明表（2张）** ❖

广告费投入说明表

编制单位：　　　　　　　　　　　　年　月　日　　　　　　　　　　　　单位：百万元

市场	本地			区域			国内			亚洲			合计
产品	P1	P2	P3	P1	P2	P3	P1	P2	P3	P1	P2	P3	
广告													
9K													
14K													

广告费投入说明表

编制单位：　　　　　　　　　　　　年　月　日　　　　　　　　　　　　单位：百万元

市场	本地			区域			国内			亚洲			合计
产品	P1	P2	P3	P1	P2	P3	P1	P2	P3	P1	P2	P3	
广告													
9K													
14K													

图表 B-3 现金预算表（4 张）

现金预算表

编制单位：　　　　　　　　　　　　　年　月　日　　　　　　　　　　　　　单位：百万元

项目	第 1 季度	第 2 季度	第 3 季度	第 4 季度
期初货币资金				
减：支付上一年应交税		▨	▨	▨
市场广告费投入		▨	▨	▨
贴现费用				
利息（短期贷款）				
支付到期短期贷款				
原料采购支付现金				
转产费用				
生产线投资				
支付工人工资				
缴纳社会保险和住房公积金				
产品研发投资				
收到现金前的所有支出				
加：应收款到期				
减：支付管理费用				
利息（长期贷款）	▨	▨	▨	
支付到期长期贷款	▨	▨	▨	
设备维护费用	▨	▨	▨	
租金	▨	▨	▨	
购买新建筑	▨	▨	▨	
市场开拓投资	▨	▨	▨	
ISO 认证投资	▨	▨	▨	
其他				
货币资金余额				

现金预算表

编制单位：　　　　　　　　　　　　　年　月　日　　　　　　　　　　　　　单位：百万元

项目	第1季度	第2季度	第3季度	第4季度
期初货币资金				
减：支付上一年应交税				
市场广告费投入				
贴现费用				
利息（短期贷款）				
支付到期短期贷款				
原料采购支付现金				
转产费用				
生产线投资				
支付工人工资				
缴纳社会保险和住房公积金				
产品研发投资				
收到现金前的所有支出				
加：应收款到期				
减：支付管理费用				
利息（长期贷款）				
支付到期长期贷款				
设备维护费用				
租金				
购买新建筑				
市场开拓投资				
ISO认证投资				
其他				
货币资金余额				

现金预算表

编制单位：　　　　　　　　　　　　　　　年　月　日　　　　　　　　　　　　　　单位：百万元

项目	第1季度	第2季度	第3季度	第4季度
期初货币资金				
减：支付上一年应交税				
市场广告费投入				
贴现费用				
利息（短期贷款）				
支付到期短期贷款				
原料采购支付现金				
转产费用				
生产线投资				
支付工人工资				
缴纳社会保险和住房公积金				
产品研发投资				
收到现金前的所有支出				
加：应收款到期				
减：支付管理费用				
利息（长期贷款）				
支付到期长期贷款				
设备维护费用				
租金				
购买新建筑				
市场开拓投资				
ISO认证投资				
其他				
货币资金余额				

现金预算表

编制单位：　　　　　　　　　　　　　年　月　日　　　　　　　　　　　　　　单位：百万元

项目	第1季度	第2季度	第3季度	第4季度
期初货币资金				
减：支付上一年应交税				
市场广告费投入				
贴现费用				
利息（短期贷款）				
支付到期短期贷款				
原料采购支付现金				
转产费用				
生产线投资				
支付工人工资				
缴纳社会保险和住房公积金				
产品研发投资				
收到现金前的所有支出				
加：应收款到期				
减：支付管理费用				
利息（长期贷款）				
支付到期长期贷款				
设备维护费用				
租金				
购买新建筑				
市场开拓投资				
ISO认证投资				
其他				
货币资金余额				

图表 B-4 订单登记表（4张）

订单登记表

编制单位：　　　　　　　　　　　　　　年　月　日

订单号									合计
市场									
产品									
数量（件）									
账期（季度）									
销售额（百万元）									
成本（百万元）									
毛利（百万元）									
未售（百万元）									

订单登记表

编制单位：　　　　　　　　　　　　　　年　月　日

订单号									合计
市场									
产品									
数量（件）									
账期（季度）									
销售额（百万元）									
成本（百万元）									
毛利（百万元）									
未售（百万元）									

订单登记表

编制单位：　　　　　　　　　　　　　　年　月　日

订单号									合计
市场									
产品									
数量（件）									
账期（季度）									
销售额（百万元）									
成本（百万元）									
毛利（百万元）									
未售（百万元）									

订单登记表

编制单位：　　　　　　　　　　　　　年　月　日

订单号								合计
市场								
产品								
数量（件）								
账期（季度）								
销售额（百万元）								
成本（百万元）								
毛利（百万元）								
未售（百万元）								

❖ **图表 B-5　商品核算统计表（4 张）** ❖

商品核算统计表

　　　　　　　　　　　　　　　年　　　　　　　　　　　　　单位：百万元

产品	P1	P2	P3	P4	合计
数量（件）					
销售额					
成本					
毛利					

商品核算统计表

　　　　　　　　　　　　　　　年　　　　　　　　　　　　　单位：百万元

产品	P1	P2	P3	P4	合计
数量（件）					
销售额					
成本					
毛利					

商品核算统计表

　　　　　　　　　　　　　　　年　　　　　　　　　　　　　单位：百万元

产品	P1	P2	P3	P4	合计
数量（件）					
销售额					
成本					
毛利					

商品核算统计表

　　　　　　　　　　　　　　　年　　　　　　　　　　　　　　　单位：百万元

产品	P1	P2	P3	P4	合计
数量（件）					
销售额					
成本					
毛利					

附录 C

空白单据

索引

1. 现金支票（10 张），如图表 C-1 所示。
2. 转账支票（10 张），如图表 C-2 所示。
3. 进账单（4 张），如图表 C-3 所示。
4. 职工薪酬计算表（4 张），如图表 C-4 所示。
5. 企业三险一金计算表（4 张），如图表 C-5 所示。
6. 职工工资发放表（4 张），如图表 C-6 所示。
7. 住房公积金计算表（4 张），如图表 C-7 所示。
8. 社会保险费计算表（4 张），如图表 C-8 所示。
9. 住房公积金汇（补）缴书（4 张），如图表 C-9 所示。
10. 银行电子缴税付款凭证（4 张），如图表 C-10 所示。
11. 固定资产折旧计算表（4 张），如图表 C-11 所示。
12. 收料单（6 张），如图表 C-12 所示。
13. 领料单（6 张），如图表 C-13 所示。
14. 银行贷款利息计算表（4 张），如图表 C-14 所示。
15. 银行贷款利息凭证（4 张），如图表 C-15 所示。
16. 借款申请书（4 张），如图表 C-16 所示。
17. 借款借据（4 张），如图表 C-17 所示。
18. 增值税专用发票（8 套），如图表 C-18 所示。
19. 增值税普通发票（6 套），如图表 C-19 所示。
20. 资产负债表（3 张），如图表 C-20 所示。
21. 利润表（3 张），如图表 C-21 所示。
22. 现金流量表（3 张），如图表 C-22 所示。

❖ **图表 C-1　现金支票（10 张）** ❖

| 中国工商银行
现金支票存根（吉）
ⅩⅣ00055001
附加信息 _____
_____
_____
出票日期　年　月　日
收款人：
金　额：
用　途：
单位主管　　会计 | 付款期限自出票日期起十天 | 中国工商银行　　现金支票（吉）　　ⅩⅣ00055001
出票日期（大写）　　年　月　日　付款行名称：
收款人：　　　　　　　　　　　出票人账号：

人民币（大写）　｜亿｜千｜百｜十｜万｜千｜百｜十｜元｜角｜分｜

用途_____　　　　　　　科目（借）
上列款项请从我　　　　　　　对方科目（贷）
账户内支付　　　　　　　　　付讫日期　年　月　日
出票人签章　　　　　　　　　复核　　　记账 |

| 中国工商银行
现金支票存根（吉）
ⅩⅣ00055002
附加信息 _____
_____
_____
出票日期　年　月　日
收款人：
金　额：
用　途：
单位主管　　会计 | 付款期限自出票日期起十天 | 中国工商银行　　现金支票（吉）　　ⅩⅣ00055002
出票日期（大写）　　年　月　日　付款行名称：
收款人：　　　　　　　　　　　出票人账号：

人民币（大写）　｜亿｜千｜百｜十｜万｜千｜百｜十｜元｜角｜分｜

用途_____　　　　　　　科目（借）
上列款项请从我　　　　　　　对方科目（贷）
账户内支付　　　　　　　　　付讫日期　年　月　日
出票人签章　　　　　　　　　复核　　　记账 |

| 中国工商银行
现金支票存根（吉）
ⅩⅣ00055003
附加信息 _____
_____
_____
出票日期　年　月　日
收款人：
金　额：
用　途：
单位主管　　会计 | 付款期限自出票日期起十天 | 中国工商银行　　现金支票（吉）　　ⅩⅣ00055003
出票日期（大写）　　年　月　日　付款行名称：
收款人：　　　　　　　　　　　出票人账号：

人民币（大写）　｜亿｜千｜百｜十｜万｜千｜百｜十｜元｜角｜分｜

用途_____　　　　　　　科目（借）
上列款项请从我　　　　　　　对方科目（贷）
账户内支付　　　　　　　　　付讫日期　年　月　日
出票人签章　　　　　　　　　复核　　　记账 |

附录C 空白单据

中国工商银行（吉）现金支票存根 XIV00055004	中国工商银行　现金支票（吉）　XIV00055004
附加信息_____ _____ 出票日期　　年　月　日 收款人： 金　额： 用　途： 单位主管　　会计	付款期限自出票日期起十天　出票日期（大写）　年　月　日　付款行名称： 收款人：　　　　　　　出票人账号： 人民币（大写）｜亿｜千｜百｜十｜万｜千｜百｜十｜元｜角｜分｜ 用途_____　科目（借） 上列款项请从我　对方科目（贷） 账户内支付　付讫日期　年　月　日 出票人签章　复核　　记账

中国工商银行（吉）现金支票存根 XIV00055005	中国工商银行　现金支票（吉）　XIV00055005
附加信息_____ _____ 出票日期　　年　月　日 收款人： 金　额： 用　途： 单位主管　　会计	付款期限自出票日期起十天　出票日期（大写）　年　月　日　付款行名称： 收款人：　　　　　　　出票人账号： 人民币（大写）｜亿｜千｜百｜十｜万｜千｜百｜十｜元｜角｜分｜ 用途_____　科目（借） 上列款项请从我　对方科目（贷） 账户内支付　付讫日期　年　月　日 出票人签章　复核　　记账

中国工商银行（吉）现金支票存根 XIV00055006	中国工商银行　现金支票（吉）　XIV00055006
附加信息_____ _____ 出票日期　　年　月　日 收款人： 金　额： 用　途： 单位主管　　会计	付款期限自出票日期起十天　出票日期（大写）　年　月　日　付款行名称： 收款人：　　　　　　　出票人账号： 人民币（大写）｜亿｜千｜百｜十｜万｜千｜百｜十｜元｜角｜分｜ 用途_____　科目（借） 上列款项请从我　对方科目（贷） 账户内支付　付讫日期　年　月　日 出票人签章　复核　　记账

附录C 空白单据

中国工商银行 现金支票存根 （吉） XIV00055007	中国工商银行　现金支票（吉）　XIV00055007
附加信息 _____ _____ _____ 出票日期　年　月　日 收款人： 金　额： 用　途： 单位主管　　会计	出票日期（大写）　年　月　日　付款行名称： 收款人：　　　　　　　　　出票人账号： 人民币（大写）　｜亿｜千｜百｜十｜万｜千｜百｜十｜元｜角｜分｜ 用途_____ 上列款项请从我账户内支付 出票人签章 科目（借） 对方科目（贷） 付讫日期　年　月　日 复核　　记账 付款期限自出票日期起十天

中国工商银行 现金支票存根 （吉） XIV00055008	中国工商银行　现金支票（吉）　XIV00055008
附加信息 _____ _____ _____ 出票日期　年　月　日 收款人： 金　额： 用　途： 单位主管　　会计	出票日期（大写）　年　月　日　付款行名称： 收款人：　　　　　　　　　出票人账号： 人民币（大写）　｜亿｜千｜百｜十｜万｜千｜百｜十｜元｜角｜分｜ 用途_____ 上列款项请从我账户内支付 出票人签章 科目（借） 对方科目（贷） 付讫日期　年　月　日 复核　　记账 付款期限自出票日期起十天

中国工商银行 现金支票存根 （吉） XIV00055009	中国工商银行　现金支票（吉）　XIV00055009
附加信息 _____ _____ _____ 出票日期　年　月　日 收款人： 金　额： 用　途： 单位主管　　会计	出票日期（大写）　年　月　日　付款行名称： 收款人：　　　　　　　　　出票人账号： 人民币（大写）　｜亿｜千｜百｜十｜万｜千｜百｜十｜元｜角｜分｜ 用途_____ 上列款项请从我账户内支付 出票人签章 科目（借） 对方科目（贷） 付讫日期　年　月　日 复核　　记账 付款期限自出票日期起十天

附录C 空白单据

| 中国工商银行（吉）
现金支票存根
XIV00055010
附加信息 _____
_____
_____
出票日期　年　月　日
收款人：
金　额：
用　途：
单位主管　　会计 | 中国工商银行　　现金支票（吉）　　　　　XIV00055010
出票日期（大写）　年　月　日　　付款行名称：
收款人：　　　　　　　　　　　出票人账号：
人民币　　亿千百十万千百十元角分
（大写）
用途_____　　　　　　　　　科目（借）
上列款项请从我　　　　　　　　对方科目（贷）
账户内支付　　　　　　　　　　付讫日期　年　月　日
出票人签章　　　　　　　　　　复核　　　记账
付款期限自出票日期起十天 |

❖ 图表C-2　转账支票（10张）❖

| 中国工商银行（吉）
转账支票存根
ZIV00014651
附加信息 _____
_____
_____
出票日期　年　月　日
收款人：
金　额：
用　途：
单位主管　　会计 | 中国工商银行　　转账支票（吉）　　　　　ZIV00014651
出票日期（大写）　年　月　日　　付款行名称：
收款人：　　　　　　　　　　　出票人账号：
人民币　　亿千百十万千百十元角分
（大写）
用途_____　　　　　　　　　科目（借）
上列款项请从我　　　　　　　　对方科目（贷）
账户内支付　　　　　　　　　　付讫日期　年　月　日
出票人签章　　　　　　　　　　复核　　　记账
付款期限自出票日期起十天 |

| 中国工商银行（吉）
转账支票存根
ZIV00014652
附加信息 _____
_____
_____
出票日期　年　月　日
收款人：
金　额：
用　途：
单位主管　　会计 | 中国工商银行　　转账支票（吉）　　　　　ZIV00014652
出票日期（大写）　年　月　日　　付款行名称：
收款人：　　　　　　　　　　　出票人账号：
人民币　　亿千百十万千百十元角分
（大写）
用途_____　　　　　　　　　科目（借）
上列款项请从我　　　　　　　　对方科目（贷）
账户内支付　　　　　　　　　　付讫日期　年　月　日
出票人签章　　　　　　　　　　复核　　　记账
付款期限自出票日期起十天 |

附录 C 空白单据

中国工商银行 转账支票存根（吉） ZIV00014653	中国工商银行　　转账支票（吉）　　ZIV00014653
附加信息 _____ _____ 出票日期　年　月　日 收款人： 金　额： 用　途： 单位主管　　会计	付款期限自出票日期起十天 出票日期（大写）　年　月　日　付款行名称： 收款人：　　　　　　　　　出票人账号： 人民币（大写）　｜亿｜千｜百｜十｜万｜千｜百｜十｜元｜角｜分｜ 用途_____　　　科目（借） 上列款项请从我　　对方科目（贷） 账户内支付　　　　付讫日期　年　月　日 出票人签章　　　　复核　　　记账

中国工商银行 转账支票存根（吉） ZIV00014654	中国工商银行　　转账支票（吉）　　ZIV00014654
附加信息 _____ _____ 出票日期　年　月　日 收款人： 金　额： 用　途： 单位主管　　会计	付款期限自出票日期起十天 出票日期（大写）　年　月　日　付款行名称： 收款人：　　　　　　　　　出票人账号： 人民币（大写）　｜亿｜千｜百｜十｜万｜千｜百｜十｜元｜角｜分｜ 用途_____　　　科目（借） 上列款项请从我　　对方科目（贷） 账户内支付　　　　付讫日期　年　月　日 出票人签章　　　　复核　　　记账

中国工商银行 转账支票存根（吉） ZIV00014655	中国工商银行　　转账支票（吉）　　ZIV00014655
附加信息 _____ _____ 出票日期　年　月　日 收款人： 金　额： 用　途： 单位主管　　会计	付款期限自出票日期起十天 出票日期（大写）　年　月　日　付款行名称： 收款人：　　　　　　　　　出票人账号： 人民币（大写）　｜亿｜千｜百｜十｜万｜千｜百｜十｜元｜角｜分｜ 用途_____　　　科目（借） 上列款项请从我　　对方科目（贷） 账户内支付　　　　付讫日期　年　月　日 出票人签章　　　　复核　　　记账

附录 C 空白单据

中国工商银行（吉） 转账支票存根 ZIV00014656	中国工商银行　　　转账支票（吉）　　　ZIV00014656
附加信息 _____ _____ _____ 出票日期　年　月　日 收款人： 金　额： 用　途： 单位主管　　会计	出票日期（大写）　　年　月　日　　付款行名称： 收款人：　　　　　　　　　　　出票人账号： 人民币（大写）　　　亿 千 百 十 万 千 百 十 元 角 分 用途_____ 上列款项请从我　　　　　科目（借） 账户内支付　　　　　　　对方科目（贷） 出票人签章　　　　　　　付讫日期　年　月　日 　　　　　　　　　　　　复核　　　记账 付款期限自出票日期起十天

中国工商银行（吉） 转账支票存根 ZIV00014657	中国工商银行　　　转账支票（吉）　　　ZIV00014657
附加信息 _____ _____ _____ 出票日期　年　月　日 收款人： 金　额： 用　途： 单位主管　　会计	出票日期（大写）　　年　月　日　　付款行名称： 收款人：　　　　　　　　　　　出票人账号： 人民币（大写）　　　亿 千 百 十 万 千 百 十 元 角 分 用途_____ 上列款项请从我　　　　　科目（借） 账户内支付　　　　　　　对方科目（贷） 出票人签章　　　　　　　付讫日期　年　月　日 　　　　　　　　　　　　复核　　　记账 付款期限自出票日期起十天

中国工商银行（吉） 转账支票存根 ZIV00014658	中国工商银行　　　转账支票（吉）　　　ZIV00014658
附加信息 _____ _____ _____ 出票日期　年　月　日 收款人： 金　额： 用　途： 单位主管　　会计	出票日期（大写）　　年　月　日　　付款行名称： 收款人：　　　　　　　　　　　出票人账号： 人民币（大写）　　　亿 千 百 十 万 千 百 十 元 角 分 用途_____ 上列款项请从我　　　　　科目（借） 账户内支付　　　　　　　对方科目（贷） 出票人签章　　　　　　　付讫日期　年　月　日 　　　　　　　　　　　　复核　　　记账 付款期限自出票日期起十天

附录C 空白单据

图表C-3 进账单（4张）

附录 C 空白单据

中国工商银行进账单（收账通知）

年　月　日　　　　　　　　　　　　　　　　　　　　　No.01021303

出票人	全称		收款人	全称	
	账号			账号	
	开户银行			开户银行	

金额	人民币（大写）		亿	千	百	十	万	千	百	十	元	角	分

票据种类		票据张数	
票据号码			

收款人开户银行签章

复核　　记账

中国工商银行进账单（收账通知）

年　月　日　　　　　　　　　　　　　　　　　　　　　No.01021304

出票人	全称		收款人	全称	
	账号			账号	
	开户银行			开户银行	

金额	人民币（大写）		亿	千	百	十	万	千	百	十	元	角	分

票据种类		票据张数	
票据号码			

收款人开户银行签章

复核　　记账

中国工商银行进账单（收账通知）

年　月　日　　　　　　　　　　　　　　　　　　　　　No.01021305

出票人	全称		收款人	全称	
	账号			账号	
	开户银行			开户银行	

金额	人民币（大写）		亿	千	百	十	万	千	百	十	元	角	分

票据种类		票据张数	
票据号码			

收款人开户银行签章

复核　　记账

❖ **图表 C-4　职工薪酬计算表（4 张）** ❖

职工薪酬计算表

年　　季度　　　　　　　　　　　　　　　　　　　　　　　　　单位：元

部门		基本工资	绩效工资	应付工资	代扣款项					实发工资
					养老（8%）	失业（0.2%）	医疗（2%）	住房（12%）	小计	
车间	生产工人									
	管理人员									
行政	管理人员									
合计										

职工薪酬计算表

年　　季度　　　　　　　　　　　　　　　　　　　　　　　　　单位：元

部门		基本工资	绩效工资	应付工资	代扣款项					实发工资
					养老（8%）	失业（0.2%）	医疗（2%）	住房（12%）	小计	
车间	生产工人									
	管理人员									
行政	管理人员									
合计										

职工薪酬计算表

年　　季度　　　　　　　　　　　　　　　　　　　　　　　　　单位：元

部门		基本工资	绩效工资	应付工资	代扣款项					实发工资
					养老（8%）	失业（0.2%）	医疗（2%）	住房（12%）	小计	
车间	生产工人									
	管理人员									
行政	管理人员									
合计										

职工薪酬计算表

年　　季度　　　　　　　　　　　　　　　　　　　　　　　　　单位：元

部门		基本工资	绩效工资	应付工资	代扣款项					实发工资
					养老（8%）	失业（0.2%）	医疗（2%）	住房（12%）	小计	
车间	生产工人									
	管理人员									
行政	管理人员									
合计										

❖ **图表 C-5　企业三险一金计算表（4张）** ❖

企业三险一金计算表

　　　　　　　　　　　　　　　　年　　季度　　　　　　　　　　　　　　单位：元

部门		应付工资	养老（16%）	失业（0.8%）	医疗（6%）	住房（12%）	小计
车间	生产工人						
	管理人员						
行政	管理人员						
合计							

企业三险一金计算表

　　　　　　　　　　　　　　　　年　　季度　　　　　　　　　　　　　　单位：元

部门		应付工资	养老（16%）	失业（0.8%）	医疗（6%）	住房（12%）	小计
车间	生产工人						
	管理人员						
行政	管理人员						
合计							

企业三险一金计算表

　　　　　　　　　　　　　　　　年　　季度　　　　　　　　　　　　　　单位：元

部门		应付工资	养老（16%）	失业（0.8%）	医疗（6%）	住房（12%）	小计
车间	生产工人						
	管理人员						
行政	管理人员						
合计							

企业三险一金计算表

　　　　　　　　　　　　　　　　年　　季度　　　　　　　　　　　　　　单位：元

部门		应付工资	养老（16%）	失业（0.8%）	医疗（6%）	住房（12%）	小计
车间	生产工人						
	管理人员						
行政	管理人员						
合计							

❖ **图表 C-6　职工工资发放表（4张）** ❖

（　　）季度职工工资发放表

年　　月　　日　　　　　　　　　　　　　　　　　　　　单位：元

序号	姓名	基本工资	绩效工资	应发工资	代扣款项	实发工资	领款人签字
1							
2							
3							
……	……	……	……	……	……	……	……
	合计						

（　　）季度职工工资发放表

年　　月　　日　　　　　　　　　　　　　　　　　　　　单位：元

序号	姓名	基本工资	绩效工资	应发工资	代扣款项	实发工资	领款人签字
1							
2							
3							
……	……	……	……	……	……	……	……
	合计						

（　　）季度职工工资发放表

年　　月　　日　　　　　　　　　　　　　　　　　　　　单位：元

序号	姓名	基本工资	绩效工资	应发工资	代扣款项	实发工资	领款人签字
1							
2							
3							
……	……	……	……	……	……	……	……
	合计						

（　　）季度职工工资发放表

年　　月　　日　　　　　　　　　　　　　　　　　　　　单位：元

序号	姓名	基本工资	绩效工资	应发工资	代扣款项	实发工资	领款人签字
1							
2							
3							
……	……	……	……	……	……	……	……
	合计						

图表 C-7 住房公积金计算表（4张）

（　　）季度住房公积金计算表

年　月　日　　　　　　　　　　　　　　　　　　　　　　　　单位：元

部门		应付工资	住房公积金		
			企业负担（12%）	个人负担（12%）	小计
车间	生产工人				
	管理人员				
行政	管理人员				
合计					

（　　）季度住房公积金计算表

年　月　日　　　　　　　　　　　　　　　　　　　　　　　　单位：元

部门		应付工资	住房公积金		
			企业负担（12%）	个人负担（12%）	小计
车间	生产工人				
	管理人员				
行政	管理人员				
合计					

（　　）季度住房公积金计算表

年　月　日　　　　　　　　　　　　　　　　　　　　　　　　单位：元

部门		应付工资	住房公积金		
			企业负担（12%）	个人负担（12%）	小计
车间	生产工人				
	管理人员				
行政	管理人员				
合计					

（　　）季度住房公积金计算表

年　月　日　　　　　　　　　　　　　　　　　　　　　　　　单位：元

部门		应付工资	住房公积金		
			企业负担（12%）	个人负担（12%）	小计
车间	生产工人				
	管理人员				
行政	管理人员				
合计					

❖ **图表 C-8 社会保险费计算表（4 张）** ❖

（　　）季度社会保险费计算表

年　月　日　　　　　　　　　　　　　　　　　　　　　　　　　　　单位：元

部门		应付工资	社会保险费（三险）								
			养老保险			失业保险			医疗保险		
			企业负担（16%）	个人负担（8%）	小计	企业负担（0.8%）	个人负担（0.2%）	小计	企业负担（6%）	个人负担（2%）	小计
车间	生产工人										
	管理人员										
行政	管理人员										
合计											
个人负担三险合计											
企业负担三险合计											
社会保险费（三险）总计											

（　　）季度社会保险费计算表

年　月　日　　　　　　　　　　　　　　　　　　　　　　　　　　　单位：元

部门		应付工资	社会保险费（三险）								
			养老保险			失业保险			医疗保险		
			企业负担（16%）	个人负担（8%）	小计	企业负担（0.8%）	个人负担（0.2%）	小计	企业负担（6%）	个人负担（2%）	小计
车间	生产工人										
	管理人员										
行政	管理人员										
合计											
个人负担三险合计											
企业负担三险合计											
社会保险费（三险）总计											

（　　）季度社会保险费计算表

年　月　日　　　　　　　　　　　　　　　　　　　　　　　　　　单位：元

部门		应付工资	社会保险费（三险）								
			养老保险			失业保险			医疗保险		
			企业负担（16%）	个人负担（8%）	小计	企业负担（0.8%）	个人负担（0.2%）	小计	企业负担（6%）	个人负担（2%）	小计
车间	生产工人										
	管理人员										
行政	管理人员										
合计											
个人负担三险合计											
企业负担三险合计											
社会保险费（三险）总计											

（　　）季度社会保险费计算表

年　月　日　　　　　　　　　　　　　　　　　　　　　　　　　　单位：元

部门		应付工资	社会保险费（三险）								
			养老保险			失业保险			医疗保险		
			企业负担（16%）	个人负担（8%）	小计	企业负担（0.8%）	个人负担（0.2%）	小计	企业负担（6%）	个人负担（2%）	小计
车间	生产工人										
	管理人员										
行政	管理人员										
合计											
个人负担三险合计											
企业负担三险合计											
社会保险费（三险）总计											

❖ **图表 C-9　住房公积金汇（补）缴书（4 张）** ❖

住房公积金汇（补）缴书　　№98881

　　　　　　　　　　　　　　　年　月　日　　　　　　　　　附：缴存变更清册　　页

缴款单位	单位名称		收款单位	单位名称	
	单位账号			公积金账号	
	开户银行			开户银行	

缴款类型	□汇缴　　□补缴	补缴原因	
缴款人数		缴款期间	年 月 日至 年 月 日　月数
缴款方式	□现金　　□转账		百 十 万 千 百 十 元 角 分
金额（大写）	人民币		

上次汇缴		本次增加汇缴		本次减少汇缴		本次汇（补）缴	
人数	金额	人数	金额	人数	金额	人数	金额

上述款项已划转至市住房公积金管理中心住房公积金存款户内。（银行盖章）
复核：　　　　　　　经办：　　　　　　　　　　　　　　　　　　　年　月　日

住房公积金汇（补）缴书　　№98882

　　　　　　　　　　　　　　　年　月　日　　　　　　　　　附：缴存变更清册　　页

缴款单位	单位名称		收款单位	单位名称	
	单位账号			公积金账号	
	开户银行			开户银行	

缴款类型	□汇缴　　□补缴	补缴原因	
缴款人数		缴款期间	年 月 日至 年 月 日　月数
缴款方式	□现金　　□转账		百 十 万 千 百 十 元 角 分
金额（大写）	人民币		

上次汇缴		本次增加汇缴		本次减少汇缴		本次汇（补）缴	
人数	金额	人数	金额	人数	金额	人数	金额

上述款项已划转至市住房公积金管理中心住房公积金存款户内。（银行盖章）
复核：　　　　　　　经办：　　　　　　　　　　　　　　　　　　　年　月　日

住房公积金汇（补）缴书　　№98883

年　月　日　　　　　　　　　附：缴存变更清册　　页

缴款单位	单位名称			收款单位	单位名称	
	单位账号				公积金账号	
	开户银行				开户银行	

缴款类型	□汇缴　　□补缴	补缴原因	
缴款人数		缴款期间	年　月　日至　年　月　日　月数
缴款方式	□现金　　□转账		百 十 万 千 百 十 元 角 分
金额（大写）	人民币		

上次汇缴		本次增加汇缴		本次减少汇缴		本次汇（补）缴	
人数	金额	人数	金额	人数	金额	人数	金额

上述款项已划转至市住房公积金管理中心住房公积金存款户内。（银行盖章）
复核：　　　　　经办：　　　　　　　　　　　　　　　　年　月　日

住房公积金汇（补）缴书　　№98884

年　月　日　　　　　　　　　附：缴存变更清册　　页

缴款单位	单位名称			收款单位	单位名称	
	单位账号				公积金账号	
	开户银行				开户银行	

缴款类型	□汇缴　　□补缴	补缴原因	
缴款人数		缴款期间	年　月　日至　年　月　日　月数
缴款方式	□现金　　□转账		百 十 万 千 百 十 元 角 分
金额（大写）	人民币		

上次汇缴		本次增加汇缴		本次减少汇缴		本次汇（补）缴	
人数	金额	人数	金额	人数	金额	人数	金额

上述款项已划转至市住房公积金管理中心住房公积金存款户内。（银行盖章）
复核：　　　　　经办：　　　　　　　　　　　　　　　　年　月　日

附录 C 空白单据

❖ **图表 C-10 银行电子缴税付款凭证（4张）** ❖

中国工商银行长春市基隆支行　电子缴税付款凭证

转账日期：　　年　月　日　　　　　　　　　　　　　凭证字号：987071

纳税人全称及纳税人识别号： 付款人全称： 付款人账号：　　　　　　　　　　征收机关名称： 付款人开户银行：　　　　　　　　收缴国库（银行）名称： 小写（合计）金额：　　　　　　　缴款书交易流水号： 大写（合计）金额：　　　　　　　税票号码： <u>税（费）种名称</u>　　　　　　　<u>所属日期</u>　　　　　　<u>实缴金额</u> 基本养老保险费 失业保险费 医疗保险费 第1次打印　　　　　　　　　　　打印时间：

第二联：作付款回单（无银行收讫章无效）　　　　复核　　　　记账

中国工商银行长春市基隆支行　电子缴税付款凭证

转账日期：　　年　月　日　　　　　　　　　　　　　凭证字号：987072

纳税人全称及纳税人识别号： 付款人全称： 付款人账号：　　　　　　　　　　征收机关名称： 付款人开户银行：　　　　　　　　收缴国库（银行）名称： 小写（合计）金额：　　　　　　　缴款书交易流水号： 大写（合计）金额：　　　　　　　税票号码： <u>税（费）种名称</u>　　　　　　　<u>所属日期</u>　　　　　　<u>实缴金额</u> 基本养老保险费 失业保险费 医疗保险费 第1次打印　　　　　　　　　　　打印时间：

第二联：作付款回单（无银行收讫章无效）　　　　复核　　　　记账

中国工商银行长春市基隆支行　电子缴税付款凭证

转账日期：　　年　月　日　　　　　　　　　　　　　凭证字号：987073

纳税人全称及纳税人识别号： 付款人全称： 付款人账号：　　　　　　　　　　征收机关名称： 付款人开户银行：　　　　　　　　收缴国库（银行）名称： 小写（合计）金额：　　　　　　　缴款书交易流水号： 大写（合计）金额：　　　　　　　税票号码： <u>税（费）种名称</u>　　　　　　　<u>所属日期</u>　　　　　　<u>实缴金额</u> 基本养老保险费 失业保险费 医疗保险费 第1次打印　　　　　　　　　　　打印时间：

第二联：作付款回单（无银行收讫章无效）　　　　复核　　　　记账

附录 C 空白单据

中国工商银行长春市基隆支行　电子缴税付款凭证

转账日期：　　年　月　日　　　　　　　　　　　　　　　凭证字号：987074

纳税人全称及纳税人识别号：	
付款人全称：	
付款人账号：	征收机关名称：
付款人开户银行：	收缴国库（银行）名称：
小写（合计）金额：	缴款书交易流水号：
大写（合计）金额：	税票号码：
税（费）种名称	所属日期　　　　　　　实缴金额
基本养老保险费	
失业保险费	
医疗保险费	
第1次打印	打印时间：

第二联：作付款回单（无银行收讫章无效）　　　　　复核　　　　　记账

❖图表 C-11　固定资产折旧计算表（4 张）❖

固定资产折旧计算表

年　月　日　　　　　　　　　　　　　　　　　　　金额单位：元

部门	项目	原值	残值	使用年限（年）	前期已提折旧额	本年应提折旧额
生产部门						
生产部门						
生产部门						
生产部门						
生产部门						
合计			—			

制单：

固定资产折旧计算表

年　月　日　　　　　　　　　　　　　　　　　　　金额单位：元

部门	项目	原值	残值	使用年限（年）	前期已提折旧额	本年应提折旧额
生产部门						
生产部门						
生产部门						
生产部门						
生产部门						
合计			—	—		

制单：

固定资产折旧计算表

年　月　日　　　　　　　　　　　　　　　　　　　　　金额单位：元

部门	项目	原值	残值	使用年限（年）	前期已提折旧额	本年应提折旧额
生产部门						
生产部门						
生产部门						
生产部门						
生产部门						
合计			—	—		

制单：

固定资产折旧计算表

年　月　日　　　　　　　　　　　　　　　　　　　　　金额单位：元

部门	项目	原值	残值	使用年限（年）	前期已提折旧额	本年应提折旧额
生产部门						
生产部门						
生产部门						
生产部门						
生产部门						
合计			—	—		

制单：

❖ **图表 C-12　收料单（6 张）** ❖

收料单

材料科目：
材料类别：
供应单位：
发票号码：　　　　　　　　年　月　日　　　　　　　　　　收料仓库：

| 材料名称 | 规格 | 计量单位 | 数量 | | 实际成本（元） | | | | 单位成本 |
| | | | 应收 | 实收 | 买价 | | 运杂费 | 其他 | 合计 | |
					单价	金额				
合计										

记账：　　　　　　　　　　　　收料：　　　　　　　　　　　制单：

收料单

材料科目：
材料类别：
供应单位：
发票号码：　　　　　　　　　　　年　　月　　日　　　　　　　收料仓库：

材料名称	规格	计量单位	数量		实际成本（元）					
			应收	实收	买价		运杂费	其他	合计	单位成本
					单价	金额				
合计										

记账：　　　　　　　　　　　收料：　　　　　　　　　　　制单：

收料单

材料科目：
材料类别：
供应单位：
发票号码：　　　　　　　　　　　年　　月　　日　　　　　　　收料仓库：

材料名称	规格	计量单位	数量		实际成本（元）					
			应收	实收	买价		运杂费	其他	合计	单位成本
					单价	金额				
合计										

记账：　　　　　　　　　　　收料：　　　　　　　　　　　制单：

收料单

材料科目：
材料类别：
供应单位：
发票号码：　　　　　　　　　　　年　　月　　日　　　　　　　收料仓库：

材料名称	规格	计量单位	数量		实际成本（元）					
			应收	实收	买价		运杂费	其他	合计	单位成本
					单价	金额				
合计										

记账：　　　　　　　　　　　收料：　　　　　　　　　　　制单：

附录 C 空白单据

收料单

材料科目：
材料类别：
供应单位：
发票号码：　　　　　　　　　　　　　　年　　月　　日　　　　　　　　　收料仓库：

材料名称	规格	计量单位	数量		实际成本（元）					单位成本
			应收	实收	买价		运杂费	其他	合计	
					单价	金额				
合计										

记账：　　　　　　　　　　　收料：　　　　　　　　　　制单：

收料单

材料科目：
材料类别：
供应单位：
发票号码：　　　　　　　　　　　　　　年　　月　　日　　　　　　　　　收料仓库：

材料名称	规格	计量单位	数量		实际成本（元）					单位成本
			应收	实收	买价		运杂费	其他	合计	
					单价	金额				
合计										

记账：　　　　　　　　　　　收料：　　　　　　　　　　制单：

❖ **图表 C-13　领料单（6张）** ❖

领料单

　　　　　　　　　　　　　　　　　　年　　月　　日　　　　　　　　　　第　　号

材料编号		材料名称		规格			数量						
计量单位		单价		金额	亿	千	百	十	万	千	百	十	元	角	分
用途及摘要													
仓库意见		领料人		发料人		核准人		负责人	

②仓库记账后转财会科

附录C 空白单据

领料单

年　月　日　　　　　　　第　号

材料编号		材料名称			规格			数量				② 仓库记账后转财会科
计量单位		单价		金额	亿	千	百	十	万	千	百	十	元	角	分
用途及摘要												
仓库意见		领料人		发料人		核准人		负责人				

领料单

年　月　日　　　　　　　第　号

材料编号		材料名称			规格			数量				② 仓库记账后转财会科
计量单位		单价		金额	亿	千	百	十	万	千	百	十	元	角	分
用途及摘要												
仓库意见		领料人		发料人		核准人		负责人				

领料单

年　月　日　　　　　　　第　号

材料编号		材料名称			规格			数量				② 仓库记账后转财会科
计量单位		单价		金额	亿	千	百	十	万	千	百	十	元	角	分
用途及摘要												
仓库意见		领料人		发料人		核准人		负责人				

领料单

年　月　日　　　　　　　第　号

材料编号		材料名称			规格			数量				② 仓库记账后转财会科
计量单位		单价		金额	亿	千	百	十	万	千	百	十	元	角	分
用途及摘要												
仓库意见		领料人		发料人		核准人		负责人				

领料单

年　　月　　日　　　　　　　　第　　号

材料编号		材料名称		规格		数量	
计量单位		单价		金额	亿 千 百 十 万 千 百 十 元 角 分

用途及摘要	
仓库意见	领料人　　　发料人　　　核准人　　　负责人

②仓库记账后转财会科

❖ **图表 C-14　银行贷款利息计算表（4张）** ❖

银行贷款利息计算表

年　　月　　日　　　　　　　　　　　　　　　金额单位：元

贷款种类	金额	利率	本年应付利息	备注

主管：　　　记账：　　　复核：　　　制表：

银行贷款利息计算表

年　　月　　日　　　　　　　　　　　　　　　金额单位：元

贷款种类	金额	利率	本年应付利息	备注

主管：　　　记账：　　　复核：　　　制表：

银行贷款利息计算表

年　　月　　日　　　　　　　　　　　　　　　金额单位：元

贷款种类	金额	利率	本年应付利息	备注

主管：　　　记账：　　　复核：　　　制表：

银行贷款利息计算表

年　　月　　日　　　　　　　　　　　　　　　金额单位：元

贷款种类	金额	利率	本年应付利息	备注

主管：　　　记账：　　　复核：　　　制表：

❖ **图表 C-15 银行贷款利息凭证（4张）** ❖

ICBC 中国工商银行贷款利息凭证

年　月　日　　　　　　　　　　　　　　　　　　№75342

收款单位	账　号		付款单位	账　号	
	户　名			户　名	
	开户银行			开户银行	
积数：			利率		利息：　　　　元
＿＿＿＿户第＿＿＿＿季度利息			科目＿＿＿＿＿＿＿＿		
			对方科目＿＿＿＿＿＿		
			复核员：		记账员：

ICBC 中国工商银行贷款利息凭证

年　月　日　　　　　　　　　　　　　　　　　　№75343

收款单位	账　号		付款单位	账　号	
	户　名			户　名	
	开户银行			开户银行	
积数：			利率		利息：　　　　元
＿＿＿＿户第＿＿＿＿季度利息			科目＿＿＿＿＿＿＿＿		
			对方科目＿＿＿＿＿＿		
			复核员：		记账员：

ICBC 中国工商银行贷款利息凭证

年　月　日　　　　　　　　　　　　　　　　　　№75344

收款单位	账　号		付款单位	账　号	
	户　名			户　名	
	开户银行			开户银行	
积数：			利率		利息：　　　　元
＿＿＿＿户第＿＿＿＿季度利息			科目＿＿＿＿＿＿＿＿		
			对方科目＿＿＿＿＿＿		
			复核员：		记账员：

ICBC 中国工商银行贷款利息凭证

年　月　日　　　　　　　　　　　　　　　　　　№75345

收款单位	账　号		付款单位	账　号	
	户　名			户　名	
	开户银行			开户银行	
积数：			利率		利息：　　　　元
＿＿＿＿户第＿＿＿＿季度利息			科目＿＿＿＿＿＿＿＿		
			对方科目＿＿＿＿＿＿		
			复核员：		记账员：

附录 C 空白单据

❖ 图表 C-16 借款申请书（4 张）❖

借款申请书

年　　月　　日

企业名称		法人代表		企业性质	
地址		财务负责人		联系电话	
经营范围		主管部门			
借款期限				申请金额	
主要用途及效益说明：					
申请单位财务章 财务部门负责人：			信贷员意见： 行主管领导：　　　　信贷部门负责人：		

借款申请书

年　　月　　日

企业名称		法人代表		企业性质	
地址		财务负责人		联系电话	
经营范围		主管部门			
借款期限				申请金额	
主要用途及效益说明：					
申请单位财务章 财务部门负责人：			信贷员意见： 行主管领导：　　　　信贷部门负责人：		

借款申请书

年　　月　　日

企业名称		法人代表		企业性质	
地址		财务负责人		联系电话	
经营范围		主管部门			
借款期限				申请金额	
主要用途及效益说明：					
申请单位财务章 财务部门负责人：			信贷员意见： 行主管领导：　　　　信贷部门负责人：		

借款申请书

年　　月　　日

企业名称		法人代表		企业性质	
地址		财务负责人		联系电话	
经营范围		主管部门			
借款期限				申请金额	
主要用途及效益说明： 申请单位财务章 财务部门负责人：			信贷员意见： 行主管领导：　　　　　　信贷部门负责人：		

❖ **图表 C-17　借款借据（4 张）** ❖

ICBC 中国工商银行　　借款借据

借据号：　　　　　　　　　　　　　　　借款合同编号：

借款人名称					结算账号					
放款账户名称					放款账号					
贷款种类					贷款账号					
贷款金额	人民币（大写）	亿	千	百	十	万	千	百	十	元	角	分
借款期限				基准利率			逾期后利率			

以上借款已转入放款账户

　　　　借款人签章　　　　　　　　　　　　　　　银行签章

支行信贷员签字：	支行信贷部经理签字：	支行行长签字：

银行机打记录：
客户号：　　　　　　　　　　　　　借款人名称：
产品名称：　　　　　　　　　　　　贷款合同号：
贷款借据号：　　　　　　　　　　　贷款账号：
入账账号：　　　　　　　　　　　　入账名称：
还款账号：　　　　　　　　　　　　还款名称：
贷款期限：　　　　　　　　　　　　到期日期：
货币代号：　　　　　　　　　　　　借据金额：
执行利率：　　　　　　　　　　　　年/月利率：

交易代码：　　　交易日期：　　　　交易时间：　　　柜员流水号：
机构号：　　　　交易柜员：　　　　授权柜员：
主管：　　　　　会计：

附录 C 空白单据

ICBC 中国工商银行　借款借据

借据号：　　　　　　　　　　　　　　　　借款合同编号：

借款人名称		结算账号	
放款账户名称		放款账号	
贷款种类		贷款账号	
贷款金额	人民币（大写）	亿 千 百 十 万 千 百 十 元 角 分	
借款期限		基准利率	逾期后利率

以上借款已转入放款账户

　　　　借款人签章　　　　　　　　　　　银行签章

支行信贷员签字：	支行信贷部经理签字：	支行行长签字：

银行机打记录：
客户号：　　　　　　　　　　　　　　　　借款人名称：
产品名称：　　　　　　　　　　　　　　　贷款合同号：
贷款借据号：　　　　　　　　　　　　　　贷款账号：
入账账号：　　　　　　　　　　　　　　　入账名称：
还款账号：　　　　　　　　　　　　　　　还款名称：
贷款期限：　　　　　　　　　　　　　　　到期日期：
货币代号：　　　　　　　　　　　　　　　借据金额：
执行利率：　　　　　　　　　　　　　　　年/月利率：

交易代码：　　交易日期：　　　　交易时间：　　柜员流水号：
机构号：　　　交易柜员：　　　　授权柜员：
主管：　　　　会计：

ICBC 中国工商银行　借款借据

借据号：　　　　　　　　　　　　　　　　借款合同编号：

借款人名称		结算账号	
放款账户名称		放款账号	
贷款种类		贷款账号	
贷款金额	人民币（大写）	亿 千 百 十 万 千 百 十 元 角 分	
借款期限		基准利率	逾期后利率

以上借款已转入放款账户

　　　　借款人签章　　　　　　　　　　　银行签章

支行信贷员签字：	支行信贷部经理签字：	支行行长签字：

银行机打记录：
客户号：　　　　　　　　　　　　　　　　借款人名称：
产品名称：　　　　　　　　　　　　　　　贷款合同号：
贷款借据号：　　　　　　　　　　　　　　贷款账号：
入账账号：　　　　　　　　　　　　　　　入账名称：
还款账号：　　　　　　　　　　　　　　　还款名称：
贷款期限：　　　　　　　　　　　　　　　到期日期：
货币代号：　　　　　　　　　　　　　　　借据金额：
执行利率：　　　　　　　　　　　　　　　年/月利率：

交易代码：　　交易日期：　　　　交易时间：　　柜员流水号：
机构号：　　　交易柜员：　　　　授权柜员：
主管：　　　　会计：

ICBC 中国工商银行　借款借据

借据号：　　　　　　　　　　　　　　　　　借款合同编号：

借款人名称		结算账号	
放款账户名称		放款账号	
贷款种类		贷款账号	
贷款金额	人民币（大写）	亿 千 百 十 万 千 百 十 元 角 分	
借款期限		基准利率		逾期后利率	
以上借款已转入放款账户　　　　借款人签章　　　　　　　　　　　银行签章			
支行信贷员签字：	支行信贷部经理签字：		支行行长签字：
银行机打记录： 客户号：　　　　　　　　　　　　　　　借款人名称： 产品名称：　　　　　　　　　　　　　　贷款合同号： 贷款借据号：　　　　　　　　　　　　　贷款账号： 入账账号：　　　　　　　　　　　　　　入账名称： 还款账号：　　　　　　　　　　　　　　还款名称： 贷款期限：　　　　　　　　　　　　　　到期日期： 货币代号：　　　　　　　　　　　　　　借据金额： 执行利率：　　　　　　　　　　　　　　年/月利率： 交易代码：　　　　交易日期：　　　　　交易时间：　　　　柜员流水号： 机构号：　　　　　交易柜员：　　　　　授权柜员： 主管：　　　　　　会计：			

❖ **图表 C-18　增值税专用发票（8套）**

附录C 空白单据

吉林增值税专用发票

2200211130　　No 16543202　　2200211130 / 16543202

此联不作报销务total抵税凭证使用

校验码 45321 45346 78443 32002　　开票日期：　　年　月　日

购买方	名　称：			密码区			
	纳税人识别号：						
	地址、电话：				（略）		
	开户行及账号：						

货物或应税劳务、服务名称	规格型号	单位	数量	单价	金额	税率	税额
合　计							
价税合计（大写）					（小写）		

销售方	名　称：		备注	
	纳税人识别号：			
	地址、电话：			
	开户行及账号：			

收款人：　　　复核：　　　开票人：　　　销售方：（章）

第一联：记账联 销售方记账凭证

吉林增值税专用发票

2200211130　　No 16543202　　2200211130 / 16543202

抵扣联

校验码 45321 45346 78443 32002　　开票日期：　　年　月　日

购买方	名　称：			密码区			
	纳税人识别号：						
	地址、电话：				（略）		
	开户行及账号：						

货物或应税劳务、服务名称	规格型号	单位	数量	单价	金额	税率	税额
合　计							
价税合计（大写）					（小写）		

销售方	名　称：		备注	
	纳税人识别号：			
	地址、电话：			
	开户行及账号：			

收款人：　　　复核：　　　开票人：　　　销售方：（章）

第二联：抵扣联 购买方扣税凭证

吉林增值税专用发票

2200211130　　No 16543202　　2200211130 / 16543202

发票联

校验码 45321 45346 78443 32002　　开票日期：　　年　月　日

购买方	名　称：			密码区			
	纳税人识别号：						
	地址、电话：				（略）		
	开户行及账号：						

货物或应税劳务、服务名称	规格型号	单位	数量	单价	金额	税率	税额
合　计							
价税合计（大写）					（小写）		

销售方	名　称：		备注	
	纳税人识别号：			
	地址、电话：			
	开户行及账号：			

收款人：　　　复核：　　　开票人：　　　销售方：（章）

第三联：发票联 购买方记账凭证

附录C 空白单据

吉林增值税专用发票（第一联：记账联 销售方记账凭证）

No 16543203
2200211130
16543203
校验码 45321 45346 78443 32003
开票日期：　　年　月　日
此联不作报销税务总局监制凭证使用

购买方	名　称：
	纳税人识别号：
	地址、电话：
	开户行及账号：

密码区（略）

货物或应税劳务、服务名称	规格型号	单位	数量	单价	金额	税率	税额
合　计							

价税合计（大写）　　　　　　　　　　　（小写）

销售方	名　称：
	纳税人识别号：
	地址、电话：
	开户行及账号：

备注

收款人：　　　复核：　　　开票人：　　　销售方：（章）

税总函[2021]144号 生多纸业彩印（长春）有限公司

吉林增值税专用发票（抵扣联）

No 16543203
2200211130
16543203
校验码 45321 45346 78443 32003
开票日期：　　年　月　日

购买方	名　称：
	纳税人识别号：
	地址、电话：
	开户行及账号：

密码区（略）

货物或应税劳务、服务名称	规格型号	单位	数量	单价	金额	税率	税额
合　计							

价税合计（大写）　　　　　　　　　　　（小写）

销售方	名　称：
	纳税人识别号：
	地址、电话：
	开户行及账号：

备注

收款人：　　　复核：　　　开票人：　　　销售方：（章）

第二联：抵扣联 购买方扣税凭证

吉林增值税专用发票（发票联）

No 16543203
2200211130
16543203
校验码 45321 45346 78443 32003
开票日期：　　年　月　日

购买方	名　称：
	纳税人识别号：
	地址、电话：
	开户行及账号：

密码区（略）

货物或应税劳务、服务名称	规格型号	单位	数量	单价	金额	税率	税额
合　计							

价税合计（大写）　　　　　　　　　　　（小写）

销售方	名　称：
	纳税人识别号：
	地址、电话：
	开户行及账号：

备注

收款人：　　　复核：　　　开票人：　　　销售方：（章）

第三联：发票联 购买方记账凭证

附录C 空白单据

吉林增值税专用发票

此联不作报销货务扣税凭证使用

No 16543204

2200211130
16543204

校验码45321 45346 78443 32004

开票日期： 年 月 日

购买方	名　　称：						
	纳税人识别号：				密码区	（略）	
	地　址、电话：						
	开户行及账号：						
货物或应税劳务、服务名称	规格型号	单位	数量	单价	金额	税率	税额
合　　计							
价税合计（大写）					（小写）		
销售方	名　　称：				备注		
	纳税人识别号：						
	地　址、电话：						
	开户行及账号：						

收款人：　　　　　复核：　　　　　开票人：　　　　　销售方：（章）

第一联：记账联 销售方记账凭证

吉林增值税专用发票

抵扣联

No 16543204

2200211130
16543204

校验码45321 45346 78443 32004

开票日期： 年 月 日

购买方	名　　称：						
	纳税人识别号：				密码区	（略）	
	地　址、电话：						
	开户行及账号：						
货物或应税劳务、服务名称	规格型号	单位	数量	单价	金额	税率	税额
合　　计							
价税合计（大写）					（小写）		
销售方	名　　称：				备注		
	纳税人识别号：						
	地　址、电话：						
	开户行及账号：						

收款人：　　　　　复核：　　　　　开票人：　　　　　销售方：（章）

第二联：抵扣联 购买方扣税凭证

吉林增值税专用发票

发票联

No 16543204

2200211130
16543204

校验码45321 45346 78443 32004

开票日期： 年 月 日

购买方	名　　称：						
	纳税人识别号：				密码区	（略）	
	地　址、电话：						
	开户行及账号：						
货物或应税劳务、服务名称	规格型号	单位	数量	单价	金额	税率	税额
合　　计							
价税合计（大写）					（小写）		
销售方	名　　称：				备注		
	纳税人识别号：						
	地　址、电话：						
	开户行及账号：						

收款人：　　　　　复核：　　　　　开票人：　　　　　销售方：（章）

第三联：发票联 购买方记账凭证

附录C 空白单据

吉林增值税专用发票（第一联：记账联 销售方记账凭证）

2200211130　No 16543205　2200211130　16543205

此联不作报销 扣税凭证使用

校验码 45321 45346 78443 32005　　开票日期：　年 月 日

购买方	名　称：
	纳税人识别号：
	地址、电话：
	开户行及账号：

密码区　（略）

货物或应税劳务、服务名称	规格型号	单位	数量	单价	金额	税率	税额
合　计							

价税合计（大写）　　　　　　　　　　　　　　（小写）

销售方	名　称：
	纳税人识别号：
	地址、电话：
	开户行及账号：

备注

收款人：　　复核：　　开票人：　　销售方：（章）

吉林增值税专用发票（第二联：抵扣联 购买方扣税凭证）

2200211130　No 16543205　2200211130　16543205

抵扣联

校验码 45321 45346 78443 32005　　开票日期：　年 月 日

购买方	名　称：
	纳税人识别号：
	地址、电话：
	开户行及账号：

密码区　（略）

货物或应税劳务、服务名称	规格型号	单位	数量	单价	金额	税率	税额
合　计							

价税合计（大写）　　　　　　　　　　　　　　（小写）

销售方	名　称：
	纳税人识别号：
	地址、电话：
	开户行及账号：

备注

收款人：　　复核：　　开票人：　　销售方：（章）

吉林增值税专用发票（第三联：发票联 购买方记账凭证）

2200211130　No 16543205　2200211130　16543205

发票联

校验码 45321 45346 78443 32005　　开票日期：　年 月 日

购买方	名　称：
	纳税人识别号：
	地址、电话：
	开户行及账号：

密码区　（略）

货物或应税劳务、服务名称	规格型号	单位	数量	单价	金额	税率	税额
合　计							

价税合计（大写）　　　　　　　　　　　　　　（小写）

销售方	名　称：
	纳税人识别号：
	地址、电话：
	开户行及账号：

备注

收款人：　　复核：　　开票人：　　销售方：（章）

税总函[2021]144号宏多纸业彩印（长春）有限公司

附录C 空白单据

吉林增值税专用发票

2200211130 No 16543206 2200211130 16543206

此联不作报销务揭税凭证使用

校验码45321 45346 78443 32006　　　　开票日期：　　年 月 日

购买方	名　称：		密码区		（略）		
	纳税人识别号：						
	地址、电话：						
	开户行及账号：						

货物或应税劳务、服务名称	规格型号	单位	数量	单价	金额	税率	税额
合　计							
价税合计（大写）					（小写）		

销售方	名　称：		备注	
	纳税人识别号：			
	地址、电话：			
	开户行及账号：			

收款人：　　　　复核：　　　　开票人：　　　　销售方：（章）

第一联：记账联 销售方记账凭证

吉林增值税专用发票

2200211130 No 16543206 2200211130 16543206

抵扣联

校验码45321 45346 78443 32006　　　　开票日期：　　年 月 日

购买方	名　称：		密码区		（略）		
	纳税人识别号：						
	地址、电话：						
	开户行及账号：						

货物或应税劳务、服务名称	规格型号	单位	数量	单价	金额	税率	税额
合　计							
价税合计（大写）					（小写）		

销售方	名　称：		备注	
	纳税人识别号：			
	地址、电话：			
	开户行及账号：			

收款人：　　　　复核：　　　　开票人：　　　　销售方：（章）

第二联：抵扣联 购买方扣税凭证

吉林增值税专用发票

2200211130 No 16543206 2200211130 16543206

发票联

校验码45321 45346 78443 32006　　　　开票日期：　　年 月 日

购买方	名　称：		密码区		（略）		
	纳税人识别号：						
	地址、电话：						
	开户行及账号：						

货物或应税劳务、服务名称	规格型号	单位	数量	单价	金额	税率	税额
合　计							
价税合计（大写）					（小写）		

销售方	名　称：		备注	
	纳税人识别号：			
	地址、电话：			
	开户行及账号：			

收款人：　　　　复核：　　　　开票人：　　　　销售方：（章）

第三联：发票联 购买方记账凭证

附录C　空白单据

吉林增值税专用发票

No 16543207　2200211130
16543207

此联不作报销、抵扣凭证使用

校验码45321 45346 78443 32007　　开票日期：　　年　月　日

购买方	名　称：				密码区		（略）		
	纳税人识别号：								
	地址、电话：								
	开户行及账号：								

货物或应税劳务、服务名称	规格型号	单位	数量	单价	金额	税率	税额
合　计							

价税合计（大写）		（小写）

销售方	名　称：		备注	
	纳税人识别号：			
	地址、电话：			
	开户行及账号：			

收款人：　　　　复核：　　　　开票人：　　　　销售方：（章）

第一联：记账联　销售方记账凭证

吉林增值税专用发票

No 16543207　2200211130
16543207

抵扣联

校验码45321 45346 78443 32007　　开票日期：　　年　月　日

购买方	名　称：				密码区		（略）		
	纳税人识别号：								
	地址、电话：								
	开户行及账号：								

货物或应税劳务、服务名称	规格型号	单位	数量	单价	金额	税率	税额
合　计							

价税合计（大写）		（小写）

销售方	名　称：		备注	
	纳税人识别号：			
	地址、电话：			
	开户行及账号：			

收款人：　　　　复核：　　　　开票人：　　　　销售方：（章）

第二联：抵扣联　购买方扣税凭证

吉林增值税专用发票

No 16543207　2200211130
16543207

发票联

校验码45321 45346 78443 32007　　开票日期：　　年　月　日

购买方	名　称：				密码区		（略）		
	纳税人识别号：								
	地址、电话：								
	开户行及账号：								

货物或应税劳务、服务名称	规格型号	单位	数量	单价	金额	税率	税额
合　计							

价税合计（大写）		（小写）

销售方	名　称：		备注	
	纳税人识别号：			
	地址、电话：			
	开户行及账号：			

收款人：　　　　复核：　　　　开票人：　　　　销售方：（章）

第三联：发票联　购买方记账凭证

附录C 空白单据

吉林增值税专用发票

No 16543208　2200211130　16543208

2200211130

此联不作报销务总税凭证使用

校验码 45321 45346 78443 32008　开票日期：　年 月 日

购买方	名　　称：			密码区			
	纳税人识别号：				(略)		
	地址、电话：						
	开户行及账号：						
货物或应税劳务、服务名称	规格型号	单位	数量	单价	金额	税率	税额
合　　计							
价税合计（大写）					(小写)		
销售方	名　　称：			备注			
	纳税人识别号：						
	地址、电话：						
	开户行及账号：						

收款人：　　　复核：　　　开票人：　　　销售方：（章）

第一联：记账联　销售方记账凭证

税总函[2021]144号宏多纸业彩印（长春）有限公司

吉林增值税专用发票

抵扣联

No 16543208　2200211130　16543208

2200211130

校验码 45321 45346 78443 32008　开票日期：　年 月 日

购买方	名　　称：			密码区			
	纳税人识别号：				(略)		
	地址、电话：						
	开户行及账号：						
货物或应税劳务、服务名称	规格型号	单位	数量	单价	金额	税率	税额
合　　计							
价税合计（大写）					(小写)		
销售方	名　　称：			备注			
	纳税人识别号：						
	地址、电话：						
	开户行及账号：						

收款人：　　　复核：　　　开票人：　　　销售方：（章）

第二联：抵扣联　购买方扣税凭证

税总函[2021]144号宏多纸业彩印（长春）有限公司

吉林增值税专用发票

发票联

No 16543208　2200211130　16543208

2200211130

校验码 45321 45346 78443 32008　开票日期：　年 月 日

购买方	名　　称：			密码区			
	纳税人识别号：				(略)		
	地址、电话：						
	开户行及账号：						
货物或应税劳务、服务名称	规格型号	单位	数量	单价	金额	税率	税额
合　　计							
价税合计（大写）					(小写)		
销售方	名　　称：			备注			
	纳税人识别号：						
	地址、电话：						
	开户行及账号：						

收款人：　　　复核：　　　开票人：　　　销售方：（章）

第三联：发票联　购买方记账凭证

税总函[2021]144号宏多纸业彩印（长春）有限公司

图表C-19 增值税普通发票（6套）

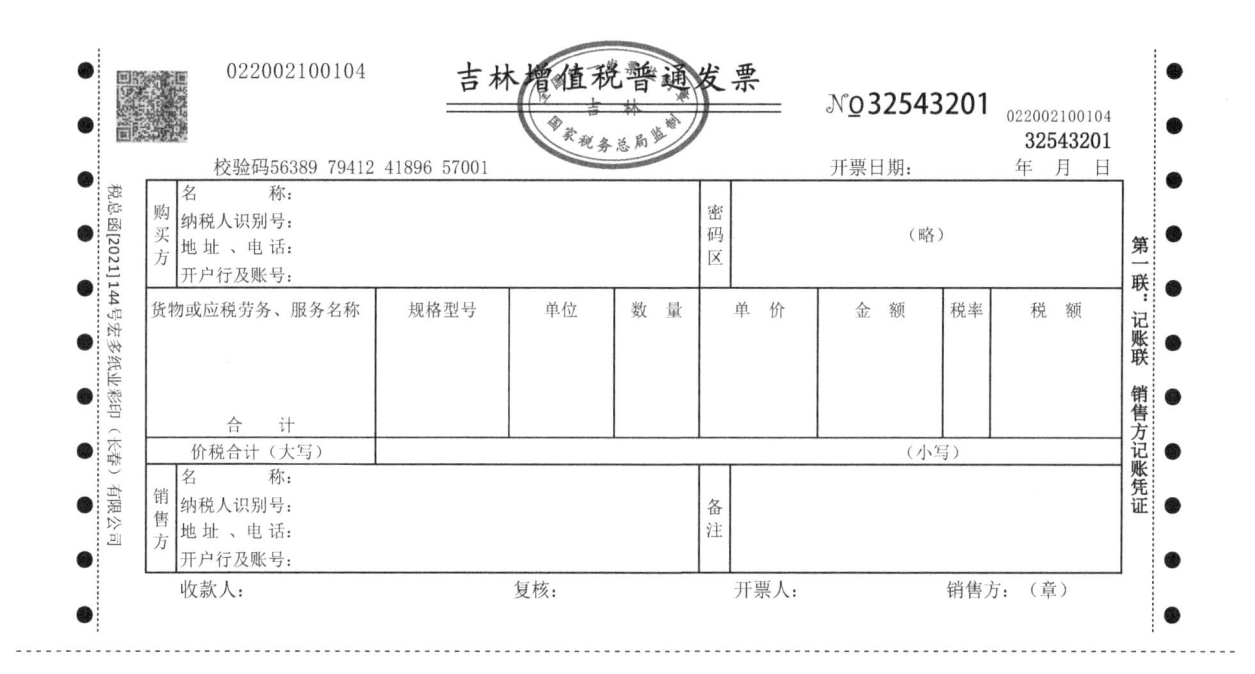

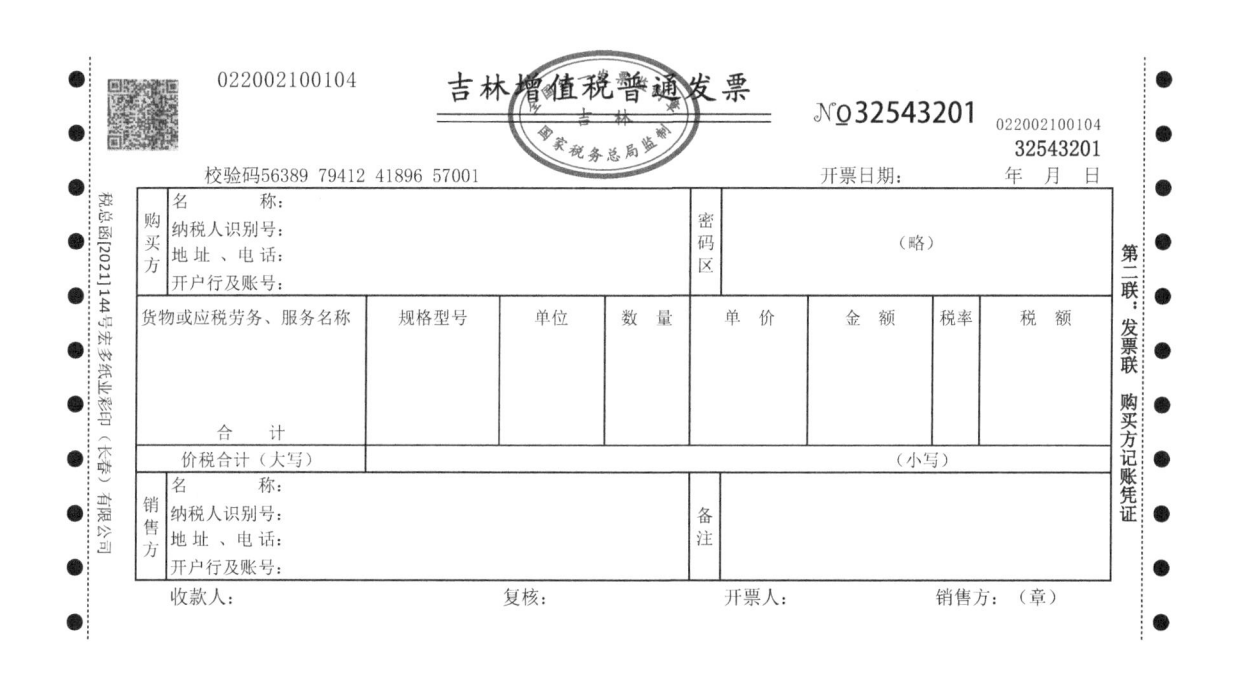

附录 C 空白单据

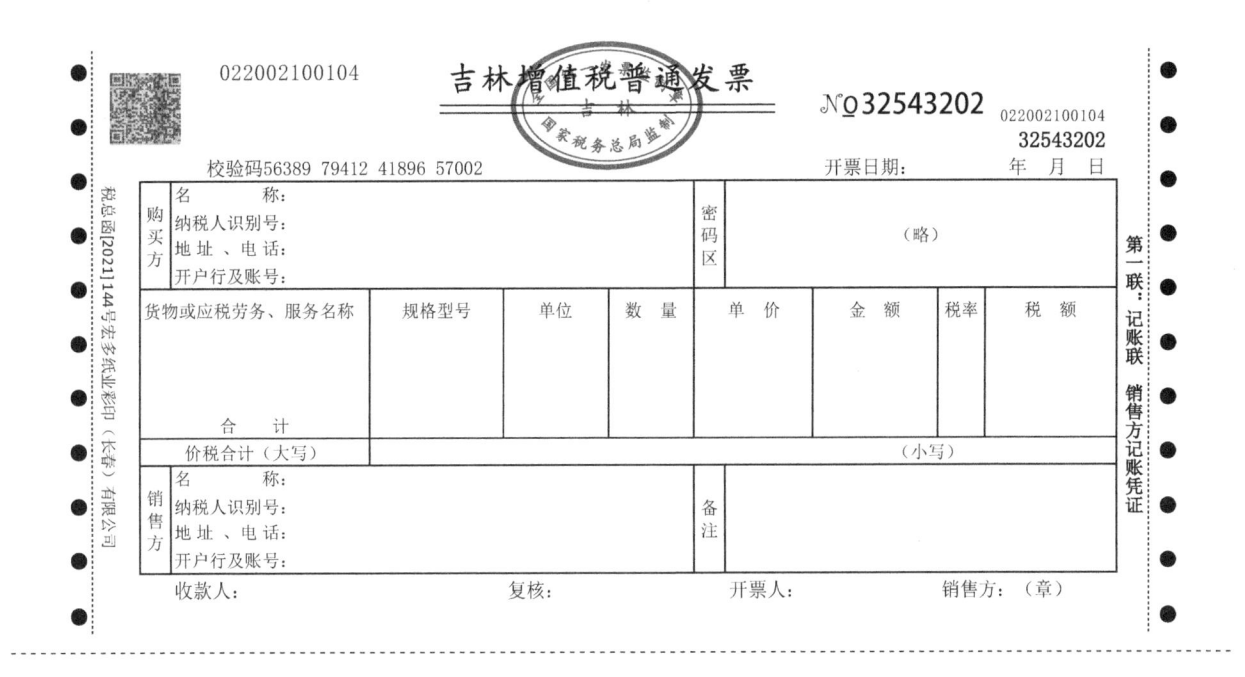

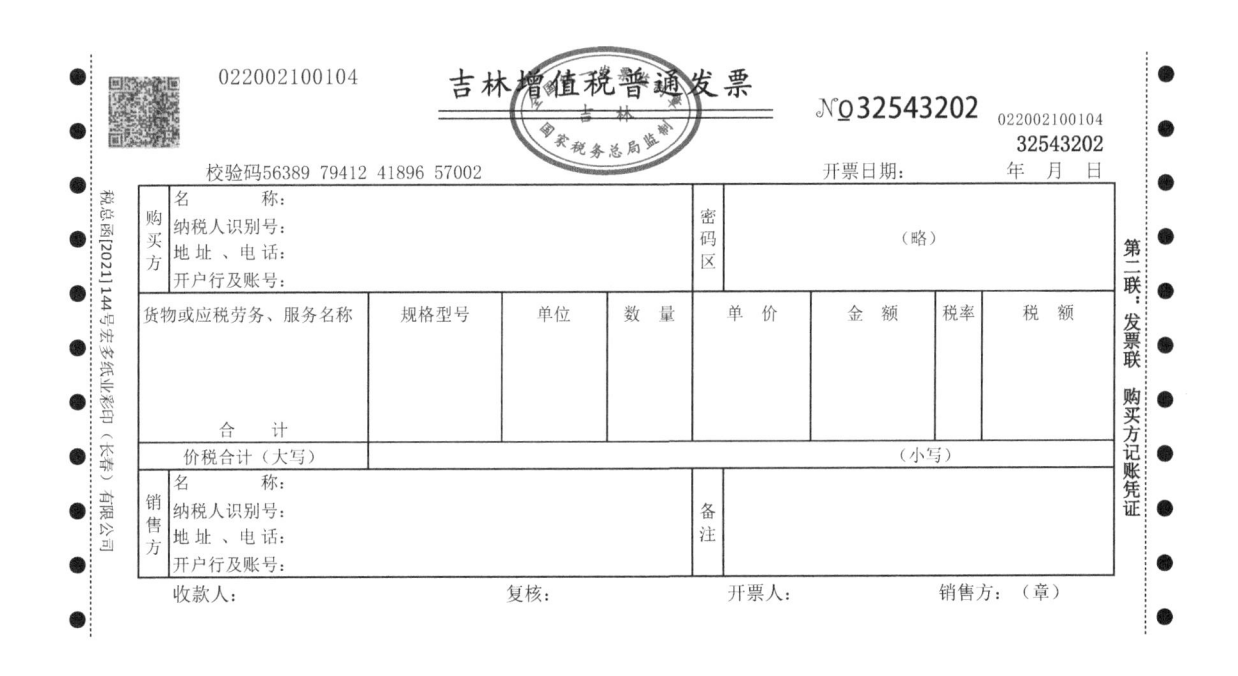

吉林增值税普通发票

022002100104
No 32543202
022002100104
32543202

校验码 56389 79412 41896 57002 开票日期：　年　月　日

税总函[2021]144号宏多纸业彩印（长春）有限公司

购买方	名　　称：
	纳税人识别号：
	地　址、电　话：
	开户行及账号：

密码区　　（略）

货物或应税劳务、服务名称	规格型号	单位	数量	单价	金额	税率	税额
合　计							

价税合计（大写）　　　　　　　　　　　（小写）

销售方	名　　称：
	纳税人识别号：
	地　址、电　话：
	开户行及账号：

备注

收款人：　　　　复核：　　　　开票人：　　　　销售方：（章）

第一联：记账联　销售方记账凭证

吉林增值税普通发票

022002100104
No 32543202
022002100104
32543202

校验码 56389 79412 41896 57002 开票日期：　年　月　日

税总函[2021]144号宏多纸业彩印（长春）有限公司

购买方	名　　称：
	纳税人识别号：
	地　址、电　话：
	开户行及账号：

密码区　　（略）

货物或应税劳务、服务名称	规格型号	单位	数量	单价	金额	税率	税额
合　计							

价税合计（大写）　　　　　　　　　　　（小写）

销售方	名　　称：
	纳税人识别号：
	地　址、电　话：
	开户行及账号：

备注

收款人：　　　　复核：　　　　开票人：　　　　销售方：（章）

第二联：发票联　购买方记账凭证

附录C 空白单据

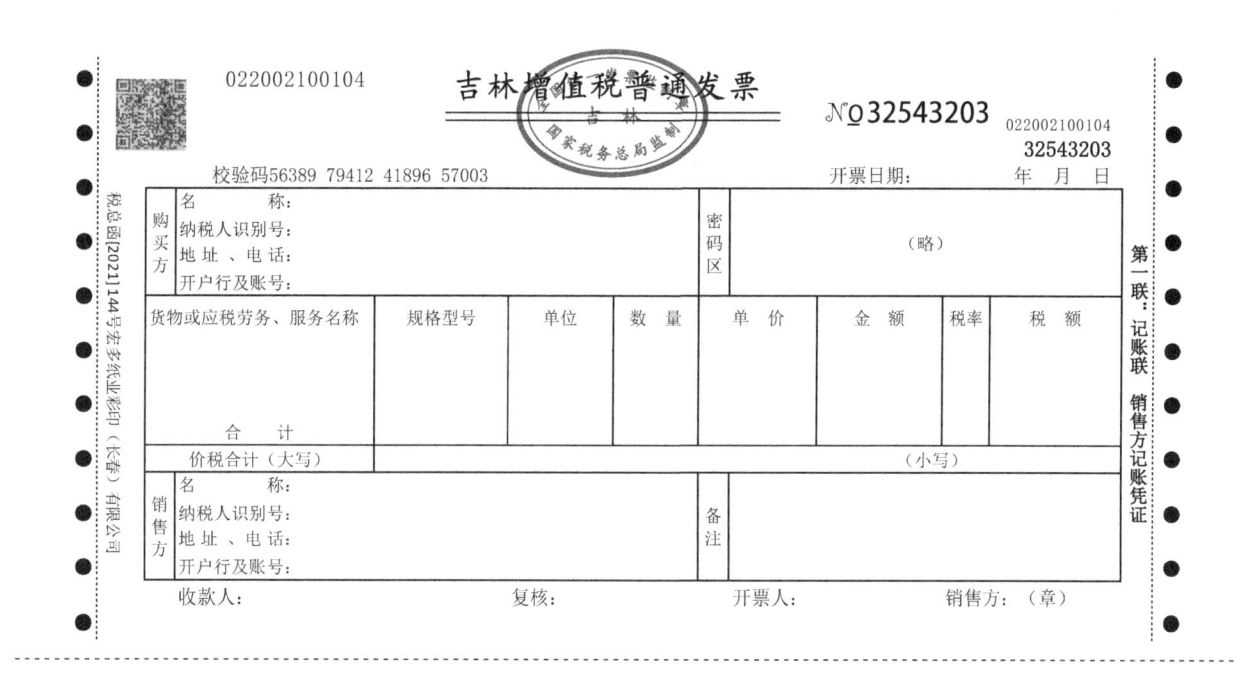

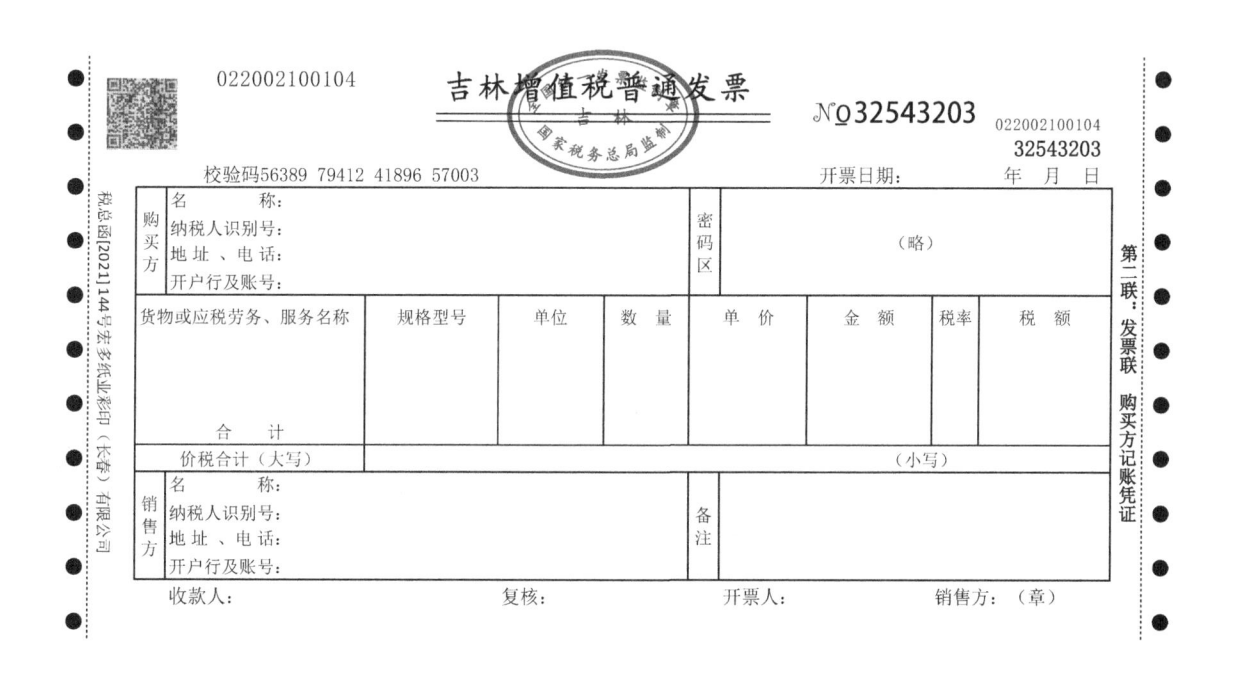

吉林增值税普通发票

022002100104
No 32543203
022002100104
32543203

校验码56389 79412 41896 57003　　　　开票日期：　　年　月　日

税总函[2021]144号宏多纸业彩印（长春）有限公司

购买方	名　　称：				密码区	（略）		
	纳税人识别号：							
	地　址、电话：							
	开户行及账号：							

货物或应税劳务、服务名称	规格型号	单位	数　量	单　价	金　额	税率	税　额
合　　计							

价税合计（大写）		（小写）

销售方	名　　称：		备注
	纳税人识别号：		
	地　址、电话：		
	开户行及账号：		

收款人：　　　　　　复核：　　　　　　开票人：　　　　　　销售方：（章）

第一联：记账联　销售方记账凭证

吉林增值税普通发票

022002100104
No 32543203
022002100104
32543203

校验码56389 79412 41896 57003　　　　开票日期：　　年　月　日

税总函[2021]144号宏多纸业彩印（长春）有限公司

购买方	名　　称：				密码区	（略）		
	纳税人识别号：							
	地　址、电话：							
	开户行及账号：							

货物或应税劳务、服务名称	规格型号	单位	数　量	单　价	金　额	税率	税　额
合　　计							

价税合计（大写）		（小写）

销售方	名　　称：		备注
	纳税人识别号：		
	地　址、电话：		
	开户行及账号：		

收款人：　　　　　　复核：　　　　　　开票人：　　　　　　销售方：（章）

第二联：发票联　购买方记账凭证

附录 C 空白单据

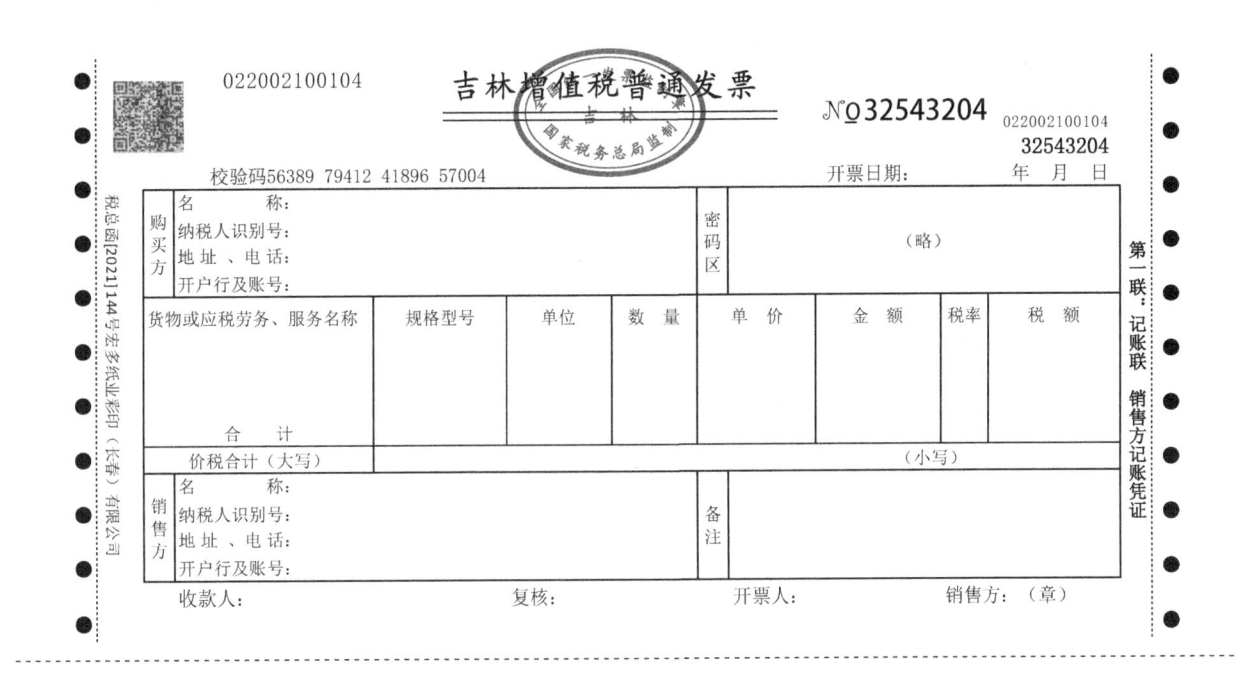

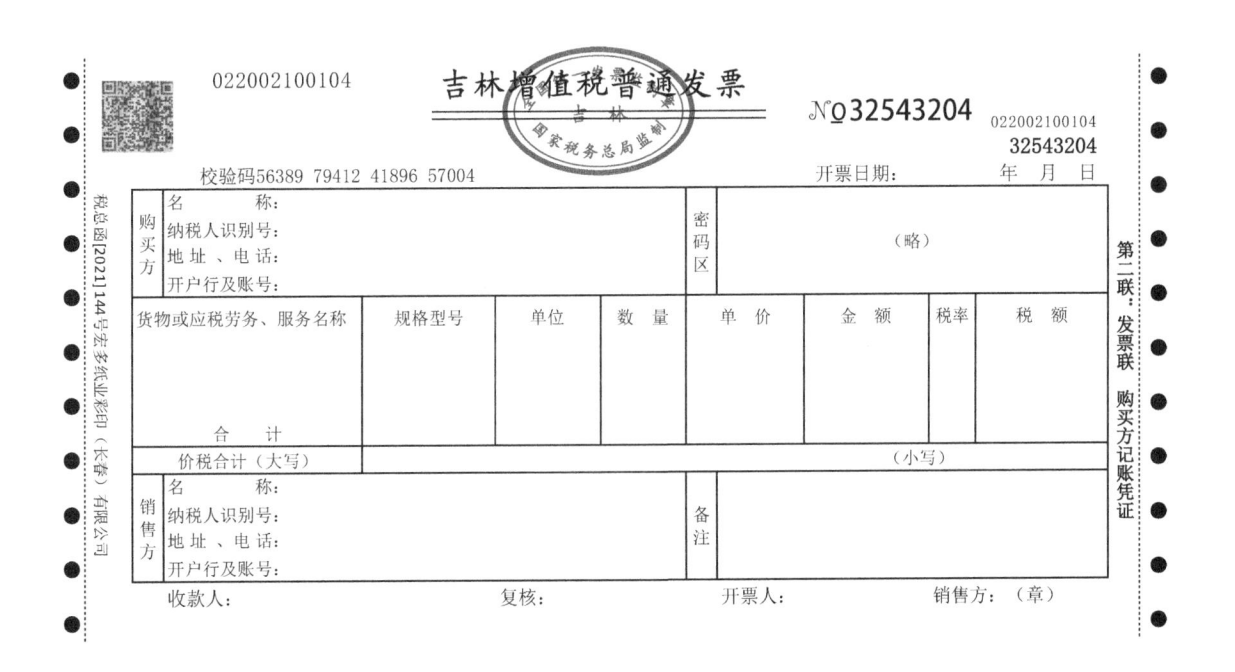

吉林增值税普通发票（第一联：记账联 销售方记账凭证）

- 022002100104
- No 32543204
- 32543204
- 校验码 56389 79412 41896 57004
- 开票日期：　年　月　日
- 税总函[2021]144号多税[业彩印（长春）有限公司

购买方	名　称：	
	纳税人识别号：	密码区（略）
	地址、电话：	
	开户行及账号：	

货物或应税劳务、服务名称	规格型号	单位	数量	单价	金额	税率	税额
合　计							

价税合计（大写）	（小写）

销售方	名　称：	备注
	纳税人识别号：	
	地址、电话：	
	开户行及账号：	

收款人：　　　复核：　　　开票人：　　　销售方：（章）

吉林增值税普通发票（第二联：发票联 购买方记账凭证）

- 022002100104
- No 32543204
- 32543204
- 校验码 56389 79412 41896 57004
- 开票日期：　年　月　日
- 税总函[2021]144号多税[业彩印（长春）有限公司

购买方	名　称：	
	纳税人识别号：	密码区（略）
	地址、电话：	
	开户行及账号：	

货物或应税劳务、服务名称	规格型号	单位	数量	单价	金额	税率	税额
合　计							

价税合计（大写）	（小写）

销售方	名　称：	备注
	纳税人识别号：	
	地址、电话：	
	开户行及账号：	

收款人：　　　复核：　　　开票人：　　　销售方：（章）

附录C　空白单据

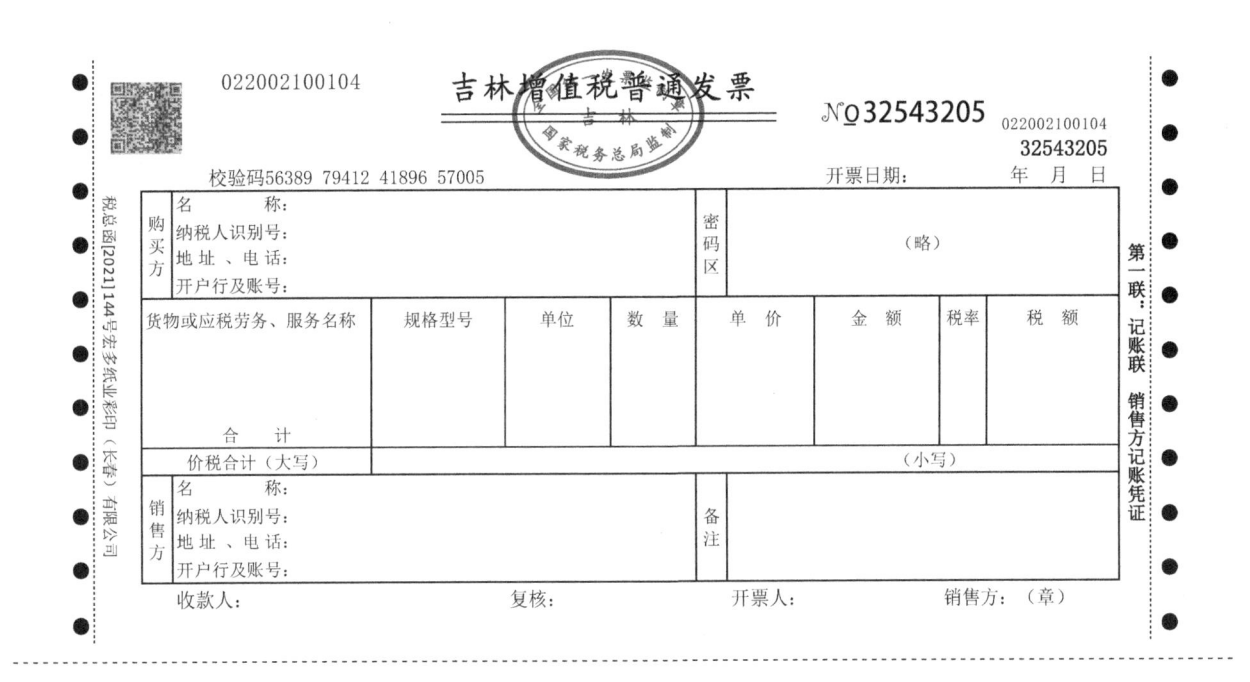

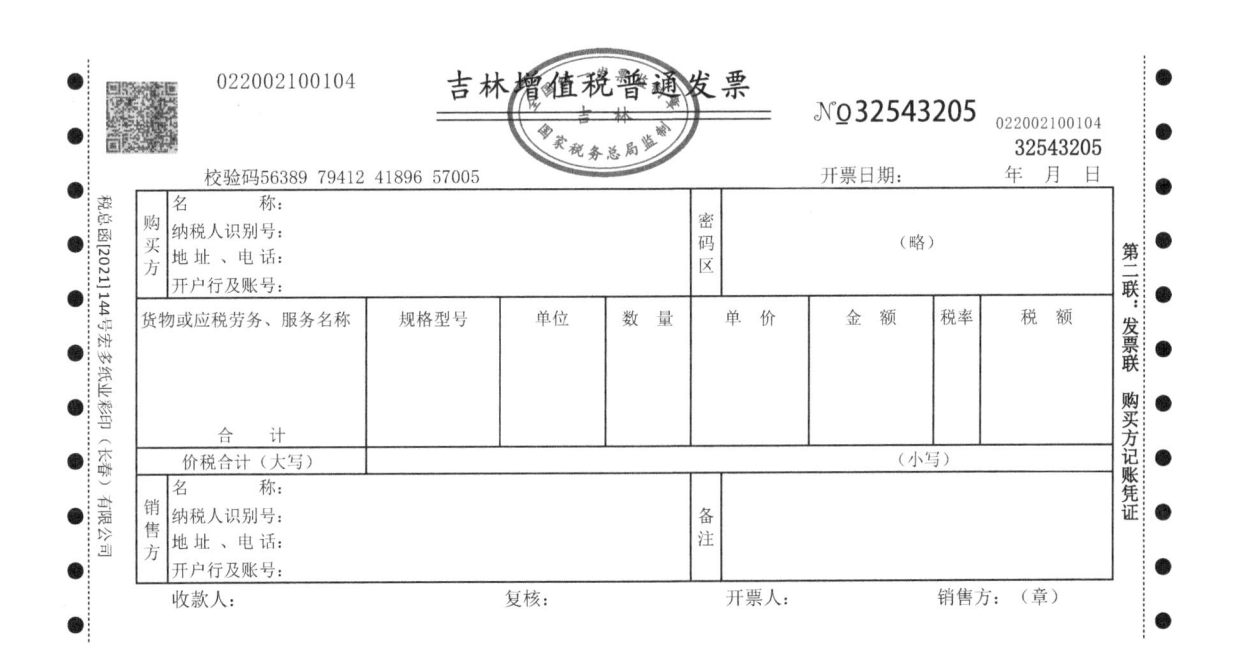

吉林增值税普通发票

022002100104
No 32543205
022002100104
32543205

校验码56389 79412 41896 57005　　开票日期：　　年 月 日

购买方	名　　称：						密码区	（略）		
	纳税人识别号：									
	地址、电话：									
	开户行及账号：									

货物或应税劳务、服务名称	规格型号	单位	数量	单价	金额	税率	税额
合　计							

价税合计（大写）　　　　　　　　　　　　　　　　（小写）

销售方	名　　称：		备注	
	纳税人识别号：			
	地址、电话：			
	开户行及账号：			

收款人：　　　　　　复核：　　　　　　开票人：　　　　　　销售方：（章）

第一联：记账联　销售方记账凭证

税总函[2021]144号定点多纸业彩印（长春）有限公司

吉林增值税普通发票

022002100104
No 32543205
022002100104
32543205

校验码56389 79412 41896 57005　　开票日期：　　年 月 日

购买方	名　　称：						密码区	（略）		
	纳税人识别号：									
	地址、电话：									
	开户行及账号：									

货物或应税劳务、服务名称	规格型号	单位	数量	单价	金额	税率	税额
合　计							

价税合计（大写）　　　　　　　　　　　　　　　　（小写）

销售方	名　　称：		备注	
	纳税人识别号：			
	地址、电话：			
	开户行及账号：			

收款人：　　　　　　复核：　　　　　　开票人：　　　　　　销售方：（章）

第二联：发票联　购买方记账凭证

税总函[2021]144号定点多纸业彩印（长春）有限公司

附录C 空白单据

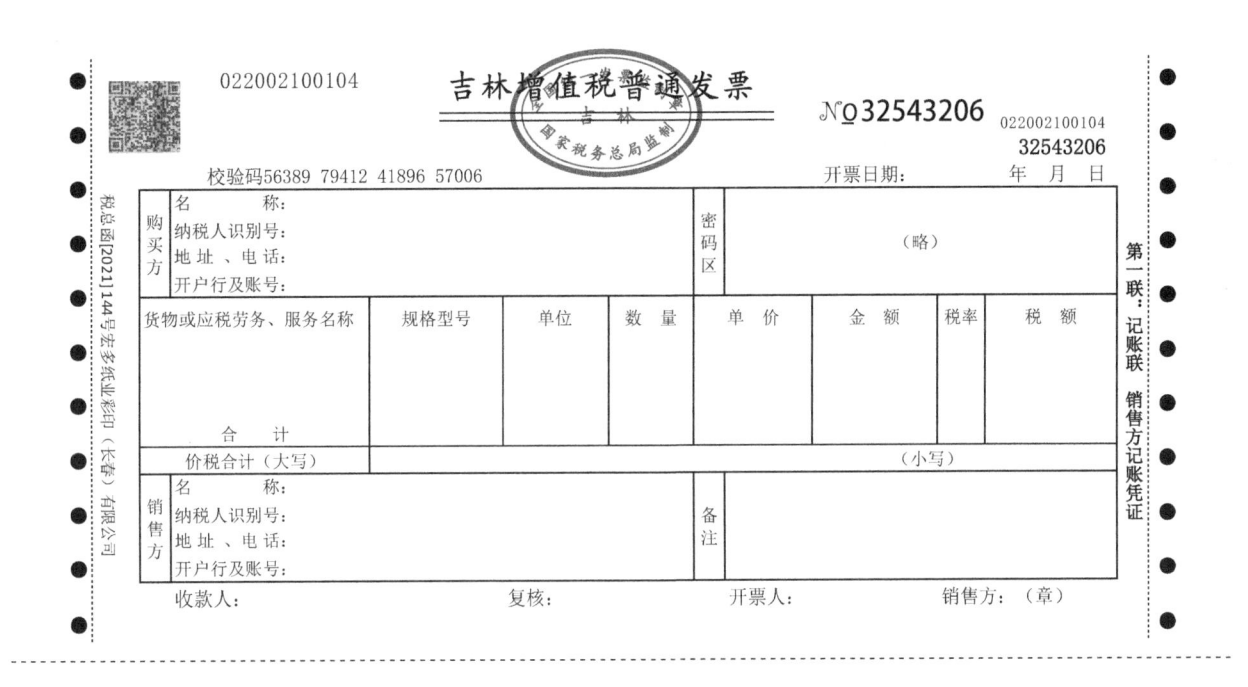

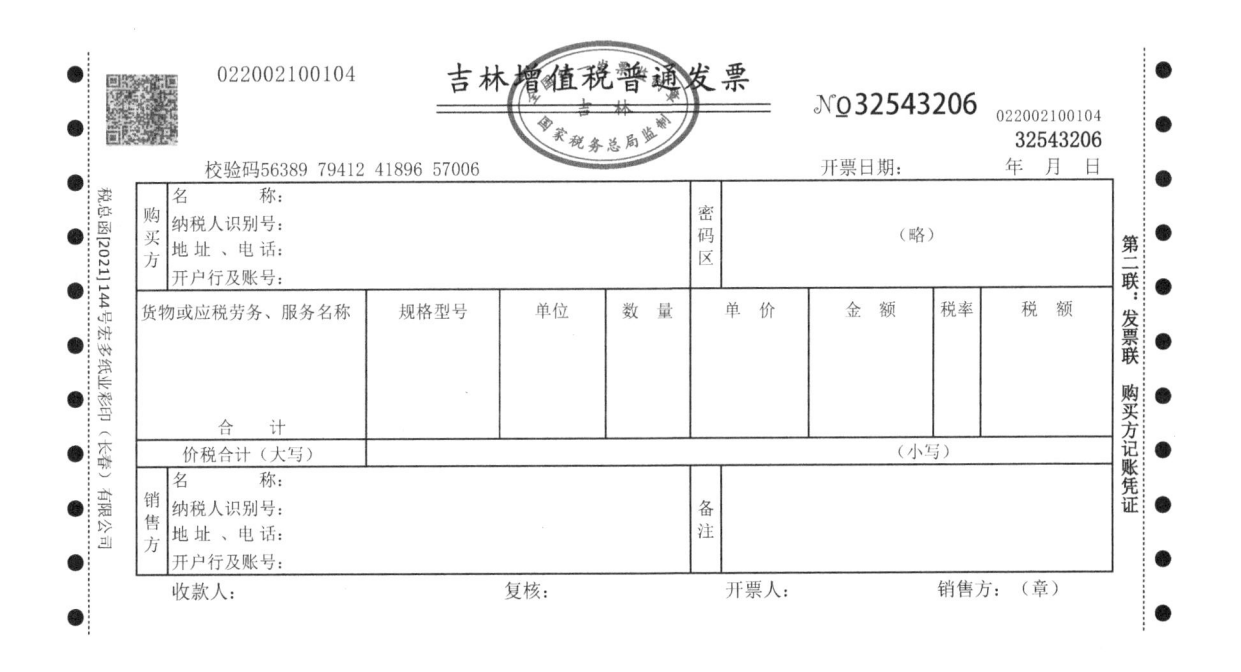

吉林增值税普通发票

022002100104　　　　　　　　　　　　　　　　No 32543206　022002100104
　　　　　　　　　　　　　　　　　　　　　　　　　　　　　　32543206

校验码56389 79412 41896 57006　　　　　　　　开票日期：　　年　月　日

购买方	名　　称：			密码区	（略）			第一联：记账联　销售方记账凭证
	纳税人识别号：							
	地　址、电　话：							
	开户行及账号：							
货物或应税劳务、服务名称	规格型号	单位	数　量	单价	金　额	税率	税额	
合　计								
价税合计（大写）					（小写）			
销售方	名　　称：			备注				
	纳税人识别号：							
	地　址、电　话：							
	开户行及账号：							

收款人：　　　　　　　复核：　　　　　　开票人：　　　　　　销售方：（章）

税总函[2021]144号宏多纸业彩印（长春）有限公司

吉林增值税普通发票

022002100104　　　　　　　　　　　　　　　　No 32543206　022002100104
　　　　　　　　　　　　　　　　　　　　　　　　　　　　　　32543206

校验码56389 79412 41896 57006　　　　　　　　开票日期：　　年　月　日

购买方	名　　称：			密码区	（略）			第二联：发票联　购买方记账凭证
	纳税人识别号：							
	地　址、电　话：							
	开户行及账号：							
货物或应税劳务、服务名称	规格型号	单位	数　量	单价	金　额	税率	税额	
合　计								
价税合计（大写）					（小写）			
销售方	名　　称：			备注				
	纳税人识别号：							
	地　址、电　话：							
	开户行及账号：							

收款人：　　　　　　　复核：　　　　　　开票人：　　　　　　销售方：（章）

税总函[2021]144号宏多纸业彩印（长春）有限公司

❖图表C-20 资产负债表（3张）❖

资产负债表

编制单位： 　　　　　　　　　　　　　　　年　月　日　　　　　　　　　　　　　　　单位：元

资产	期末余额	期初余额	负债和所有者权益	期末余额	期初余额
流动资产：			流动负债：		
货币资金			短期借款		
交易性金融资产			交易性金融负债		
衍生金融资产			衍生金融负债		
应收票据			应付票据		
应收账款			应付账款		
应收款项融资			预收款项		
预付款项			合同负债		
其他应收款			应付职工薪酬		
存货			应交税费		
合同资产			其他应付款		
持有待售资产			持有待售负债		
一年内到期的非流动资产			一年内到期的非流动负债		
其他流动资产			其他流动负债		
流动资产合计			流动负债合计		
非流动资产：			非流动负债：		
债权投资			长期借款		
其他债权投资			应付债券		
长期应收款			租赁负债		
长期股权投资			长期应付款		
其他权益工具投资			预计负债		
其他非流动金融资产			递延收益		
投资性房地产			递延所得税负债		
固定资产			其他非流动负债		
在建工程			非流动负债合计		
生产性生物资产			负债合计		
油气资产			所有者权益（或股东权益）：		
使用权资产			实收资本（股本）		
无形资产			资本公积		
开发支出			其他权益工具		
商誉			减：库存股		
长期待摊费用			其他综合收益		
递延所得税资产			专项储备		
其他非流动资产			盈余公积		
			未分配利润		
非流动资产合计			所有者权益（或股东权益）合计		
资产总计			负债和所有者权益（或股东权益）总计		

315

资产负债表

编制单位： 　　　　　　　　　　　　　年　月　日　　　　　　　　　　　　　单位：元

资产	期末余额	期初余额	负债和所有者权益	期末余额	期初余额
流动资产：			流动负债：		
货币资金			短期借款		
交易性金融资产			交易性金融负债		
衍生金融资产			衍生金融负债		
应收票据			应付票据		
应收账款			应付账款		
应收款项融资			预收款项		
预付款项			合同负债		
其他应收款			应付职工薪酬		
存货			应交税费		
合同资产			其他应付款		
持有待售资产			持有待售负债		
一年内到期的非流动资产			一年内到期的非流动负债		
其他流动资产			其他流动负债		
流动资产合计			流动负债合计		
非流动资产：			非流动负债：		
债权投资			长期借款		
其他债权投资			应付债券		
长期应收款			租赁负债		
长期股权投资			长期应付款		
其他权益工具投资			预计负债		
其他非流动金融资产			递延收益		
投资性房地产			递延所得税负债		
固定资产			其他非流动负债		
在建工程			非流动负债合计		
生产性生物资产			负债合计		
油气资产			所有者权益（或股东权益）：		
使用权资产			实收资本（股本）		
无形资产			资本公积		
开发支出			其他权益工具		
商誉			减：库存股		
长期待摊费用			其他综合收益		
递延所得税资产			专项储备		
其他非流动资产			盈余公积		
			未分配利润		
非流动资产合计			所有者权益（或股东权益）合计		
资产总计			负债和所有者权益（或股东权益）总计		

资产负债表

编制单位：　　　　　　　　　　　　　　年　月　日　　　　　　　　　　　　　　单位：元

资产	期末余额	期初余额	负债和所有者权益	期末余额	期初余额
流动资产：			流动负债：		
货币资金			短期借款		
交易性金融资产			交易性金融负债		
衍生金融资产			衍生金融负债		
应收票据			应付票据		
应收账款			应付账款		
应收款项融资			预收款项		
预付款项			合同负债		
其他应收款			应付职工薪酬		
存货			应交税费		
合同资产			其他应付款		
持有待售资产			持有待售负债		
一年内到期的非流动资产			一年内到期的非流动负债		
其他流动资产			其他流动负债		
流动资产合计			流动负债合计		
非流动资产：			非流动负债：		
债权投资			长期借款		
其他债权投资			应付债券		
长期应收款			租赁负债		
长期股权投资			长期应付款		
其他权益工具投资			预计负债		
其他非流动金融资产			递延收益		
投资性房地产			递延所得税负债		
固定资产			其他非流动负债		
在建工程			非流动负债合计		
生产性生物资产			负债合计		
油气资产			所有者权益（或股东权益）：		
使用权资产			实收资本（股本）		
无形资产			资本公积		
开发支出			其他权益工具		
商誉			减：库存股		
长期待摊费用			其他综合收益		
递延所得税资产			专项储备		
其他非流动资产			盈余公积		
			未分配利润		
非流动资产合计			所有者权益（或股东权益）合计		
资产总计			负债和所有者权益（或股东权益）总计		

❖ **图表 C-21 利润表（3 张）** ❖

利润表

编制单位：　　　　　　　　　　　　　年度　　　　　　　　　　　　　单位：元

项目	本期金额	上期金额
一、营业收入		
减：营业成本		
税金及附加		
销售费用		
管理费用		
研发费用		
财务费用		
其中：利息费用		
利息收入		
加：其他收益		
投资收益（损失以"-"填列）		
其中：对联营企业和合营企业的投资收益		
净敞口套期收益（损失以"-"填列）		
公允价值变动收益（损失以"-"填列）		
信用减值损失（损失以"-"填列）		
资产减值损失（损失以"-"填列）		
资产处置收益（损失以"-"填列）		
二、营业利润（亏损以"-"填列）		
加：营业外收入		
减：营业外支出		
三、利润总额（亏损总额以"-"填列）		
减：所得税费用		
四、净利润（净亏损以"-"填列）		
（一）持续经营净利润（净亏损以"-"填列）		
（二）终止经营净利润（净亏损以"-"填列）		
五、其他综合收益税后净额		
（一）不能重分类进损益的其他综合收益		
1．重新计量设定受益计划变动额		
2．权益法下不能转损益的其他综合收益		
3．其他权益工具公允价值变动		
4．企业自身信用风险公允价值变动		
……		
（二）将重分类进损益的其他综合收益		
1．权益法下可转损益的其他综合收益		
2．其他债权投资公允价值变动		
3．金融资产重分类计入其他综合收益的金额		
4．其他债权投资信用差值准备		
5．现金流量套期储备		
6．外币财务报表折算差额		
……		
六、综合收益总额		
七、每股收益		
（一）基本每股收益		
（二）稀释每股收益		

利润表

编制单位：　　　　　　　　　　年度　　　　　　　　　　　　单位：元

项目	本期金额	上期金额
一、营业收入		
减：营业成本		
税金及附加		
销售费用		
管理费用		
研发费用		
财务费用		
其中：利息费用		
利息收入		
加：其他收益		
投资收益（损失以"-"填列）		
其中：对联营企业和合营企业的投资收益		
净敞口套期收益（损失以"-"填列）		
公允价值变动收益（损失以"-"填列）		
信用减值损失（损失以"-"填列）		
资产减值损失（损失以"-"填列）		
资产处置收益（损失以"-"填列）		
二、营业利润（亏损以"-"填列）		
加：营业外收入		
减：营业外支出		
三、利润总额（亏损总额以"-"填列）		
减：所得税费用		
四、净利润（净亏损以"-"填列）		
（一）持续经营净利润（净亏损以"-"填列）		
（二）终止经营净利润（净亏损以"-"填列）		
五、其他综合收益税后净额		
（一）不能重分类进损益的其他综合收益		
1．重新计量设定受益计划变动额		
2．权益法下不能转损益的其他综合收益		
3．其他权益工具公允价值变动		
4．企业自身信用风险公允价值变动		
……		
（二）将重分类进损益的其他综合收益		
1．权益法下可转损益的其他综合收益		
2．其他债权投资公允价值变动		
3．金融资产重分类计入其他综合收益的金额		
4．其他债权投资信用差值准备		
5．现金流量套期储备		
6．外币财务报表折算差额		
……		
六、综合收益总额		
七、每股收益		
（一）基本每股收益		
（二）稀释每股收益		

利润表

编制单位：　　　　　　　　　　　　年度　　　　　　　　　　　　单位：元

项目	本期金额	上期金额
一、营业收入		
减：营业成本		
税金及附加		
销售费用		
管理费用		
研发费用		
财务费用		
其中：利息费用		
利息收入		
加：其他收益		
投资收益（损失以"-"填列）		
其中：对联营企业和合营企业的投资收益		
净敞口套期收益（损失以"-"填列）		
公允价值变动收益（损失以"-"填列）		
信用减值损失（损失以"-"填列）		
资产减值损失（损失以"-"填列）		
资产处置收益（损失以"-"填列）		
二、营业利润（亏损以"-"填列）		
加：营业外收入		
减：营业外支出		
三、利润总额（亏损总额以"-"填列）		
减：所得税费用		
四、净利润（净亏损以"-"填列）		
（一）持续经营净利润（净亏损以"-"填列）		
（二）终止经营净利润（净亏损以"-"填列）		
五、其他综合收益税后净额		
（一）不能重分类进损益的其他综合收益		
1. 重新计量设定受益计划变动额		
2. 权益法下不能转损益的其他综合收益		
3. 其他权益工具公允价值变动		
4. 企业自身信用风险公允价值变动		
……		
（二）将重分类进损益的其他综合收益		
1. 权益法下可转损益的其他综合收益		
2. 其他债权投资公允价值变动		
3. 金融资产重分类计入其他综合收益的金额		
4. 其他债权投资信用差值准备		
5. 现金流量套期储备		
6. 外币财务报表折算差额		
……		
六、综合收益总额		
七、每股收益		
（一）基本每股收益		
（二）稀释每股收益		

图表 C-22 现金流量表（3 张）

现金流量表

编制单位： 　　　　　　　　　年　月　日　　　　　　　　　单位：元

项目	本期金额	上期金额
一、经营活动产生的现金流量		
销售商品、提供劳务收到的现金		
收到的税费返还		
收到的其他与经营活动有关的现金		
经营活动现金流入小计		
购买商品、接受劳务支付的现金		
支付给职工以及为职工支付的现金		
支付的各项税费		
支付的其他与经营活动有关的现金		
经营活动现金流出小计		
经营活动产生的现金流量净额		
二、投资活动产生的现金流量净额		
收回投资所收到的现金		
取得投资收益所收到的现金		
处置固定资产、无形资产和其他长期资产所收回的现金净额		
处置子公司及其他营业单位收到的现金净额		
收到的其他与投资活动有关的现金		
投资活动现金流入小计		
购建固定资产、无形资产和其他长期资产所支付的现金		
投资支付的现金		
取得子公司及其他营业单位支付的现金净额		
支付的其他与投资活动有关的现金		
投资活动现金流出小计		
投资活动产生的现金流量净额		
三、筹资活动产生的现金流量		
吸收投资收到的现金		
取得借款收到的现金		
收到的其他与筹资活动有关的现金		
筹资活动现金流入小计		
偿还债务支付的现金		
分配股利、利润和偿付利息支付的现金		
支付的其他与筹资活动有关的现金		
筹资活动现金流出小计		
筹资活动产生的现金流量净额		

续表

项目	本期金额	上期金额
四、汇率变动对现金及现金等价物的影响		
五、现金及现金等价物净增加额		
加：期初现金及现金等价物余额		
六、期末现金及现金等价物余额		
补充项目		
1. 将净利润调节为经营活动现金流量		
净利润		
加：计提的资产减值准备		
固定资产折旧、油气资产折耗、生产性生物资产折旧		
无形资产摊销		
长期待摊费用摊销		
待摊费用减少（减：增加）		
预提费用增加（减：减少）		
处置固定资产、无形资产和其他长期资产的损失（减：收益）		
固定报废损失		
财务费用		
投资损失（减：收益）		
递延税款贷项（减：借项）		
存货的减少（减：增加）		
经营性应收项目的减少（减：增加）		
经营性应付项目的增加（减：减少）		
其他		
经营活动产生的现金流量净额		
2. 不涉及现金收支的投资和筹资活动		
债务转为资本		
一年内到期的可转换公司债券		
融资租入固定资产		
3. 现金及现金等价物净额变动情况		
现金的期末余额		
减：现金的期初余额		
加：现金等价物的期末余额		
减：现金等价物的期初余额		
现金及现金等价物净增加额		

现金流量表

编制单位：　　　　　　　　　　　　年　月　日　　　　　　　　　　　　单位：元

项目	本期金额	上期金额
一、经营活动产生的现金流量		
销售商品、提供劳务收到的现金		
收到的税费返还		
收到的其他与经营活动有关的现金		
经营活动现金流入小计		
购买商品、接受劳务支付的现金		
支付给职工以及为职工支付的现金		
支付的各项税费		
支付的其他与经营活动有关的现金		
经营活动现金流出小计		
经营活动产生的现金流量净额		
二、投资活动产生的现金流量净额		
收回投资所收到的现金		
取得投资收益所收到的现金		
处置固定资产、无形资产和其他长期资产所收回的现金净额		
处置子公司及其他营业单位收到的现金净额		
收到的其他与投资活动有关的现金		
投资活动现金流入小计		
购建固定资产、无形资产和其他长期资产所支付的现金		
投资支付的现金		
取得子公司及其他营业单位支付的现金净额		
支付的其他与投资活动有关的现金		
投资活动现金流出小计		
投资活动产生的现金流量净额		
三、筹资活动产生的现金流量		
吸收投资收到的现金		
取得借款收到的现金		
收到的其他与筹资活动有关的现金		
筹资活动现金流入小计		
偿还债务支付的现金		
分配股利、利润和偿付利息支付的现金		
支付的其他与筹资活动有关的现金		
筹资活动现金流出小计		
筹资活动产生的现金流量净额		

续表

项目	本期金额	上期金额
四、汇率变动对现金及现金等价物的影响		
五、现金及现金等价物净增加额		
加：期初现金及现金等价物余额		
六、期末现金及现金等价物余额		
补充项目		
1. 将净利润调节为经营活动现金流量		
净利润		
加：计提的资产减值准备		
固定资产折旧、油气资产折耗、生产性生物资产折旧		
无形资产摊销		
长期待摊费用摊销		
待摊费用减少（减：增加）		
预提费用增加（减：减少）		
处置固定资产、无形资产和其他长期资产的损失（减：收益）		
固定报废损失		
财务费用		
投资损失（减：收益）		
递延税款贷项（减：借项）		
存货的减少（减：增加）		
经营性应收项目的减少（减：增加）		
经营性应付项目的增加（减：减少）		
其他		
经营活动产生的现金流量净额		
2. 不涉及现金收支的投资和筹资活动		
债务转为资本		
一年内到期的可转换公司债券		
融资租入固定资产		
3. 现金及现金等价物净额变动情况		
现金的期末余额		
减：现金的期初余额		
加：现金等价物的期末余额		
减：现金等价物的期初余额		
现金及现金等价物净增加额		

现金流量表

编制单位：　　　　　　　　　　　　　年　月　日　　　　　　　　　　　　　单位：元

项目	本期金额	上期金额
一、经营活动产生的现金流量		
销售商品、提供劳务收到的现金		
收到的税费返还		
收到的其他与经营活动有关的现金		
经营活动现金流入小计		
购买商品、接受劳务支付的现金		
支付给职工以及为职工支付的现金		
支付的各项税费		
支付的其他与经营活动有关的现金		
经营活动现金流出小计		
经营活动产生的现金流量净额		
二、投资活动产生的现金流量净额		
收回投资所收到的现金		
取得投资收益所收到的现金		
处置固定资产、无形资产和其他长期资产所收回的现金净额		
处置子公司及其他营业单位收到的现金净额		
收到的其他与投资活动有关的现金		
投资活动现金流入小计		
购建固定资产、无形资产和其他长期资产所支付的现金		
投资支付的现金		
取得子公司及其他营业单位支付的现金净额		
支付的其他与投资活动有关的现金		
投资活动现金流出小计		
投资活动产生的现金流量净额		
三、筹资活动产生的现金流量		
吸收投资收到的现金		
取得借款收到的现金		
收到的其他与筹资活动有关的现金		
筹资活动现金流入小计		
偿还债务支付的现金		
分配股利、利润和偿付利息支付的现金		
支付的其他与筹资活动有关的现金		
筹资活动现金流出小计		
筹资活动产生的现金流量净额		

续表

项目	本期金额	上期金额
四、汇率变动对现金及现金等价物的影响		
五、现金及现金等价物净增加额		
加：期初现金及现金等价物余额		
六、期末现金及现金等价物余额		
补充项目		
1．将净利润调节为经营活动现金流量		
净利润		
加：计提的资产减值准备		
固定资产折旧、油气资产折耗、生产性生物资产折旧		
无形资产摊销		
长期待摊费用摊销		
待摊费用减少（减：增加）		
预提费用增加（减：减少）		
处置固定资产、无形资产和其他长期资产的损失（减：收益）		
固定报废损失		
财务费用		
投资损失（减：收益）		
递延税款贷项（减：借项）		
存货的减少（减：增加）		
经营性应收项目的减少（减：增加）		
经营性应付项目的增加（减：减少）		
其他		
经营活动产生的现金流量净额		
2．不涉及现金收支的投资和筹资活动		
债务转为资本		
一年内到期的可转换公司债券		
融资租入固定资产		
3．现金及现金等价物净额变动情况		
现金的期末余额		
减：现金的期初余额		
加：现金等价物的期末余额		
减：现金等价物的期初余额		
现金及现金等价物净增加额		